现代经济与管理类规划教材
普通高等教育"十三五"规划教材

财政与税收：理论、实务与案例

陈文军　徐中伟　主编

清华大学出版社
北京交通大学出版社
·北京·

内 容 简 介

本教材主要介绍了财政与税收的基本概念和基本原理、基本方法，并在阐述财政与税收本质的基础上，对公共财政、财政支出、财政收入与政府预算等进行了深入分析与探讨；对流转税、所得税、财产税、资源税和行为税的基本理论与实务进行了研究与阐述。本教材分为上篇和下篇两个部分，共15章。其中，上篇为财政篇，包括总论、政府预算、财政支出引论、购买性支出、转移性支出、财政收入引论、税收收入、非税收入、国家债券、财政政策与财政监督10章；下篇为税收篇，包括流转税、所得税、财产税、资源税、行为税5章。

图书在版编目（CIP）数据

财政与税收：理论、实务与案例/陈文军，徐中伟主编. —北京：北京交通大学出版社：清华大学出版社，2021.3

ISBN 978-7-5121-4432-3

Ⅰ. ①财… Ⅱ. ①陈 ②徐… Ⅲ. ①财政—中国—高等学校—教材 ②税收管理—中国—高等学校—教材 Ⅳ. ①F812

中国版本图书馆CIP数据核字（2021）第054979号

财政与税收：理论、实务与案例
CAIZHENG YU SHUISHOU：LILUN，SHIWU YU ANLI

责任编辑：许啸东
出版发行：清 华 大 学 出 版 社　邮编：100084　电话：010-62776969　http://www.tup.com.cn
　　　　　北京交通大学出版社　邮编：100044　电话：010-51686414　http://www.bjtup.com.cn
印　刷　者：北京鑫海金澳胶印有限公司
经　　　销：全国新华书店
开　　　本：185mm×260mm　印张：19.75　字数：493千字
版 印 次：2021年3月第1版　2021年3月第1次印刷
印　　　数：1～2000册　定价：52.00元

本书如有质量问题，请向北京交通大学出版社质监组反映。对您的意见和批评，我们表示欢迎和感谢。

投诉电话：010-51686043，51686008；传真：010-62225406；E-mail：press@bjtu.edu.cn。

前　言

　　《中共中央关于全面深化改革若干重大问题的决定》对深化财税体制改革提出了明确要求，强调指出，财政是国家治理的基础和重要支柱，科学的财税体制是优化资源配置、维护市场统一、促进社会公平、实现国家长治久安的制度保障。必须完善立法、明确事权、改革税制、稳定税负、透明预算、提高效率，建立现代财政制度，发挥中央和地方两个积极性。建立现代财政制度是党的十八大、十九大立足全局、面向未来提出的重要战略思想，是党中央科学把握现代国家发展规律作出的重大决策部署，抓住了改革开放的关键环节，对于完善中国特色社会主义制度、全面建成小康社会和实现中华民族伟大复兴的中国梦具有重大而深远的意义。经济越发展，财政越重要。经济的发展离不开财政，财政的发展离不开财政人才的培养，而财政人才的培养又离不开优秀的财政教材。我国经济发展迅速，财政科学体系不断建立与完善，财政教材也必须紧跟经济与财政的发展脉搏，与时俱进。本教材是在过去财政与税收教材的基础上，吸收了国内外相关教材的精华，并结合我国的财政、国际财政惯例和财政实务编写而成的。本教材的主要特点在于：第一，既注重财政与税收的理论阐述，又注重教材与我国现行财政与税收理论以及财政与税收实践的结合，以我国财政与税收制度为依据，但又不是财政与税收制度的简单解读。第二，对财政与税收理论的阐述力求精炼、简明和通俗易懂，不同于以往财政教材的叙述方式，而是以较直观的表现形式予以展现，使学生一目了然，易于掌握。第三，注重理论与案例、实践的结合。本教材对每一理论问题的阐述均配有恰当的案例，每章内容后面均配有相关分析，便于培养学生的实践能力和发现问题、分析问题与解决问题的能力，有利于提高其职业判断能力。第四，配备颇具特色的课后练习，因此非常适合于学生课后消化、复习与提高。

　　本教材是由南京师范大学金陵女子学院陈文军教授和中共山东省委党校（山东行政学院）徐中伟教授主编，由于我们的学识和时间限制，本教材很可能会存在不足或疏漏，恳请读者以任何方式随时向我们提出批评和建议或与我们进行交流和讨论。我们将始终追随我国财政与税收的改革与发展，并将最新的改革与发展成果纳入本教材中，使本教材的内容始终与时俱进。电子邮件可发送至 chenwenjun1106@163.com 邮箱。我们将有信必回，有问必答。

　　本教材配有教学课件、配套测试题的参考答案，欢迎教师和学生使用，衷心祝愿您教学工作顺利。

　　本教材既可为高等院校会计、财务管理、行政管理等专业本科低年级学生在学习

"财政学"或"财政与税收"等课程时使用，又可作为会计、审计实务工作者继续教育的参考教材。

本教材编写过程中，得到了南京师范大学金陵女子学院党委书记薛传会研究员、院长赵媛教授的悉心指导和大力帮助，也得到了会计与财务管理系主任李云博士、刘博博士等诸多领导的帮助与支持，在此一并致以最诚挚的谢意。同时还要对北京交通大学出版社许啸东编辑及其他编审人员特别表示感谢！他们为本教材的出版付出了辛勤的劳动，不仅保证了本教材的顺利完成，还减少了教材中的错误，使本教材增色不少。

2021.1.19

CONTENTS 目 录

上篇 财政篇

下篇　税收篇

上篇

财 政 篇

第 1 章

总 论

1.1 财政的产生与发展及其含义

1.1.1 财政的产生与发展

财政是一个历史范畴，它是人类社会发展到一定阶段的产物。它在社会生产力发展的推动下，伴随着建立在一定生产资料所有制基础上的国家的产生、发展而产生、发展，将来也会随着国家的消亡而消亡。

1. 财政的产生

在原始社会时期，社会生产力十分低下，社会产品只能维持最低限度的生活需要，因而，在一个原始氏族范围内，人们共同劳动、共同占有并平均分配劳动产品。这时没有剩余产品，没有阶级，没有国家，因而也没有财政。

到了原始社会末期，社会生产力有了一定的发展。这时人们劳动所获得的产品，除了满足最低限度的生活需要外，或多或少地有了一定的剩余，于是就开始了交换。随着交换的发展，社会分工也逐步发展起来。当手工业从农业中分离出来时，以交换为目的的生产开始发展，并逐步导致了私有制的产生。随着社会生产的发展，私有制逐步代替原始公社公有制，成为整个社会的经济基础。在这一过程中，阶级开始出现，社会逐步分裂为两个根本利益对立的奴隶主阶级和奴隶阶级。为了维护既得的阶级利益，镇压奴隶阶级的反抗和实现自己的阶级统治，奴隶主阶级就需要掌握一种拥有暴力的统治工具，这样就产生了奴隶制国家，建立了监狱、法庭、警察、军队及其他国家暴力机关。我国古代的殷商国家和西方古代的雅典国家与罗马国家就是这样产生的。

国家机构的存在及其职能的实现需要消费一定的物质资料，但国家作为一种表面上凌驾于社会之上的力量，它本身并不从事物质资料的生产，无法为自己提供这部分物质资料。但是国家拥有公共权力的特点，这种公共权力在每一个国家里都存在。构成这一权力的，不仅有武装的人，而且还有物质的附属物，如监狱和各种强制机关，这些东西都是以前的氏族社会所没有的。这样，国家就依靠它所拥有的公共权力，采取税捐等形式，强制、无偿地占有和支配一部分社会产品，以满足其实现自身职能的需要，从而从整个社会产品的分配中，独立出一种由国家凭借其政治权力直接参与的社会产品的分配。这样，就产生了财政。

从上面的分析，我们可以看出，财政的产生必须具备以下两个条件：一是剩余产品的出现；二是国家的产生。由此可见，决定财政产生的基础是社会经济条件，即生产力和生产关系发展的结果。其中，生产力的发展、剩余产品的出现是财政产生的必要条件；私有制的出现，国家的产生是财政产生的实现条件。

2. 财政的发展

随着社会生产力的不断发展，人类社会经历了几个不同的国家形态，从而也产生了几种不同类型的国家财政。

1）奴隶制国家财政

奴隶制生产关系的基本特征是奴隶主占有生产资料和直接占有生产劳动者——奴隶。此时，奴隶制国家的国王不仅是掌握政治权力的统治者，而且本身也是最大的奴隶主，占有着大量的土地和奴隶。奴隶制财政的主要收入有：国王强制奴隶为他从事各种生产劳动而取得的王室土地收入、向被征服的弱小部族或国家进行掠夺、收受诸侯的贡物收入和向农民和手工业者等自由民征收的捐税。这些收入主要用于军事开支，维持政权机构的支出，以及王室的享用、宗教和祭祀等方面的开支，此外，还有一部分用于兴修水利和发展农业生产支出。奴隶社会的生产力仍然很低，自然经济占统治地位，整个社会产品的分配基本采用实物形式，这就决定了奴隶制国家财政的分配也主要采用了实物形式。

2）封建制国家财政

封建制生产关系的基本特征是封建主完全占有生产资料和不完全占有生产劳动者——农奴，同时也存在着农民和手工业者等小私有经济。封建制国家的财政收入来源主要有：官产收入、诸侯贡赋、盐、铁、酒等专卖收入及采矿、渔猎、铸币等特权收入等。封建制国家财政支出主要用于维护其统治的战争支出、行政支出、皇室的享乐支出，以及封建的文化、宗教等支出。在封建社会里，自然经济仍然占据统治地位，但到了封建社会后期，商品经济已经占了相当比重，因此其财政分配越来越多地采取了价值形式。当时的封建帝王国家由于其对内统治事务的发展及对外战争频繁等原因，出现了较严重的收不抵支的现象，除了加重捐税之外，它还以借债的方式筹资，于是就产生了公债这一对现代社会也具有重大意义的财政范畴。到了封建社会后期，封建国家的财政困难日益加剧，被迫向当时在政治上还无权，却拥有强大经济实力的新兴资产阶级大量借债。新兴资产阶级凭借自己的经济实力，以向封建国家提供财政资助为手段，与封建统治阶级作斗争，力求获得与自己的经济实力相称的政治权力和政治地位。新兴资产阶级在这种斗争中所获得的胜利之一就是通过是否同意纳税、提供借款而获得审查和监督国家财政的新的权力，即对国家预算的审查批准权，于是，"国家预算"这一财政范畴也产生了。

3）资本主义国家财政

资本主义生产关系的基本特征是资本家拥有一切生产资料，劳动者只拥有自己的劳动力，但有较大的人身自由。资本主义发展到现在，已经有了300多年的历史，其财政的一个突出特点是资本主义国家通过财政对经济进行日益增多的有意识的干预，资本主义经济发展的每一步都离不开财政的支持。由于不同时期经济发展的任务不同，财政在不同时期工作的侧重点也不同：在自由资本主义时期，国家为"自由竞争"的资本主义经济扫清障碍，采取了对经济的自由放任、不干预经济的政策，为资本主义经济自由发展创造必要的外部条件；在垄断资本主义时期，国家适应垄断资产阶级的要求利用行政权力和行政手段干预、调控宏观经济，以缓解、推迟经济危机的周期性出现。因此，资本主义国家财政不仅从财力上保证着资本主义国家维持行政管理和军事机构的需要，而且还作为国家干预社会经济的经济杠杆来为资本主义发展服务。资本主义国家财政的收入主要有税收、国债、国有财产收入、国有企业收入等，资本主义财政支出主要有国防支出、行政管理支出、社会事务支出以及经济建设支出等。在资本主义社会里，由于具有高度发达的市场经济，因而财政分配采用的是价值形式。

4）社会主义国家财政

在社会主义社会里，以生产资料公有制为主体的基本经济制度决定了社会主义财政与上述的剥削制度国家财政不同的性质。我国社会主义财政经历了不同的历史时期，从新民主主义财政过渡到社会主义财政以后，经历了计划经济时期的财政、有计划的商品经济时期的财政，直到现阶段的社会主义市场经济时期的财政。各个时期的财政为了适应不同政治经济形势的需要，具有不同的特点和任务，也具有不同的形式。

1.1.2 财政的含义

1. "财政"溯源

"财政"一词源于欧洲，13—15世纪，拉丁文"finis"是指结算支付期限的意思，后来演变为"finare"，则有支付款项、裁定款项或罚款支付的含义。到16世纪末，法国政治家波丹将法语"finances"作为财政一词使用，认为财政是"国家的神经"，开始有公共财政的意义。17世纪以后，财政更用以指国家一般的理财。到了19世纪，则指一切公共团体的理财。20世纪初，由法国传至欧洲各国后，即用以指国家及其他公共团体的理财。在英语中，用"public finance"表示"财政"。

我国古代一般采用国用、国计、帮计、度支、理财等词语来表示政府财政。日本在1868年的明治维新时，从西欧国家引入"finance"一词，吸收中国汉字中的"财"和"政"二字的含义，创造了"财政"一词，当时解释为"财者，钱财也；政者，政治也，财政者乃管理公共钱财或财货之事也"，并于光绪年间传入中国。清朝光绪二十四年（1898），在戊戌变法"明定国是"诏书中有"改革财政，实行国家预算"的条文，这是我国历史上政府文献中最早使用"财政"一词，自此以后，"财政"逐步取代了我国历史上使用的"国计"等各种名称，成为一个专用名词。据说，严复在将亚当·斯密的《国民财富的性质和原因的研究》原译为《原富》时就借用日本的译法，翻译为财政。

20世纪40年代中华书局出版的《辞海》对"财政"一词作了以下的解释：财政谓理财，即国家或公共团体以维持其生存发达之目的，而获得收入、支出经费之经济行为也。显然，这种解释也是从英语"public finance"翻译为中文引入的概念。迄今为止，"财政"一词在我国应用已经有100多年的历史。虽然目前我国学术界对财政一词还有多种不同的理解，但是，在日常生活中，"财政"一词已经作为一个没有疑义的固定词语被广泛使用，如财政收入、财政支出等。

2. 财政的概念

1）政府与市场

要了解财政的概念，必须从财政的基本问题着手。而财政的基本问题发端于市场与政府的关系。在市场经济体制下，市场和政府是两种资源配置系统，两者共同构成社会资源配置体系。而财政是政府的经济行为，是政府配置资源的经济活动，不可避免地要和市场配置资源的活动发生联系，所以，明确政府与市场的关系是我们掌握财政概念的起点。

政府是由被授权制定公共政策与处理国家事务的个人和机构组成的社会组织，其重要作用在于妥善安排、协调国家的内政与外交关系，这些关系涉及政治、社会、经济、文化等各个领域。处理好上述关系之所以重要，是因为它们集中地体现了社会经济生活中的公共需求。由此可见，政府是一个公共服务和政治权力机构。

市场是一种结构精巧且具有效率的商品交易机制，通过其自身的规律达到供给与需求的均衡，但市场配置资源也有失灵的领域，当存在垄断、公共产品、外部性和信息不对称的情况下，市场机制就不能实现其效率，产生市场失灵。

古典经济学把市场失灵作为政府介入和干预经济的依据和理论基础。市场在资源配置中发挥基础性作用，但不是所有资源由市场来配置都可以达到社会福利最大化。公平和效率是人类社会的两个判断标准，市场进行资源配置的结果难以完全达到上述判断标准的要求，特别是对于价值判断的问题，政府作为另一个资源配置系统在一定程度上可以弥补市场系统失灵的作用。政府一般通过法律手段、行政手段和经济手段干预经济，来改变社会资源配置，达到改善市场失灵的目标。

2）公共需求和公共产品的提供

公共需求是财政学的一个基础性概念。从经济学角度看，政府是用来解决公共需求问题的机构。政府可能弥补市场失灵的垄断、公共产品、外部性和信息不对称等领域，其资源配置活动主要表现为满足公共需求的活动。

公共需求是社会公众在生产、生活和工作中的公共需求，不是普通意义上的个人需求和社会再生产的正常运行的公共需求；也是为了维护市场经济正常秩序，由政府集中执行和组织社会职能的需求，如行政、国防、文化教育、卫生保障。生态环境保护的需求，包括基础设施、基础产业、支柱产业和风险产业的投资等。从广义上讲，公共需求还包括政府为调节市场经济运行而采取的各种措施和各项政策所提供的服务等。

满足公共需求是政府配置系统的职责，而非市场配置系统的必备职责。众所周知，在现代市场经济条件下，一般地，由市场提供私人产品用以满足私人需求，由政府和公共部门提供公共产品以满足公共需求，而政府又是通过征税和收费等手段为提供公共产品和满足公共需求的各项公共支出筹集资金。

在市场经济中，人们活动的对象并不仅限于私人产品。在私人产品之外，还存在另一类型的"产品"，即公共产品。所谓公共产品，是指具有社会共同需要性质的产品和服务。区分或辨别公共产品和私人产品的基本标准有两个：一是排他性和非排他性；二是竞争性和非竞争性。私人产品具有排他性和竞争性，公共产品具有非排他性和非竞争性。

公共产品的第一个特征是非排他性，排他性是指个人被排除在消费某种物品的利益之外，当消费者为私人产品付钱之后，他人就不能享用此种产品或服务所带来的利益，私人产品具有排他性。公共产品则具有非排他性，即无法排除他人从公共产品获得利益。

公共产品的非排他性主要是由两个方面的原因决定的：一是公共产品大都是那种在技术上不易排斥众多受益者的产品，如国防等；二是某些公共产品虽然在技术上可以排他，但排他的成本十分昂贵，以致在经济上不可行。

公共产品的第二个特征是非竞争性，非竞争性是指消费者的增加不引起生产成本的增加，即多一个消费者引起的社会边际成本为零，或者说一定量的公共产品按零边际成本为消费者提供利益或服务。

公共产品的非竞争性主要是由两个方面的原因决定的：一是公共产品一般都具有不可分割性，因而在其产生拥挤之前，每增加一个消费者的边际成本等于零。这也就是说，当一种公共产品还未达到充分消费之前，每增加一个消费者不必相应增加生产的可变成本。一般地说私人产品主要由市场来提供，而公共产品主要由政府来提供。这是由市场运行机制和政府运行机制的不同决定的。市场是通过买卖提供产品和服务的。在市场上，谁有钱就可以购买商品或享用服务，钱多多买，钱少少买，没钱就不能买。总之，市场买卖要求利益边界的精确性。由于公共产品具有非排他性和非竞争性的特征，它的需要或消费是公共的或集合的，如果由市场提供，每个消费者都不会自愿掏钱去购买，而是等着他人去购买自己顺便享用它所带来的利益，这就是经济学称之为"免费搭车"现象。从一定意义上说，由于"免费搭车"问题的存在，便需要政府来提供公共产品。

政府主要是通过无偿征税来提供公共产品。但征税是可以精确计量的，如按率征收或定额征收，而公共产品的享用一般是不可以分割的，无法个量化，因而每个人的纳税额与他对公共产品的享用量是不对称的。不能说多纳税就可以多享用，少纳税就少享用，不纳税就不能享用。也就是说相对于市场买卖中利益边界的精确性而言，纳税人负担与公共产品享用之间的关系缺乏精确的经济依据。

由于公共产品可以分为纯公共产品和准公共产品，所以公共产品的提供方式也是有区别的。纯公共产品一般同时具备非排他性和非竞争性，其主要提供者应为政府；而准公共产品一般是不同时具备非排他性与非竞争性，可能是具备非排他性与竞争性并存的，也可能是非竞争性与排他性并存的，对于这类公共产品应该是部分地由政府提供，部分地由市场提供。

公共提供或政府提供与私人提供相对应，一般是指政府通过税收等方式筹集资金用于弥补产品的生产成本，免费为公众提供产品的经济行为。公共提供强调的是资金的来源，即政府出资。政府出资可以采用不同的生产方式，以实现公共提供的目的，即公共提供可以通过公共生产、私人生产或者混合生产来实现纯公共产品的供给。混合提供一般指产品的供给由政府和私人共同出资，来实现准公共产品（混合产品）的提供。同样，混合提供也可以通过混合生产、公共生产或私人生产来实现。通过将公共需求转化为公共产品的提供，实现了将政府目标的显性化处理，使政府明确了需要通过某些形式筹集公共收入和进行公共支出的职能，使财政成为一种可观测的、有别于市场的政府经济行为。

3. 财政概念的界定

通过上述有关政府与市场两种机制的差异分析，我们就可以较好地理解财政的概念了。

财政是一种国家或政府的经济行为，是国家或政府集中一部分国民收入用于满足社会公共需要，以达到优化资源配置、公平分配以及经济稳定和发展的目标的收支活动。国家是政治权力机构和公共服务机构，具有政治、社会和经济职能，而财政是为国家实施并实现其职能提供财力保证的。政府是国家的执行机构和行政机关，其活动依赖于为国家机器提供财力保证的财政。因此，财政是一种以国家或政府为主体的经济活动。

1.2　财政的职能

1.2.1　财政职能概述

1. 财政职能的含义

职能是指人、事物、机构所应有的功能。从人的职能角度讲，是指一定职位的人完成其职务的能力；事物的职能一般等同于事物的功能；机构的职能一般包括机构所承担的职权、作用等内容。

国家是政治权力机构和公共服务机构，具有政治、社会和经济职能，而财政是为了国家实施并实现其职能提供财力保证的。政府是国家的执行机构和行政机关，其活动依赖于为国家机器提供财力保证的财政。

财政职能即财政经济职能，它是指财政内在的、客观具有的经济功能。财政职能是由财政本质决定的，它是不以人的意志为转移而客观存在的。财政职能是指财政作为一个分配范畴所固有的作用，是不能被替代的，只要存在着财政，它固有的职能就不会消失，而且只有包含着这种职能的分配活动，才称其为财政。财政职能所体现是财政作为一个分配范畴同其他分配范畴以及再生产的其他要素——生产、流通和消费之间的内在联系。

2. 财政职能、国家职能与政府职能的关系

政府职能、国家职能与财政职能是财政学习、研究中密切相关的三个重要内容。政府是由国家授权行使职能，因此政府职能是国家职能的具体体现，同时又是财政职能的前提；财政职能是国家职能的一个重要组成部分，又是实现政府职能的一个重要手段。它们之间的联系体现在以下几个方面。

①政府职能、国家职能是研究财政职能的前提条件。一定时期的财政职能与政府职能、国家职能的范围、作用方式密切相关并受到其制约。在市场经济条件下，政府经济"有为"作用体现为间接宏观调控，不仅政府经济职能范围相对缩小，趋于适度，政府行为也要规范、合法、注重效率。自然，政府财政分配方式也应脱离供给型财政，定位于弥补市场缺陷，作用于政策调节和宏观管理。所以市场经济条件下国家财政主要负责制定和执行国家财政、税收方针政策，编制财政中长期计划和年度财政预算，管理各项财政收入和国有资产，统筹安排财政各项支出。

②财政职能是政府经济职能的有机组成部分。政府作为由一定阶级占统治地位的权利机关，承担着政治、经济、公益三大职能。政府的经济职能是充当市场经济"规则的制定者和裁判员"的角色。财政在宏观调控体系中占据十分重要的地位，政府宏观经济管理职能的有效履行在很大程度上有赖于财政职能的实现。这也是世界各国普遍运用财政政策工具，控制总需求量，实现社会供需平衡的重要原因。

③政府职能、国家职能的目的决定了财政职能的目的，即为国家政权建设提供必要的财力保证，合理分配使用财政资金；规范政府和其他社会成员之间的分配形式，理顺分配关系；为社会事业发展提供物质基础，促进社会稳定和全面进步；优化产业结构；为实现经济总量平衡，促进国民经济持续、健康、快速发展服务。

④财政职能是政府职能、国家职能在社会产品分配和再分配中的体现。财政既然是国家实现其职能的工具，财政的职能、运作领域和范围必然同一定社会的国家学说和国家职能联系在一起，受到国家职能的制约。财政作为政府的分配行为，是一种体现国家意志的自觉行为，是一种以国家政治权利和财政财产权利为依据的分配行为。一定社会制度下的财政职能活动，都是在一定的国家基本规范下进行的。但这并不意味着国家凭借政治权利任意分配。因为财政分配在一定历史条件下，受到一定社会生产力状况和生产关系的制约，归根到底是由现实的生产和再生产决定的。

为了深入理解财政职能的内涵，我们需要了解政府干预经济生活的原因。

3. 政府干预经济的理由

1）弥补市场失灵

在现代经济学中，弥补市场失灵是政府干预经济生活的一个重要理论依据。垄断、公共产品、外部性和信息不对称会带来市场失灵，会造成效率损失。作为与市场机制相对应的政府机制，适时填补市场失灵被看作是政府干预经济的最好理由。

政府要成功干预市场失灵，弥补市场失灵的缺陷，离不开财政这一特定的政府经济行为范畴，包括建立健全科学合理的财政支出制度与政策、财政收入制度与政策以及财政管理体制等。政府弥补市场失灵的手段一般有：政府为了保护和促进竞争，提高资源配置效率，通过法律手段来限制垄断和反对不正当竞争；通过税收和补贴等手段或将相关企业合并消除外部性；政府承担提供适当水平的公共物品的主要职责，如国防、治安、消防和公共卫生；政府制定和实施信息不对称的法律法规。在这些手段中，财政发挥着重要的作用。

2）其他原因

除了弥补市场失灵的原因之外，政府干预经济还有其他社会和政治原因，如公平收入分配和消除贫困、保障权利，以及承担对后代的责任等。

4. 财政职能的具体内容

明确了政府干预经济的理由后，就容易理解作为政府经济行为的财政的基本职能了。在财政学研究领域，关于财政职能的具体内容已经达成共识，并且可以归纳为密切相连的三部分，即资源配置、收入分配和经济稳定与发展职能。

1.2.2 财政的资源配置职能

1. 资源配置职能的含义

配置资源是指通过财政收支活动及相应财政政策、税收政策的制定、调整和实施，可以实现对社会现有人力、物力、财力等社会资源结构与流向进行调整与选择。政府通过财政资源配置职能的运用，可以达到合理配置社会资源、实现资源结构合理化、资源运用效率较高、经济与社会效益最大化目标。

资源配置问题是经济学中的核心问题。经济学所要讨论的问题归结起来就是资源的使用效率问题。资源的使用效率有两个方面，一是资源的充分利用。因为资源总是有限的，或者说是稀缺的。能否做到资源充分利用决定了一国的实际产出和物质福利。二是被充分利用的资源是否真正被用的恰到好处，即是否达到最优配置。在资源总量配置优劣一定的情况下，资源总量越接近于充分利用，资源的使用效率就越高。假定资源总量的利用程度为一定的话，资源越接近于最优配置，效率就越高。

那么社会为什么需要财政执行资源配置职能？我们可以从以下两个层次来理解：第一，由于社会共同事物的客观存在，任何社会都不可能仅仅通过分散的个人或其他社会单位对资源有效配置。因为，一般地，某些社会共同事物是任何个人或集团都无力提供的。对于另一些社会共同事物来说，尽管个人或集团有能力提供，但或者因为其消费的不可分割性而不愿意提供，或者是由个人或集团分散提供，不可能获得最佳社会经济效益，所以，就一般意义而言，任何社会都需要财政进行资源配置。第二，在市场经济条件下，财政可以作为弥补市场缺陷的主要手段。一般地，在市场经济条件下，资源配置被认为是属于市场所固有的功能，但在市场存在缺陷、市场机制不健全的条件下，市场本身是难以独立实现对资源的最佳配置的。市场机制不健全主要表现在以下两个方面：一方面，生产者和消费者所能掌握的选择产品和机会的信息情报是不全面、不详尽的，因而必须使资源朝着合理方向的转移受到限制；另一方面，市场机制以竞争为手段，以利润为先导，因此，通过市场机制很难、甚至不可能将必要的资源导向那些社会共同需要的领域，导向那些利少或无利、甚至亏本但为经济与社会发展所必须的资源消耗领域，导向那些从近期来看可能无利可图、但从长远来看却有益于整个社会发展的领域。因此，客观上，要求政府必须担负起相应的资源配置的任务，通过政府分配及其他各种财政政策措施直接分配或引导资源投向，从而实现对资源的最佳配置。

2. 资源配置职能的主要内容

1）调节资源在产业部门之间的配置

资源在部门之间配置状态如何，直接关系到产业结构是否合理及其合理化程度。部门之间的资源配置及其调整，主要是依靠两个途径：一是调整投资结构，二是调整资产存量结构及资源使用结构（企业的生产方向）。财政对资源在产业部门之间的配置和调节，也是通过两个相应途径，采取两个相应的手段来实现的。一方面，通过调整国家预算支出中投资结构，如增加对基础产业和基础设施投资，相应减少对加工工业部门投资等，达到合理配置资源的目的；另一方面，通过制定财政政策、税收政策和投资政策，来引导和协调社会资源的流动与分配，达到调节现行资源配置结构的目的。

2）调节资源在不同地区之间的配置

一个国家、地区之间经济发展不平衡是客观现实。其原因不仅在于历史的、地理的和自然条件方面的差异，而且还在于市场机制导致资源往往向经济发达地区单向流动，从而使落后地区更落后，发达地区更发达。从整体上看，这样不利于经济长期均衡稳定的发展。财政资源配置职能的一个重要内容，就是通过财政分配，即财政补贴、税收、财政政策与财政体制等手段，实现资源在各个不同地区之间的合理配置。

3）调节社会资源在政府与非政府部门之间的配置

政府部门是指分配与使用财政资金的部门。凡不在这个范围之间的，均称为非政府部门。财政在这方面的职能作用，主要是通过它在国民生产总值或国民收入中集中的比重实现的。而这个比重又取决于必须由政府通过财政提供的社会共同事物规模的大小。而社会共同需要的规模并不是一成不变的，它要随着社会经济制度和经济发展阶段、社会政治、文化条件的变化而发生相应变化。与此同时，政府部门所支配的资源，即财政资金规模也发生相应的变化。因此，调整资源在政府部门与非政府部门之间的配置要符合优化资源配置的要求也是财政资源配置职能的一项重要内容。

确定政府支配的资源规模以后，财政还将把这些资源在政府部门内部进行分配，财政支出项目的安排也就是配置资源的过程。在政府内部配置资源，即确定财政支出项目的优先次序问题，根据厉行节约的原则，保证政府活动的必要开支，同时把更多的资金用于发展经济和提高人民的物质文化生活水平。

3. 执行资源配置职能的主要工具

现代政府主要通过财政支出、税收、公债、财政转移支付的制度与政策，实现社会资源的合理配置。当然政府通过财政配置资源，也不应该违背市场在资源配置中起基础性作用这一基本原则。

不论市场配置资源，还是政府通过财政手段配置资源，都应该注意资源配置的有效性。因为资源配置是否合理，其检验的基本标准就是资源配置的效率是高还是低，资源配置是否优化。

如果说通过市场配置资源重点是解决私人产品的提供问题，那么通过财政配置资源则重点是解决公共产品的提供问题。

1.2.3 财政的收入分配职能

1. 收入分配职能的含义

财政分配职能是指财政的经济职能中对参与收入分配的各主体利益关系的调节，以达到收入公平合理分配目标。

政府必须行使财政分配职能的主要原因是社会经济在没有政府的参与情况下，不能实现收入与财富的公平合理分配。进一步讲，第一，市场机制的缺陷造成收入和财富分配的不公平。主要是市场机制给予人民的报酬是以人的生产能力和贡献为标准的，能力不同，贡献不同，收入也就不同，此外，市场机制对无生产能力者不予以照顾。市场机制这种缺陷是其本身无法克服的。第二，按劳分配并不能完全地保证实现收入和财富的公平分配。

收入分配的目标是实现公平分配，而公平分配包括经济公平和社会公平两个层次。经济公平是市场经济的内在要求，强调的是要素投入和要素收入相对称，它是在公平竞争的环境下由等价交换来实现的。在个人消费品的分配上，按劳分配，即个人的劳动投入与劳动报酬相对称，既是效率原则，又是公平原则。但在市场经济条件下，由于个人所提供的生产要素不同、资源的稀缺程度不同以及各种非竞争因素的干扰，各经济主体获得的收入会出现较大的差距，甚至和要素投入不相对称，而过分的悬殊将涉及社会公平问题。社会公平是指将收入差距维持在现阶段社会各阶层居民所能接受的合理范围内。平均不等于公平，甚至是与社会公平的背离。

2. 收入分配职能的内容

财政分配职能主要是通过调节企业的利润水平和居民个人收入水平来实现的。

调节企业的利润水平涉及两个问题：一是企业的税收负担，即国家集中多少，给企业留多少，这主要取决于各个时期的经济体制和财政（财务）体制。在市场经济条件下，合理的税收负担应当是既能满足国家实现其职能的财力需要，又要使作为经济活动主体的企业具有自我积累、自我发展和自我改造的能力。二是企业的利润水平要能反映企业的经营管理水平和主观努力状况，即要为企业的利润水平创造一个公平竞争的外部环境，这除了要进行价格改革外，一个重要的办法就是通过税收剔除客观原因对企业利润水平的影响，使企业在大致相同的条件下获得大致相同的利润。

调节居民个人收入水平要贯彻国家的分配政策。在社会主义市场经济条件下，分配的方式不可能是单一的。必须坚持以按劳分配为主体，其他分配方式为补充的原则，在收入水平上，既要合理地拉开收入差距，又要防止贫困悬殊，坚持共同富裕，在促进效率提高的前提下体现社会公平。对过高的个人收入，要采取有效措施进行调节。主要通过个人所得税和各项转移性支出来实现。

3. 执行收入分配职能的主要工具

1）税收

税收是政府执行收入分配职能的主要工具之一。通过税收，可以在相当大范围内实现对收入的调节。例如，通过个人所得税，调节个人的劳动收入和非劳动收入，使社会上个人之间的收入水平维持在一个合理的差距范围内；通过企业所得税，调节企业的收入水平；通过财产税和遗产税，调节个人之间的财富分布；通过资源税，调节部门、地区由于资源条件和地理环境不同而形成的级差收入等。

2）转移支付

转移支付是指通过资源在不同所有者间的转移而实现的支付，一般指以政府为中介的资源转移与支付活动，包括对个人的转移支付和政府间的转移支付两部分。

对个人的转移支付包括退休保险支出、失业救济支出、生活困难补助、医疗保险支出等。通过这些支出，实现收入在全社会范围内的转移分配，从而使每一个社会成员得以维持基本的生活水平和福利水平。

政府之间的转移支付又进一步分为中央政府对地方政府的转移支付和地方上级政府对于下级政府的转移支付两部分。主要包括中央要对地方的各种财政补贴和税收返还以及地方上级政府对下级政府的各种财政补助，简称政府间的转移支付。政府间的转移支付也是平衡政府间的财政收入水平的重要手段。

3）购买支出

政府购买支出主要是指政府支出中用于支付购买物品的支出和用于雇佣工作人员的工资、津贴支出。前者间接影响个人收入水平，后者则直接影响个人收入水平。

4）各种收入政策

其中主要指工资政策。具体包括有关的工资制度（如规范政府公职人员和其他靠财政拨款的事业单位工作人员工资）和税法中有关工薪收入中的扣除项目规定等。通过工资政策和其他有关收入政策，政府也可以实现对部分国民收入分配的调节。

1.2.4　财政的经济稳定与发展职能

1. 经济稳定与发展职能的含义

1）经济稳定与发展的含义

经济稳定与发展是指通过财政政策的制定实施与调整，使整个社会保持较高的就业率，以致于达到充分就业，实现物价稳定、经济稳定增长及国际收支平衡等政策目标。经济学意义上的稳定通常包括多方面的含义。首先是就业率的稳定，即指一切在法律就业年龄内有劳动能力者中，能够通过自己劳动赚取收入者所占的比重。理论上，这部分人群所占的比重越大越好，即就业率为100%是最理想的状态。但在实践中，往往不可能达到100%的就业率。因此经济学家们使用"充分就业"一词来描述理想的就业状态。所谓充分就业是指一个国家中有能力工作、愿意工作的劳动人口的充分就业。许多经济学家认为，这部分劳动人口在全部劳动人口中所占的比重为95%左右。由此推断，95%左右的就业率应当属于理想的就业率。其次是物价水平稳定，物价水平稳定的理想指标为物价涨幅为零。然而，在绝大多数国家中，这个指标是可望而不可及的。因此，经济学家们一般认为，稳定物价水平就是指在一个时期内，社会可以忍受的物价波动水平。许多人认为为3%～5%的年度物价上涨幅度一般来说是可以忍受的，因而这也被视为物价水平稳定的一个界线。最后是国际收支平衡，即一国在国际经济交往时，其经常项目或者"资本项目"的收支大体保持平衡。

在现代社会中，经济稳定与否与政府财政活动有着密切联系。一般地，经济稳定与否首先是同总供给与总需求之间的平衡状态直接联系在一起的。供求相对平衡，则经济相对稳定，反之则相反。而财政活动通常是同社会总供求，尤其是同总需求联系在一起的。一方面，财政收支规模的伸缩，直接构成了社会总需求规模伸缩的一个重要组成部分。另一方面，财政收支规模的变化、财政收支结构的调整及税种、税率的变化，都会程度不同地影响社会总需求的规模和结构，进而影响到社会总需求的平衡状态。最终，会影响上述经济稳定各项指标的平衡状态。正是在这个意义上，人们认为财政具有调节和控制经济稳定的功能，即稳定和增长职能。

2）经济稳定与发展职能的必要性

财政经济政策的一个极为重要的目标，就是保持或达到充分就业或高就业率，适度的稳定物价水平，国际收支平衡，合理的经济增长率。概括来讲，就是经济稳定目标。这个目标，主要是通过财政的稳定职能实现的。

财政稳定职能的客观必要性主要来自于市场机制的缺陷。在市场经济中，充分就业和物价稳定不能自动出现，因为在市场经济中，就业和物价的整个水平是由总需求水平确定的，并与当时的生产能力有关。问题主要在于社会总需求水平是难以控制的，或者具有不可控性。总需求水平是由无数个消费者、企业负责人、金融投资者及其他社会成员、单位的开支所决定的，是这些社会成员、单位开支决策的一个函数。这是社会总需求水平不可控性的第一层原因。第二层原因：上述开支决策又有赖于许多难以预测的因素，如过去与现在的收入、财富、地位，信用的程度，对前景的估计等。由于上述原因的存在，使得社会在任何时期，支出水平既难以准确预测，也不能在总体上把握，又不可能保证劳动力与其他资源的充分使用（在市场经济条件下，劳动力和其他资源主要是靠货币、靠资金推动的），因此也就不能保证实现充分就业，不能保证有较稳定的物价水平，也不能保证经济的适度增长率。此外，国内外实践证明，工资水平与物价水平有呈刚性趋势（难以下降），这表明那种通过降低工资水平和物价水平来自动相对提高需求水平和就业水平的现成机制也不复存在。所以，客观上需要政府通过运用财政手段调节社会需求水平，以实现经济稳定增长的目标。

2. 经济稳定与发展职能的主要内容

1）调节社会总需求

财政对社会总需求的调节，主要是通过国家预算进行的。国家预算是经过法定程序批准的年度财政收支计划。预算的收支项目和数字，反映政府的施政方针和年度社会经济政策取向。预算收入，则代表可供政府支配的社会需求总量，即可供政府支配的货币购买力。因此，通过增加或减少政府预算收支总量，即可达到调节社会总需求水平之功效。一般地，从理论上看，如果社会上总需求大于社会总供给，则可以采取使财政总收入大于财政总支出的办法，即相对减少财政支出，增加财政收入。从政策的角度看，这种作法通常被称为"紧缩性"财政政策。如果社会上总需求小于总供给，即需求不足，则可以采取使财政收入小于财政支出的办法，即相对增加财政支出，减少财政收入。这种作法在政策上通常被称为"扩张性"财政政策。如果社会总需求与总供给大体平衡，政府则应实行预算收支平衡，即所谓"中性"财政政策。

2）调节社会供求结构上的平衡

从客观上，社会总供求结构包括供求的地区间结构、部门结构、产业结构。通过财政收支，调节社会总供求结构，使之大体平衡是财政稳定的另一个重要内容。

3. 执行稳定职能的主要工具

1）预算收支政策

增加预算支出，可以扩大社会总需求；减少预算支出，便可相应减少社会总需求。在预算收支政策中，就其对社会总需求的影响而言，通常认为财政赤字是扩展性或扩张性的，而财政结余则具有紧缩性或限制性。在这里，所谓财政赤字是指政府财政支出大于收入的差额，通常按财政年度计算，会计上习惯用红字表示，故称"赤字"。由于财政收支是通过国家预算平衡的，因而财政赤字就表现为预算赤字或者预算执行结果支大于收的差额（简称决算赤字）。与之相对应，财政结余则是指国家预算执行结果收入大于支出的余额，或称预算结余。而财政平衡则是指财政收入与支出在数量上大体相等，也称预算平衡。一般认为，财政平衡时，对社会总需求的影响是中性的，因而通常被称为中性财政政策。

2）内在稳定器

内在稳定器是指那些在经济中能自动地趋于部分抵消总需求变化的财政措施或手段，如累进所得税制和转移支付制度。税收体系特别是公司所得税和累进的个人所得税，对经济活动水平的变化反应相当敏感。如果经济活动出现不景气，国民生产就要减少，这时税收收入就会自动下降；反之当经济出现繁荣时，国民生产就会增加，这时税收收入就会自动增长。转移支付主要是为了在个人收入下降到非常低时，为维持他们的生活水平而向他们提供的财政补助。如果经济活动出现不景气或衰退，政府会增加这方面的转移支付；反之当经济繁荣时，政府会减少这方面的转移支付。

3）政策的选择

通过有选择地改变政策的办法实施财政政策，进而调节社会总需求与结构。例如，在支出中，有选择地调整和确定支出项目，可以提高财政资金的使用效率，促进经济增长。此外，在收入方面，主要通过对税收政策的调整，可以影响企业、居民个人的经济行为，进而使社会总需求和社会总供给在结构上趋于合理。

1.3　财政的特征

1.3.1　财政分配的主体是国家

财政分配以国家的存在为前提，它由国家来组织，国家在财政分配中居于主导地位。这使得财政分配作为一种分配范畴，与国民收入的其他分配，如企业财务分配、个人收入分配、价格分配、银行信用分配等形成显著的差异。这是财政区别于其他分配范畴的基本特征之一。

财政分配的主体是国家，可以从以下几个方面来理解。

1. 财政分配应以国家利益为前提

国家直接决定着财政的产生、发展，决定着财政分配的范围。没有国家这一分配主体，也就没有国家财政的存在。或者说不是以国家为主体的分配，就不属于财政分配的范畴。

2. 国家是财政分配的主体

在财政分配中，国家总是处于主动的支配地位。国家是财政分配活动的决定者与组织者。在财政分配的各项活动中，无论是收支的方式、渠道，还是收支的规模、比例等都是由国家确定的，都取决于国家的意志。而参与分配的另一方总是处于被动的、从属的地位，是按照国家的意志行事的具体执行者。

3. 财政分配要以国家制定的法律制度来进行

当国家参与社会产品分配时，必然会与各社会经济组织和社会公民个人在物质利益上产生矛盾。为协调和处理这一矛盾，国家凭借法律或行政权力对社会经济关系进行强制处理，这就使财政分配具有了强制性。从局部来看，这种强制性违背社会组织和公民意愿，但从全局来看，却符合社会组织和全体公民的利益。

1.3.2　财政分配的对象是社会产品

从财政分配的客体来考察，财政分配的对象是社会产品的一部分，全部社会产品由补偿生产资料消耗（C）部分、劳动者个人收入（V）部分以及剩余产品价值（M）部分组成。

从财政实际运行的情况来看，财政收入中即包含剩余产品价值（M）部分，也包含劳动者个人收入（V）部分。就全部收入而言，我国的财政分配的对象主要是剩余产品价值（M）部分，但从社会经济的发展来看，劳动者个人收入（V）部分对财政分配的影响作用越来越大。

1.3.3　财政分配的目标是保证国家实现其职能的需要

任何社会形态的国家都有其职能，国家的职能体现国家的性质与统治者的意志。无论是在何种社会形态下，财政分配总是围绕着实现国家职能的目标而进行的。在市场经济条件下，财政分配的目标直接表现为满足社会公共需要。

1.3.4　财政是一种集中性的、全社会范围内的分配

财政分配是宏观经济问题，它是在全社会范围内进行的集中性分配，财政收入涉及社会生产与生活的各个领域，财政支出也涉及社会的各个方面，在一个国家范围内，任何微观社会经济组织和个人都囊括在财政分配范围之内。因此，国家在组织财政收入和安排财政支出时，都要以社会总体的发展为目标，不仅要考虑政府部门的自身利益，而且要考虑其对整个国民经济的影响。财政活动的主体是政府，政府作为整个社会代表的身份和它所履行的社会职能，决定了财政活动要在全社会范围内集中地进行。

1.3.5　财政分配具有无偿性

财政分配是为了满足国家行使其职能的需要而进行的，而在任何社会形态下的国家都是非生产性的，这就需要财政分配无偿地进行。无偿性表现为财政筹集资金、使用资金等方面都不需要偿还，收和支都是价值的单方面转移。随着财政收支运动，其资金的所有权也随之改变。这一特征与银行信用的有偿分配有着根本的区别。

1.4 学习、研究财政与税收的方法

财政与税收是一门应用理论学科，在经济管理学科中起着衔接一般经济管理理论课和专业课的中介作用：一方面将一般经济管理理论引向深化，另一方面对财政与税收业务进行理论性分析。财政学的任务是阐明财政与税收的基本知识、基本理论和基本管理技能。由于财政与税收涉及领域较广，而且难度很大，因此，确定或者选择科学的学习、研究方法就显得十分必要。在学习和研究财政与税收时，应采用以下方法：

1. 以财务会计、财务管理为基础，进行深层次的研究

由于财政与税收是为会计学、财务管理等专业低年级本科生开设的课程，因此财政与税收所述内容既要与财务会计、财务管理相区别，又要对其进行补充深化，使两者共同形成一个完整的理论方法体系。这一点不仅要表现在各章节内容的安排设置上，也要体现于各章节的具体内容之中。对每一章的内容进行必要的、更深层次的理论探讨，并按不同于财务会计、财务管理的方式，从不同的角度进行范围更为广泛的例题演示。

2. 以各个有特色的财政与税收业务为核心，进行专题学习、研究

与财务会计、财务管理不同，财政与税收体系是由一系列财政与税收业务组成的。在对每一财政与税收业务进行探讨时应遵循的原则是：问题一经提出就要尽可能将其交代清楚，既不回避难点，又不故弄玄虚。

3. 理论与实务紧密结合，重视业务分析和实例演示

与财务会计、财务管理相比，财政与税收在理论阐述与应用业务举例之间的关系结合方面也有其独特的一面。财务会计的理论大都集中于会计假设与会计原则的解释、各会计要素的说明，以及对各会计要素的确认和计量方面。由此也就形成了财务会计理论部分相对集中，但是，财政与税收不仅有着不同于财务会计的理论基础，而且各个专题中还有其各自的基础理论和与各专题事项相关的会计理论、特有的处理方法等。可以说，财政与税收各专题的内容在与之相关的认定和计量等方面既有理论上的独特之处，也有与其实际业务联系紧密的、各具特色的业务处理程序和方法等。这样，各个与税收财政业务就形成了一个个与财政与税收理论大相径庭的专门系列。为此，恰当处理各财政与税收业务中理论阐述与业务处理之间的关系非常重要；而以业务分析为中心，侧重于实例演示应是正确的选择。

4. 进行多方位比较，坚持"洋为中用"，着重分析我国的实际情况

多方位比较主要是对国外经济法规、国际准则、国外的其他习惯性做法与我国相关法律、法规、准则、制度进行的比较，目的是通过比较，认清各个专题的规律性和已取得共识的问题的处理程序和方法，并以此为基础进一步分析我国现行做法与国际通行做法的异同及其原因。"洋为中用"强调对国外的做法加以介绍，并在基础条件相似的情况下，尽可能吸收国外方法的优点，为我所用。按此要求，我国的财政学不应是国外教材的编译本，而应是经过加工、处理后，基本上符合我国实际情况的教材。

为了更好地实现上述目的，进行财政与税收研究时应注意以下几点。

（1）对于国内国外都有，差异不大的内容，主要按我国的法规和制度加以解释。

（2）对于国内国外都有，差异较大的业务，在阐述基本做法的同时进行国内国外的比较说明。

（3）尽量按我国财政管理的要求设置、使用各个财政与税收名词，按我国财政与税收管理人员的习惯使用财政与税收术语，使内容易读易懂。

5. 财政与税收的研究可采用实证研究、规范研究、理论分析与计量研究以及案例研究等多种具体方法

财政与税收的规范分析常常采用福利经济学的分析方法。研究财政与税收问题，总是要研究财政与税收对资源配置、收入分配和经济发展的影响，并要研究财政收支对社会福利最终状态的改变，所以福利经济学的方法是财政与税收的重要研究方法。财政与税收研究中需要回答许多"是什么"或"是怎样"的问题，这属于实证范畴，相应地，就需要掌握一些研究财政与税收问题的实证研究方法。实证研究有理论实证研究和经验实证研究之分。其具体研究方法多种多样，包括数学方法、结构分析方法、统计学分析方法、计量经济学分析方法、博弈论分析方法、实验经济学分析方法、行为经济学分析方法等。

第 2 章

政府预算

2.1　政府预算概述

2.1.1　政府预算的含义及内涵

1. 政府预算的含义

政府预算是指经法定程序审核批准后成立的具有法律效力的政府财政收支计划，是政府筹集、分配和管理财政资金及宏观调控的重要工具。狭义的预算指预算文件或预算书；广义的预算指编制、批准、执行、决算、审计结果的公布与评价等所有环节，实际上是整个预算制度。政府预算主要包括年度预算和多年预算，其典型形式是年度预算。

政府预算是所有国家政府施政和进行财政管理所必需的。政府预算一般都要包括以下三方面的内容：第一，收入和支出的种类和数量以及这些种类和数量所表现出来的收支的性质和作用；第二，各级政府和各部门在处理收支问题上的关系及其所处的地位和所承担的责任；第三，在收入和支出的实现上所必须经过的编制、批准、执行、管理和监督等预算过程。

2. 政府预算的内含

（1）从形式上看，政府预算是以年度政府财政收支计划形式存在的。

传统的国家预算概念往往被定义为政府的年度财政收支计划，近年来，预算管理范围由收支流量延伸到结余等存量、由资金扩展到资产、由静态发展到动态，涵盖一切公共资源，据此，可将政府预算界定为政府按预算年度进行的公共财力配置计划，但其主要是对财政收支的预先安排，它规定了年度内国家财政收支项目、内容、应达到的指标及其平衡状况。

（2）从性质上看，政府预算是依据法定程序审批的法律文书。

政府预算和政府的年度财力配置计划不完全一致，政府的年度财力配置计划只有经法定程序、立法机关审批通过后而形成的法律文件，才成为国家预算。追根溯源，当经济社会发展要求对国家财政收支制定统一的年度计划，并要经过一定立法程序审查批准时，国家预算才成为国家财政体系及财政管理的内容。没有经法定程序审批的年度财力配置计划仅仅是国家预算草案。政府预算方案制定后由立法机关审核批准，可以从法律上明确责任和义务，同时为监督机构监督检查契约的履行情况提供依据。

（3）从内容上看，政府预算反映政府集中支配的财力的分配过程。

政府预算涉及的范围具有宽泛性，按范围包括单位预算、总预算，前者构成预算的基本单元，后者是以单位预算为基础汇总编制的预算；按组织机构包括支用机构的预算和分配机构的预算，在我国表现为行政事业单位预算、部门预算和各级政府财政预算。

（4）从程序上看，政府预算是通过政治程序决定的，其实质应该是体现民意。

预算是经过立法程序审批后得以成立，并由此而形成的年度预算法案，这意味着预算由国会赋予政府预算执行权。由于立法机构采取代表制度，各立委通常是特定阶层或集团利益的代表者，经过立法程序审批预算就是将各方代表的意志进行归集的过程，并将归集结果采取立法机构授权政府的方式，由此确立政府活动的范围和方向，因此，现实中的国家预算往往是各利益集团之间权利协调的结果，据此深化到规范性要求，预算措施应该体现国民意志。通过政府预算进行的公共财力安排应该用于满足社会公共需要，以便达成公共商品供求之间的均衡。政府必须将预算草案提交立法机构审查批准后才能进行预算活动，预算的实质是采取政治行政程序将国民意愿和政府履行职能的财力安排达成一致，是对国民意愿采取政治行政程序进行归集的方式，也是立法机构授权的政府财力计划，因此，政府预算是关于反映国民意愿并监督政府活动的一种制度安排。

（5）从决策过程看，政府预算是一种公共选择机制。

政府预算由编制、审议通过、执行实施、决算审计、向社会公布等一系列环节组成，通过这些环节保证政府财政活动能够满足公共需要。这一过程的实质是一种公共选择机制。表现在：第一，预算编制时公共利益的发现过程；第二，预算在代议机构讨论和批准的过程是公共利益的继续发现和确认过程；第三，预算的实施和完成是公共利益的实现过程。预算实施依据严格的程序：各支出部门的领导对使用的资金负责，财政部门对其进行审核后批准拨款，最终执行结果要经过审计部门的审计，审计结果及其详细的说明材料报立法机构确认，并向社会公布。

2.1.2　政府预算的作用

1. 政府预算是政府集中和分配资金的主要手段

政府为了实现其职能，主要通过政府预算参与国民收入的分配和再分配，集中必要的资金，用以满足社会的公共需要。预算收支活动体现财政分配活动中的筹集资金和使用资金两个方面。预算收入来源和支出用途全面反映政府的经济活动，体现政府集中财政资金的来源和规模、去向和用途，并在一定程度上反映社会经济发展的规模、比例、速度和效益。

2. 政府预算是政府配置资源的重要工具

政府预算是政府提供公共产品、进行资源配置、实现职能的重要工具。公共产品具有非排他性和非竞争性，市场不能有效地提供，往往需要政府预算对其进行资源的配置。

3. 政府预算是政府以计划为基础进行宏观经济调控的重要杠杆

预算必须以国民经济和社会发展计划为基础。政府预算既是国民经济计划在财力上的主要反映，又是实现经济发展、社会进步以及进行宏观调控的财力保证。预算收入主要来源于国民经济各部门，预算支出主要用于各项经济和科技文教建设事业，并对国民经济和社会发展计划起积极的促进或制约作用。预算调控作用主要从以下三个方面来实现：一是控制社会总供求；二是调节结构；三是公平分配关系。

4. 政府预算可以综合反映和监督经济运行状态

政府预算综合性强、联系面广，预算的任何收支活动都涉及一系列的财政分配关系。政府预算通过其收支活动和收支指标，反映政府活动的范围和方向、政府各部门的情况，以及国民经济和社会发展各方面的活动。预算收入反映国民经济发展规模和经济效益水平，预算支出反映各项建设事业发展的基本情况。因此，通过政府预算的编制和执行，便于掌握国民经济的发展趋势，发现国民经济发展中存在的问题，从而及时采取对策和措施，促进国民经济稳定、快速、健康地发展。

2.1.3　政府预算的基本特征

政府预算作为一个独立的财政范畴，是经济发展到一定历史阶段的产物，并在其发展演变中逐步形成了自己独特的、内在的规定性。政府预算的基本特征主要有以下几方面。

1. 公开性

一般而言，私人经济活动存在隐私或商业秘密，只需向利益相关主体提供必要的信息，除法律有规定外，不必向社会公开。公共经济行为涉及全体民众的利益，除涉及国家安全的内容外，其他应向社会公开。在现代国家，国家预算是社会公众和政府之间委托代理关系的一种反映，换言之，预算可以理解为政府代理公共事务所需财力资源及其配置的一种契约，这种契约是以法律文书方式形成的权责合约，因此，预算内容必须明确、公开、透明，以便于社会公众及其代表能理解、审查和监督。同时，政府预算收支计划的制订、执行以及决算的全过程也应向公众公开，一般是采取向权力机构提交预算报告的形式阐述预算编制的依据，执行过程中为保证政府预算实现而采取的措施，同时报告上一年度政府预算的执行情况和结果，即决算，预算及决算经审议通过后还要由新闻媒介向社会公布。

2. 计划性

预算就是预先的计算，政府预算是事先对一定时期财政收入与支出的安排和计划，最典型的为年度财政收支计划。计划具有预测性，政府预算的预测性指国家通过编制预算对财政收支规模、收入来源和支出用途作出事前的预计和设想。一般在本预算年度结束以前，需要对下一年度的财政收支作出预测，编制出预算收支计划，进行收支对比，进而研究对策。计划与实际是否相符并能否实现，取决于预测的科学性和民主化程度，同时也受预算执行中客观条件变化，以及预算管理水平和预算管理手段的影响。提高预测性的准确度是完善国家预算管理的基础。

3. 统一性

为了从资金上保证实现国家职能、满足社会统一性的需要，国家必须通过预算安排，集中财政资金，统筹资金的使用。国家预算是国家集中分配财政资金的手段，国家预算资金即为国家集中性的财政资金。国家预算的规模、来源、去向、收支结构比例和平衡状况，要从国家整体利益出发进行统筹安排。预算收入必须及时、足额地缴入国库，任何部门、单位或个人不能坐支、挪用；各地区、部门、单位必须按照预算规定的数额、用途等使用资金，不得各行其是。

4. 法制性

政府预算与一般的经济计划不同，它必须经过法定程序，并最终成为一项法律文件。国家预算的法定性是指国家预算的成立及执行结果要经过立法机关审查批准，经立法机关审批的国家预算具有法律效力。《中华人民共和国宪法》和《中华人民共和国预算法》明确规定各级人民代表大会有审查批准本级预算的职权。各级预算确定的各项收支指标经国家权力机关审查批准后下达，具有法律强制性，各级政府、各部门、各单位都必须维护国家预算严肃性、权威性，严格贯彻执行，并保证预算收支任务的圆满实现；非经法定程序，任何地方、单位和个人均不得擅自改变批准的预算；如需调整预算，必须报请本级人民代表大会常务委员会审查批准。

5. 年度性

政府预算的年度性，是指政府必须按照法定的"预算年度"编制预算，其预算要反映全年的财政收支活动，同时不允许将不属于本年度财政收支的内容列入本年度的政府预算中。

预算年度又称财政年度或会计年度，指的是编制和执行预算所依据的法定期限或预算的有效期限，体现预算的时效性。预算年度一般为一年，但各国预算年度的起止日期不尽一致，可分为历年制和跨年制两种。

2.1.4　政府预算的分类

1. 按预算的级次分类

1）中央政府预算

中央政府预算是经法定程序批准的中央政府财政收支计划。我国的中央预算是由财政部代表中央政府（国务院）汇编的，经全国人民代表大会审批通过的财政收支计划。中央预算由中央各主管部门的行政单位预算、事业单位预算、企业财务计划、基本建设财务计划、国库和税收计划等汇总而成。

2）地方政府预算

地方政府预算是经法定程序批准的，除中央预算以外的地方各级政府财政收支计划的统称，在我国包括省级及其以下的四级预算。地方各级预算由地方本级财政机关代表同级政府汇编，根据其涵盖的范围、级次又分为本级预算和总预算。

2. 按预算的收支管理范围分类

1）总预算

总预算是指各级政府的基本财政计划。它是由各级政府的本级预算和下级政府总预算组成。地方各级总预算由本级政府预算和汇总的各部门（含直属单位）的预算组成，不仅包括本级政府一般财政收支和特别预算，也包括下级政府的总预算。

2）部门预算

部门预算是编制政府预算的一种具体制度和方法，它是由各级政府的各个部门编制的，反映各个政府部门所有的收入和支出的政府预算。各部门预算由本部门各单位预算组成。部门预算是政府总预算的基础。

3）单位预算

单位预算是指列入部门预算的国家机关、社会团体和其他单位的收支预算。"单位"是由事业行政单位根据事业发展计划和行政任务编制的，并经过规定程序批准的年度财务收支计划，反映单位与财政之间的资金领拨缴销关系和事业计划、工作任务的规模和方向，它是各级总预算构成的基本单位。单位预算是部门预算的基础。

3. 按预算的编制形式分类

1）单式预算

单式预算是将政府的全部财政收支汇集编入一个统一的预算表之中，而不区分各项财政收支的经济性质的预算形式。其优点是符合预算的完整性原则，整体性强，便于立法机关审批和社会公众了解。其缺点是没有把全部的财政收支按经济性质分列和分别汇集平衡，不利于政府对复杂的经济活动进行深入分析。

2）复式预算

复式预算是把预算年度内的全部财政收支按收入来源和支出性质的不同，分别汇集编入两个或两个以上的收支对照表，从而编成两个或两个以上的预算。复式预算的典型形式是双重预算，即按经济性质把财政收支分别编入经常预算和资本预算（又称普通预算和特别预算、经费预算和投资预算、统一基金预算和贷款基金预算等）。虽然各国使用的复式预算的名称和具体项目不尽相同，但从内容上看，经常预算包括政府一般财政收支，在一般情况下，经常预算的收支应保持平衡并力争结余，这项结余转入资本预算。资本预算反映政府有关公共事业的投资支出及其借款和各种资金的结余。复式预算的另外一种形式是多重预算，即由一个主预算和若干个分预算组成。如日本的中央预算包括一般会计预算、特别会计预算和政府关系机关预算，此外，还有一个财政投融资预算。我国的复式预算包括政府公共预算、国有资产经营预算、社会保障预算和其他预算。

4. 按预算作用的时间分类

1）年度预算

年度预算是指预算有效期为一年的财政收支预算。此处的预算年度即通常所说的预算年度或财政年度。

2）中长期预算

中长期预算也称为中长期财政计划，一般地，1年以上10年以下的计划称为中期政府计划，10年以上的计划称为长期计划。

5. 按预算的编制方法分类

1）增量预算

增量预算指财政收支计划指标是在以前预算年度基础上，按照新的预算年度的社会经济发展情况加以调整以后确定的。

2）零基预算

零基预算指财政收支计划指标的确定，只以社会经济在预算年度的发展状况为依据，不考虑以前年度的财政收支状况。

世界各国的预算主要采用增量预算方法，零基预算尚未成为确定的编制预算的一般方法，通常只用于某些具体收支项目上。

6. 按预算的法律效力分类

1）正式预算

正式预算是指政府依法就各预算年度的预计收支编成预算草案，并经立法机关审核通过宣告正式成立、取得法律地位的预算。

2）临时预算

临时预算是指预算年度开始时，由于某种特殊原因使得政府编制的预算草案未能完成法律程序，因而不能依法成立，在这种情况下，为了保证正式预算成立前政府活动的正常进行而编制的暂时性的预算。这种临时性预算不具备法律效力，只是作为政府在正式预算成立前进行必要的财政收支活动的依据。

3）追加预算

正式预算在执行过程中，由于情况的变化需要增减正式预算收支时，需再编制一种预算作为正式预算的补充，这就是追加预算或修正预算。把审批通过的追加预算或修正预算与正式预算汇总执行，称为追加（修正）后预算。

2.1.5 政府预算的原则和立法

1. 政府预算的原则

政府预算的原则是指政府选择预算形式和体系应遵循的指导思想，也就是制定政府财政收支计划的方针。政府预算的原则是伴随着现代预算制度的产生而产生的，并且随着社会经济和预算制度的发展、变化而不断变化。

（1）预算必须具有完整性，即一国的政府预算必须包括政府所有的财政收支，全面反映它的财政活动。在政府预算范围之外，不应另有其他的财政收支，一切财政活动不应脱离预算管理。

（2）预算必须具有包括性，这就要求政府预算应该包括预算单位的一切收支。预算收入和支出都要按统一方法和口径加以计算和全额编列，不允许只列收支相抵后的净额。

（3）预算必须具有年度性，这就要求政府预算应该按预算年度编列，不应该对本年度之后的财政收支作出任何事先的规定。

（4）预算必须具有可靠性，这就要求政府预算的编制和批准所依据的情况必须可靠，预算收支数不应虚列冒估，政府预算所列数据必须符合实际。

（5）预算必须具有公开性，各项财政收支必须经过议会审查批准，并向社会公布。

（6）预算必须具有分类性，各项财政收支必须依据其性质分门别类清楚列出。

2. 预算法

为了保证政府预算的正确编制和执行，使预算的组织和管理走向规范化、法制化，必须有一个体现国家方针政策和预算原则的预算法。所谓预算法是调整各级政府、国家机关、社会团体在筹集和分配预算资金过程中所发生的社会关系的法律规范的总称。它是政府预算管理的法律规范，是组织和管理预算的法律依据。

1）预算法的类型

（1）权责法。以划分各级预算的管理权责为内容。

（2）组织法。以预算组织和管理的基本规定为内容。

（3）程序法。以预算决算的编制、审查和批准的程序为主要内容。

2）预算法的主要内容

预算法对预算关系的法律调整包括下列法律规定。

（1）作为预算法主体的国家机关、社会组织在政府预算活动中的地位、职责和权限。

（2）预算管理的基本原则和预算体系。

（3）预算收支形式及范围的划分。

（4）预算管理程序。

（5）法律责任。

3）预算法的表现形式

预算法的表现形式是指预算法是通过什么样的法律条文、法律文件、法规和规章表述出来的，即它的外部逻辑结构。一般来说，预算法有以下几种表现形式。

（1）宪法。各国宪法是各国预算法的基本来源，它是规定各国权力机关和行政机关在预算活动方面的权限和权利的规范，这些规范是各国预算法的最高法律形式，也是各级国家权力机关制定其他预算法规的法律依据。

（2）预算基本法。这是国家权力机关制定和颁布的预算法律，是预算工作的基本法，是规范预算活动的基本法律，如《中华人民共和国预算法》就属于预算基本法。

（3）预算法规。这是指中央政府以及地方各级政府制定和颁布的有关预算管理的条例、规定和办法的总称。

（4）预算规章。这是指国家行政机关及其职能部门在法律规定的范围内所颁发的各项实施细则和指令，是使预算基本法更为具体化的一种重要法律形式。

4）预算法的调整对象

预算法的调整对象概括起来讲是预算关系，它包括预算管理关系和预算收支关系两大方面。

（1）预算管理关系。这是指预算主体之间在国家预算管理活动中所发生的社会关系。它可分为预算组织关系和预算程序关系。

① 预算组织关系包括明确预算组织的范围（即预算主体）及其法律地位和职权，以及各预算组织之间的相互关系。根据宪法及有关法律、法规规定，各级国家权力机关和各级政府以及实行预算管理的各部门、各单位都是预算组织，其具体职权和相互关系均由预算法作出明确的规定。

② 预算程序关系是指预算组织之间在预算的编制、审批、执行等程序中所发生的相互关系。由于预算程序是预算管理的重要环节和主要内容，因此，基于预算程序所产生的预算关系也属预算管理关系的一种。

（2）预算收支关系。这是指预算组织在预算收支活动中所发生的社会关系。它包括预算收支范围的划分和各级预算组织经济权限和经济利益的界定。由于这种预算关系的结果必然会导致一种不同于一般经济关系的财产所有和财产流转关系的产生，因此，它也必须由预算法来予以调整。

预算法所调整的预算管理关系和预算收支关系，在客观生活中是紧密结合在一起的，它们相互作用，共同构成了预算法的调整对象。

2.2 政府预算的运行过程

政府预算的运行过程包括政府预算的编制、审批、执行与政府决算四个环节。从实际经济内容来看，政府预算的编制是政府对财政收支计划的安排；政府预算的审批是指相关部门对财政收支计划的审查和立法机关对预算的审查及批准；政府预算的执行是对财政收支的筹措和使用过程；政府决算是对政府预算的总结。

2.2.1 政府预算的编制

1. 政府预算编制前的准备工作

（1）中央政府制定经济社会发展规划，下达编制预算的指示。

（2）财政部门测算预算收支指标。预算必须与政策目标挂钩，在预算编制前，应对预算年度的政策目标做具体的研究与评估，排列优先次序，使预算与预测、预算与政策有机地结合起来。

（3）财政部制定并颁发国家预算科目和表格，具体部署和安排预算编制事项。

2. 政府预算编制的方法

1）基数预算法

基数预算法是以过去年度已经达到的预算收支指标为出发点，考虑影响预算年度财政收支变化的各种因素，来确定财政收支计划指标，编制预算的方法。

2）零基预算法

零基预算法是不考虑基期预算指标的实现情况，一切从"零"出发，根据预算年度各部门、单位的实际情况和需要确定预算方案的预算编制方法。按零基预算法编制预算，对各部门、单位原有的各项开支都要重新审核，并测算预算年度必要和合理的资金需求。由于零基预算不受以往年度预算收支情况的束缚，也称为"不连续预算"。

3）分项排列预算法

分项排列预算法是将预算收支按规定的要求分项目进行编排罗列的一种预算安排方式，主要按由谁开支（即什么部门）和开支用途进行预算安排。分项排列预算强调立法控制，具有投入式预算的特点。

4）设计规划预算法

（1）确定预算方案的目标。预算方案的目标是指实施该方案所提供公共品的效用，如国防支出的目标是战斗力，战斗力又可分为核战略力量，常规力量等。目标下设的子科目是实现目标的手段。

（2）方案择优。评估现行方案与目标有关的效率，对方案运用成本收益分析进行量化评估，以此为基础对预算支出进行调整，择优选择。

（3）对预算方案进行系统、长期的评价。对预算方案的评估需要确定一个适当的时限，时限过短不能充分反映其重要性和成本收益，通常要考虑五年的周期，评价的结果是下一期预算安排的依据。

设计规划预算可冲破职能部门的边界对预算进行统一设计，由于设计规划预算以方案规划为单元来安排预算，因而需要有超越职能部门的协调机构。

2.2.2 政府预算的审批

政府预算的审批是指相关部门对预算草案进行审查并批准执行的过程，编制预算是预算管理的起点，编制预算要坚持量力而行、收支平衡的原则，以国家的财政经济方针和有关法律法规为指导，以国民经济和社会发展规划的主要指标为基础，以上一年预算执行情况和本年收支预测为依据，积极稳妥地安排各项收支指标，做到收入稳固可靠，支出留有后备，把预算收支安排建立在科学合理的基础上。

编制好的预算由政府提交同级人民代表大会审议，经人民代表大会审议批准的国家预算具有法律效力。

2.2.3 政府预算的执行

预算执行是预算管理的中心环节。政府是预算执行的主体，财政税务部门是预算执行的职能机构。预算规定的收入任务，必须保证完成；预算规定的各项支出，必须及时足额地拨付。对于执行过程中必须的预算调整，超出了政府法定权限的，要报请同级人民代表大会常务委员会审批，未经批准，不得调整预算。各级政府有责任监督下级政府的预算执行；各级财政部门有责任监督本级各部门预算的执行，并做好预算执行情况的分析，向本级政府和上级财政部门报告本级预算的执行情况。政府预算的执行包括组织预算收入、拨付预算支出以及预算调整三项内容。

1. 组织预算收入

预算收入的组织是预算收入的实现过程。各预算征收机关是执行的主体，包括税务机关、财政机关、海关等。在收入征收的过程中，征收机关必须依据国家相关法律法规及时、足额地完成财政收入计划，不得随意增收或减收；征收的收入要直接上缴国库，不得截留、挪用；国库部门对组织的财政收入要及时收纳、划分和报解，按规定办理收入入库手续；征收机关、国库和预算管理机关之间要实时传递会计信息。

2. 拨付预算支出

预算支出的执行是支出目标的实现过程。预算管理部门和政府所属的相关公共部门是支出执行的主体，财政部门要按预算计划、规定用途、工作进度和交易合同发出支付命令，国库要根据财政部门支付命令及时、足额地拨款，以保证政府部门履行其职能。

3. 预算调整

预算调整是指在预算执行过程中，对原定政府预算的收支指标或项目所做的改变。这种改变必须经过同级人民代表大会常务委员会审查批准。预算调整实际上是通过改变预算收支规模或改变收入来源和支出用途，组织预算新的平衡的重要方法。预算调整一般有以下两种情况：一是全面调整；二是局部调整。

（1）全面调整是由于工农业生产和国家经济管理体制发生重大变化或发生某种特殊情况，需要对原定国民经济和社会发展计划进行重大改变，而对政府预算收支相应进行的调整。这实际上是重新编制一次预算，影响面较大，成本也相应提高，因此，一般情况下很少进行全面调整。

（2）局部调整是指在预算执行过程中对原定政府预算收支的部分指标或收支项目所做的改变。这在预算执行过程中，为了适应客观现实的变化，重新组织预算收支平衡时是经常发生的。局部调整的措施主要有经费流用、动用预备费、预算的追加追减、预算划转等四种。

2.2.4 政府决算

决算是对预算执行的检查、评估和总结。通过编制决算，一方面全面反映预算执行的结果，另一方面总结预算管理中的经验，以利于提高预算管理水平。在决算的编制中，要划清预算年度、预算级次和资金界限，做到收支数字准确，内容完整，报送及时。

1. 政府决算的组成

政府决算按预算级次可划分为中央财政决算和地方财政决算，按编制决算的单位可划分为总决算和单位决算。根据《中华人民共和国宪法》和政府预算管理体制的具体规定，有一级政府，便建立一级预算，凡是编制预算的地区、部门、单位，都要编制决算。按决算级次划分，决算可分为中央财政决算和地方财政决算。按决算报送单位划分，决算可分为总决算和单位决算。

2. 政府决算编制的准备

（1）拟定编报办法。为了提高政府决算编制的质量，根据当年的财政经济政策、政府预算和企业财务管理体制，财政预算管理制度，以及当年预算执行中的问题，提出编制本年度决算的基本要求和具体办法，以通知形式，向中央各主管部门和省（自治区、直辖市）下达，作为编制年终决算的指导性文件。

（2）组织年终收支清理。年终收支清理是指各级财政部门和行政事业单位、企业单位、基本建设单位，在年终对预算收支、会计账目、财产物资等进行的全面核对和清查。各级财政决算收入以当年12月31日缴入基层国库的预算收入数列报。各级财政部门和主管部门在收到政府决算编制通知后，主要清理以下内容：核对年度预算收支数字；清理本年预算应收应支数；结清预算拨借款数；清理往来款项；清查财产物资；进行决算数字的对账结报工作。

（3）修订和颁发决算表格。政府决算表格一般每年要修订一次，主要是适应经济发展和预算管理体制改革的需要。决算表格要能反映经济税源的变化情况和支出特征。财政部在拟定和下达决算编制工作规定的同时，修订和颁发决算表格。政府决算表格按其使用范围可划分为两种：一是各级财政部门使用的总决算表格；二是各级主管部门和所属单位预算机关使用的单位决算表格。

3. 政府决算的编制

政府决算的编制从执行预算的基层企业事业单位开始，各基层单位在年终清理的基础上，根据决算编报办法的规定，从地方到中央自下而上逐级编制、汇总，最后由财政部将中央决算和地方财政总决算汇总编成政府决算。

（1）单位决算的编制。政府决算的形成从单位决算的编制开始，单位决算是政府决算的基础，反映了各基层单位预算收支执行结果。各基层单位在年度终了后，都应当在做好年终清理的基础上，正确、完整、及时地编制单位决算。

基层单位决算报表按数字内容，分为预算数字、决算数字和基本数字。预算数字，是考核预算执行和事业计划完成情况的依据，按年初经上级单位批准的预算文件中的预算数填列。决算数字，是全年预算执行结果的数字，它是通过单位会计对预算执行情况的记录、核算而形成的。在决算报表中应按结账后的会计账簿中有关账户的年终余额或全年累计数填列。基本数字，反映行政事业单位预算的机构数、人员数、开支标准等数据。它是财政部门或上级主管部门检查定员、定额执行情况，分析事业进度和成果，考核预算资金使用效果的重要依据。

基层预算单位在编制决算报表的同时，还应编写单位决算说明书。单位决算说明书是年度预算执行和预算管理工作的文字总结。其内容主要是对年度预算执行情况进行一次全面分析，重点说明影响预算执行结果好坏的原因，总结一年来预算管理、财务管理等方面的经验及存在的问题，并提出今后提高管理水平和改进会计核算等方面的建议。

（2）财政总决算的编制。各级财政总决算是各级财政总预算执行结果的总结，它由各级财政部门编制，总决算中的各项数据来源，是各主管部门上报给同级财政的汇总单位决算和本级总预算会计核算的有关数据。各级财政部门按照总决算报表数字填列的基本要求将以上各项数据进行认真审核、查对，然后编成本级总决算。编制财政总决算报表，需要填列三类数字：一是预算数字；二是决算数字；三是基本数字。各级财政部门在编制本级总决算的同时，也要编写总决算说明书。

4. 政府决算的审批

为了维护政府决算的法制性，保证决策数字准确无误，必须对决算进行审查，以维护法律的尊严。

决算审查方法主要有就地审查、书面审查和派人到上级机关汇报审查三种类型；其审查的形式可以选择集中、自审、联审，也可以采取上级部门审查。审查的主要内容包括：制度性审查和技术性审查。经过逐级审核汇总编制的政府决算，由财政部连同决算说明书呈报国务院审查，经国务院核实后，由国务院提请立法机构审查批准。

政府决算经立法机构审查批准后，财政部即代国务院批复各省级地方总决算；中央各主管部门的单位决算，由国务院授权财政部批复。中央各主管部门根据已经批准的决算，分别批准所属单位决算；地方各级总决算由地方财政部门报送同级政府讨论通过，提请同级立法机构审查批准。

第 3 章

财政支出

3.1　财政支出的分类

3.1.1　按经济性质分类

1. 购买性支出与转移性支出

按财政支出经济性质的不同，即按照财政支出是否能直接得到等价补偿进行分类，将财政支出分为购买性支出和转移性支出。

1）购买性支出

购买性支出是指政府从个人和企业购买原材料、劳动力、资本等并由政府直接使用的支出，又称为"消耗性支出"，体现的是政府的市场性再分配活动。政府购买性支出反映了政府部门占用和消耗社会资源的状况，同时它也排除了私人部门运用这些资源的可能性。

购买性支出的特点有以下两个方面。

（1）有偿性。政府财政一手付出资金，另一手相应地得到商品或服务，并可以运用、消耗这些商品或服务用于履行政府的职能。政府如同企业和个人等市场经济主体一样，在购买性支出中从事的是等价交换的市场活动。

（2）对经济的影响具有直接性。在购买性支出活动中，政府直接以商品或服务的需求者、购买者的身份出现在市场上，通过支出使政府掌握的预算资金与微观经济主体提供的商品或服务相交换，直接增加当期的社会购买力，并由政府直接占有商品或服务，直接影响就业、生产和社会总需求，这一特点主要反映的是政府的资源配置职能。

2）转移性支出

转移性支出是指政府在公民之间再分配购买力的支出，主要包括社会保障、财政补贴、捐赠支出和债务利息支出等单方面、无偿的转移。它直接表现为资金的无偿的、单方面的转移，政府不能从中获取相应的物品和服务。这些支出的目的和用途不同，但却有一个共同点：政府支出未获得等价性补偿，即政府付出了资金，却无任何所得，这里不存在任何交换的问题，它所体现的是政府的非市场性再分配活动。

2. 强制性支出与相机抉择性支出

根据政府依据经济形势变化和预算收入状况对财政支出进行调整的自由程度，可以将财政支出分为强制性支出和相机抉择性支出。

1）强制性支出

强制性支出也称"不可控性支出"，是指在法律或契约的有效期内必须按照规定准时如数支付，不得任意停付或逾期支付，也不得任意削减其数额的支出。这类支出在西方国家主要包括两大项：一是国家法律已有明文规定的个人所享有的最低收入保障，如失业救济、食品券补贴等；二是政府以前年度遗留下来的义务或以前年度设置的固定支出项目，如债务利息、对地方政府的补助等。

2）相机抉择性支出

相机抉择性支出也称"可控性支出"，是指不受法律和契约的约束，可由政府部门根据每个预算年度的需要分别决定或加以增减的支出。

此外，按照财政支出的目的、控制能力、受益范围还可以将进行其他的分类。例如，按照财政支出的取向和在经济生活中的作用，可以分为预防性支出和创造性支出。前者如国防、警察、法庭、监狱和政府行政部门的支出，后者如经济、文教、卫生和社会福利等支出。

3.1.2　按政府职能分类

一般来讲，财政支出的直接目的是满足政府执行其职能的物质需要。以政府职能为标准对公共支出进行分类，实际上就是按照政府执行其职能的物质需要分类。物质需要可以理解为政府履行其职能的费用，所以按政府职能对财政支出分类，如果将国家职能分为经济管理和社会管理职能两大类，那么财政支出就形成了经济管理支出和社会管理支出。前者主要是经济建设费，后者包括社会文教费、国防费、行政管理费和其他支出。这样，按照国家职能划分，财政支出就可以分为经济建设费、社会文教费、国防费、行政管理费和其他支出五大类。

1. 经济建设费

经济建设费包括基本建设拨款支出，国有企业挖潜改造资金，科学技术三项费用（新产品试制费、中间试验费、重要科学研究补助费），简易建筑费支出，地质勘探费，增拨国有企业流动资金，支援农村生产支出，工业、交通、商业等部门的事业费支出，城市维护费支出，国家物资储备支出，城镇青年就业经费支出，抚恤和社会福利救济费支出等。

2. 社会文教费

社会文教费包括用于文化、教育、科学、卫生、出版、通信、广播、文物、体育、地震、海洋、计划生育等方面的经费、研究费和补助费等。

3. 国防费

国防费包括各种武器和军事设备支出，军事人员给养支出，有关军事的科研支出，对外军事援助支出，民兵建设事业费支出，用于实行兵役制的公安、边防、武装警察部队和消防队伍的各种经费，防空经费等。

4. 行政管理费

行政管理费包括用于国家行政机关、事业单位、公安机关、司法机关、检察机关、驻外机构的各种经费、业务费、干部培训费等。

5. 其他支出

未划分到以上功能中的财政支出统称为其他支出。

3.1.3　按支出产生效益的时间分类

按照财政支出产生效益的时间，可以将财政支出分为经常性支出和资本性支出。这是现代公共经济学研究财政支出的一种主要方法，也是许多西方国家政府实行复式预算的重要理论依据。

1. 经常性支出

经常性支出是维护公共部门正常运行或保障人们基本生活所必需的支出，主要包括人员经费、公用经费及社会保障支出等。它的特点是，其消耗会使社会直接受益或在当期受益，如行政管理费中包含的公务员的工资、办公费、差旅费等，这些费用的消耗会形成当期的公共产品——行政管理、社会秩序、宏观经济管理等。

由此可见，经常性支出直接构成当期公共产品的成本，按照公平原则，当期公共产品的受益应与当期公共产品的成本相对应。如果人们消费了当期的公共产品却没有支付相应的代价，就会违背公平原则。因此，从理论上说，经常性支出的补偿方式应当为在当期课征的税收收入。如果以公债方式来为经常性支出筹资，实际上就是将当期公共产品的成本递延到了未来，会使公共产品的受益与公共产品的付费在时间上发生背离。

2. 资本性支出

资本性支出是用于购买或生产使用年限在一年以上的耐用品所需的支出，主要用于基本建设支出。具体来讲，资本性支出主要是指形成有形资产和无形资产的支出。有形资产主要指固定资产，无形资产指著作权、专利权、商标权等。资本性支出的明显特点是，其消耗的结果会形成供一年以上长期使用的固定资产，所以，资本性支出不能全部视为当期公共产品的成本。因为其所形成的成果，一部分是在当期受益，但更多的是在以后较长的时间内受益，与此相对应，资本性支出的一部分可以在当期内得到补偿，但大部分应分摊到未来的使用期内；如果用当年税收去补偿全部的资本性支出，就相当于将未来的公共产品的成本提前到当期来支付，显然会违背公平原则。

3.1.4 按支出功能分类

支出功能分类主要反映政府活动的不同功能和政策目标。根据社会主义市场经济条件下政府职能活动情况及国际通行做法，将政府支出分为类、款、项三级。其中，类、款两级科目设置情况如下。

1. 一般公共服务

一般公共服务分设32款：人大事务、政协事务、政府办公厅（室）及相关机构事务、发展与改革事务、统计信息事务、财政事务、税收事务、审计事务、海关事务、人事事务、纪检监察事务、人口与计划生育事务、商贸事务、知识产权事务、工商行政管理事务、食品和药品监督管理事务、质量技术监督与检验检疫事务、国土资源事务、海洋管理事务、测绘事务、地震事务、气象事务、民族事务、宗教事务、港澳台侨事务、档案事务、共产党事务、民主党派及工商联事务、群众团体事务、彩票事务、国债事务、其他一般公共服务支出。

2. 外交

外交分设8款：外交管理事务、驻外机构、对外援助、国际组织、对外合作与交流、对外宣传、边界勘界联检、其他外交支出。

3. 国防

国防分设3款：现役部队及国防后备力量、国防动员、其他国防支出。

4. 公共安全

公共安全分设10款：武装警察、公安、国家安全、检察、法院、司法、监狱、劳教、国家保密、其他公共安全支出。

5. 教育

教育分设10款：教育管理事务、普通教育、职业教育、成人教育、广播电视教育、留学教育、特殊教育、教师进修及干部继续教育、教育附加及基金支出、其他教育支出。

6. 科学技术

科学技术分设9款：科学技术管理事务、基础研究、应用研究、技术研究与开发、科技条件与服务、社会科学、科学技术普及、科技交流与合作、其他科学技术支出。

7. 文化体育与传媒

文化体育与传媒分设6款：文化、文物、体育、广播影视、新闻出版、其他文化体育与传媒支出。

8. 社会保障和就业

社会保障和就业分设17款：社会保障和就业管理事务、民政管理事务、财政对社会保险基金的补助、补充全国社会保障基金、行政事业单位离退休、企业关闭破产补助、就业补助、抚恤、退役安置、社会福利、残疾人事业、城市居民最低生活保障、其他城镇社会救济、农村社会救济、自然灾害生活救助、红十字事业、其他社会保障和就业支出。

9. 社会保险基金支出

社会保险基金支出分设6款：基本养老保险基金支出、失业保险基金支出、基本医疗保险基金支出、工伤保险基金支出、生育保险基金支出、其他社会保险基金支出。

10. 医疗卫生

医疗卫生分设10款：医疗卫生管理事务、医疗服务、社区卫生服务、医疗保障、疾病预防控制、卫生监督、妇幼保健、农村卫生、中医药、其他医疗卫生支出。

11. 环境保护

环境保护分设10款：环境保护管理事务、环境监测与监察、污染防治、自然生态保护、天然林保护、退耕还林、风沙荒漠治理、退牧还草、已垦草原退耕还草、其他环境保护支出。

12. 城乡社区事务

城乡社区事务分设10款：城乡社区管理事务、城乡社区规划与管理、城乡社区公共设施、城乡社区住宅、城乡社区环境卫生、建设市场管理与监督、政府住房基金支出、国有土地使用权出让金支出、城镇公用事业附加支出、其他城乡社区事务支出。

13. 农林水事务

农林水事务分设7款：农业、林业、水利、南水北调、扶贫、农业综合开发、其他农林水事务支出。

14. 交通运输

交通运输分设4款：公路水路运输、铁路运输、民用航空运输、其他交通运输支出。

15. 工业商业金融等事务

工业商业金融等事务分设18款：采掘业、制造业、建筑业、电力、信息产业、旅游业、涉外发展、粮油事务、商业流通事务、物资储备、金融业、烟草事务、安全生产、国有资产监管、中小企业事务、可再生能源、能源节约利用、其他工业商业金融等事务支出。

16. 其他支出

其他支出分设3款：预备费、年初预留、其他支出。

17. 转移性支出

转移性支出分设9款：返还性支出、财力性转移支付、专项转移支付、政府性基金转移支付、彩票公益金转移支付、预算外转移支出、预算单位间转移支出、调出资金、年终结余。

3.1.5 按支出经济分类

支出经济分类主要反映政府支出的经济性质和具体用途。支出经济分类设类、款两级，科目设置情况如下。

1. 工资福利支出

工资福利支出分设10款：基本工资、津贴补贴、奖金、住房公积金、提租补贴、购房补贴、社会保障缴费、伙食费、伙食补助费、其他工资福利支出。

2. 商品和服务支出

商品和服务支出分设30款：办公费、印刷费、咨询费、手续费、水费、电费、邮电费、取暖费、物业管理费、交通费、差旅费、出国费、维修（护）费、租赁费、会议费、培训费、招待费、专用材料费、装备购置费、工程建设费、作战费、军用油料费、军队其他运行维护费、被装购置费、专用燃料费、劳务费、委托业务费、工会经费、福利费、其他商品和服务支出。

3. 对个人和家庭的补助

对个人和家庭的补助分设11款：离休费、退休费、退职（役）费、抚恤金、生活补助、救济费、医疗费、助学金、奖励金、生产补贴、其他对个人和家庭的补助支出。

4. 对企事业单位的补贴

对企事业单位的补贴分设4款：企业政策性补贴、事业单位补贴、财政贴息、其他对企事业单位的补贴支出。

5. 转移性支出

转移性支出分设4款：不同级政府间转移性支出、同级政府间转移性支出、不同级预算单位间转移性支出、同级预算单位间转移性支出。

6. 赠与

赠与分设2款：对国内的赠与、对国外的赠与。

7. 债务利息支出

债务利息支出分设6款：国库券付息、向国家银行借款付息、其他国内借款付息、向国外政府借款付息、向国际组织借款付息、其他国外借款付息。

8. 债务还本支出

债务还本支出分设2款：国内债务还本、国外债务还本。

9. 基本建设支出

基本建设支出分设9款：房屋建筑物购建、办公设备购置、专用设备购置、交通工具购置、基础设施建设、大型修缮、信息网络购建、物资储备、其他基本建设支出。

10. 其他资本性支出

其他资本性支出分设9款：房屋建筑物购建、办公设备购置、专用设备购置、交通工具购置、基础设施建设、大型修缮、信息网络购建、物资储备、其他资本性支出。

11. 贷款转贷及产权参股

贷款转贷及产权参股分设6款：国内贷款、国外贷款、国内转贷、国外转贷、产权参股、其他贷款转贷及产权参股支出。

12. 其他支出

其他支出分设5款：预备费、预留、补充全国社会保障基金、未划分的项目支出、其他支出。

3.1.6 按支出用途分类

我国财政支出按用途分类，主要有基本建设支出、流动资金、挖潜改造资金和科技三项费用、地质勘探费、工交商部门事业费、支援农村生产支出和各项农业事业费、文教科学卫生事业费、抚恤和社会救济费、国防费、行政管理费、价格补贴支出等。若按社会总产品的价值构成来归类，其中挖潜改造资金属于补偿性支出。基本建设支出、流动资金支出、国家物资储备以及新产品试制、地质勘探、支农、各项经济建设事业、城市公用事业等支出中增加固定资产的部分，属于积累性支出。文教科学卫生事业费、抚恤和社会救济费、行政管理费、国防战备费等，则属消费性支出。若从动态的再生产的角度来进行归类，可分为投资性支出与消费性支出，投资性支出包括：挖潜改造支出（重置投资）、基本建设支出、流动资金、国家物资储备以及新产品试制、地质勘探、支农、各项经济建设事业、城市公用事业等支出中增加固定资产的部分。消费性支出包括：文教科学卫生事业费、抚恤和社会救济费、行政管理费、国防战备费等。

这种分类方法有助于考察财政支出与社会总产品分配过程、社会再生产之间的关系，从而正确安排国民经济中各种支出的比例。

3.1.7 按支出方式分类

财政支出的基本方式有无偿拨款和有偿贷款。

1. 无偿拨款

无偿拨款是指财政将货币资金直接拨付给有关部门和单位使用，不要求其归还和付出任何代价的支出方式。无偿拨款是一种重要的财政支出方式，它是政府实现其各项职能的前提和物质保证。一般而言，无偿拨款是各国政府财政支出的最主要的支出形式。各国政府用于政府自身的经费性支出及用于社会公共需要的支出均采用无偿拨款的支出形式。

2. 有偿贷款

有偿贷款是指财政直接贷放或通过银行贷放给有关部门和单位使用并收取一定的利息或占用费的支出形式。在现代社会，有偿支出越来越成为各国政府财政支出的重要形式。有偿贷款支出主要用于资本投资性支出项目，其资金的筹集往往也采用有偿的信用形式。财政资金的使用目的主要是服从政府对社会经济进行宏观调控的需要，其次是为了提高财政资金的使用效益。

某个财政支出项目是采取无偿拨款方式，还是采取有偿贷款的方式，主要取决于该项支出的性质和内容。具体来说，财政支出方式的确定取决于财政支出用于何处、由谁使用以及该支出使用所产生的效益如何。

（1）从资金的使用主体来看，资金使用单位的所有制性质是确定财政支出方式的一个重要因素。如果资金使用单位属于国有制单位，财政支出可以选择无偿拨款方式，因为政府将资金无偿拨付给国有制单位使用，不会引起资金所有权的变化，财政资金仍属政府所有。如果资金使用单位属于非国有制单位，则一般应采用有偿贷款方式，这样就不会引起资金所有权的转变。

（2）从资金使用单位的经济性质来看，如果资金使用单位属于非生产性、非营利性机构，则财政支出应采用无偿拨款方式，因为这些机构没有偿还贷款的能力。如果资金使用单位属于生产性、营利性机构，则支出可采取有偿贷款方式，因为资金使用者具备贷款偿还能力，采用贷款形式能够促使资金使用单位重视资金使用效益，从而提高资金的使用效果。

（3）从资金的使用效果来看，如果财政支出直接用于那些只产生社会效益、而没有直接经济效益的项目，则只能采取拨款的形式。如果财政支出用于那些能直接带来经济效益的项目，则可以采用贷款的方式。

3.1.8　按支出级次分类

现代世界各国均依照国家政权的级次设置相应级次的财政支出。基本上每个级次的财政都有其本级次的支出范围，从事本级次的相对独立的财政活动。根据支出级次对支出分类也是一种重要的分类方法。如美国是一个联邦制国家，其政权大体上由联邦政府、州政府和地方政府组成，与之相适应，财政支出也由联邦财政支出、州财政支出和地方财政支出三个级次构成。我国政权级次由中央、省（自治区、直辖市）、市（自治区州、地区行署）、县（不设区的县级市、自治区）和乡（镇）五级构成。与之相对应，我国财政支出由中央支出、省级支出、市级支出、县级支出和乡级支出五个级次组成。其中，省及省以下的财政支出统称为地方财政支出。

财政支出按支出级次分类反映了中央和地方在政府财政资源配置中的地位和相互关系。在财政体制中，中央与地方之间的财政分配关系，一直是财政体制的核心问题。这一问题的焦点，又主要表现在中央与地方支出关系的处理上。因此，按支出级次对财政支出进行分类，不仅具有重要的理论意义，而且也具有十分重要的现实意义。

3.2　财政支出规模

财政支出规模是一定财政年度内财政支出的总额。它反映的是政府在一定时期内支配使用的社会资源量，也是我们考察公共部门活动规模和其满足公共需要能力的重要指标。

3.2.1　衡量财政支出规模的指标

1. 绝对量指标

绝对量指标是指以一国货币单位表示的财政支出的实际数额。使用绝对指标可以直观地反映某一财政年度内政府支配的社会资源的总量。但这一指标不能反映政府支配的社会资源在社会资源总量中所占的比重，因而不能充分反映政府在整个社会经济发展中的地位。绝对指标是以本国货币为单位，也不便于进行国际比较。此外，由于这一指标是以现价反映财政支出的数额，没有考虑通货膨胀因素对支出总量的影响，因而所反映的只是名义上的财政支出规模，与以前年度，特别是在币值变化比较大的年份的财政支出绝对额缺少可比性。

2. 相对量指标

相对量指标是指财政支出占 GDP（或 GNP）的比重。相对指标反映了一定时期内在全社会创造的财富中由政府直接支配和使用的数额。可以通过该指标全面衡量政府经济活动在整个国民经济活动中的重要性。由于是相对指标，因此便于进行国际比较。而且由于这种方法是通过计算财政支出占 GDP 的比重来衡量财政支出规模的，剔除了通货膨胀因素的影响，反映的是财政支出的实际规模，与以前年度的财政支出规模进行比较也具有可比性。

这两个指标各有所长，各有所短，一般是根据实际需要，采用不同的标准。在分析财政支出规模时，通常是以相对指标作为衡量财政支出规模的主要指标。因为这样有利于将不同币种之间的汇率或不同时期的币值等因素过滤掉。

3.2.2 影响财政支出规模的因素

1. 经济性因素

经济性因素对财政支出规模的影响体现在由于经济发展水平的提高引起了财政支出规模的增长。随着经济的快速发展，为支出增长提供了可能性。从总体上来说，随着经济的发展，社会财富不断增加，人们维持最低生活需要的部分在社会财富中所占比重下降，可以由政府集中更多的社会财富用于满足社会公共需要的可能性不断提高。从具体情况来说，一是经济的发展，国内生产总值不断增加，从而使税基不断扩大，财政收入增加，为支出规模不断扩大提供了可能。二是由于作为政府取得财政收入主要手段的税收中的一些税种，尤其是所得税具有累进性，因此在其他条件保持不变的情况下，政府通过税收取得的财政收入增长具有累进性，即政府财政收入的增长速度要快于经济发展增长速度，也使财政支出规模不断扩大成为可能。三是随着经济发展和社会财富的增加，私人财富增多，使政府通过发行国债方式筹资扩大支出成为可能。

2. 政治性因素

政治性因素对公共支出规模的影响主要体现在以下几个方面。

（1）一是政府职能的扩大。政府职能不断扩大是导致各国政府财政支出不断增长的重要原因。在自由市场经济条件下，政府只履行着"守夜人"的角色，政府职能主要集中在维持政权机器运转、维护国家安全、防御外来入侵和维护司法公正等方面，对私人生产和私营企业的经营活动不加干涉。随着资本主义基本矛盾的激化和经济危机的周期性爆发，人们认识到市场失灵的存在，认识到政府干预的重要性。20世纪30年代在资本主义国家普遍发生的经济危机更强化了人们关于政府应该干预经济的意识，政府逐渐加强了对经济的宏观调控。在第二次世界大战后，为了防止社会动荡，缓解社会矛盾，政府又不得不设法提高人民的生活水平并提供基本的社会保障，政府职能的扩大，导致了财政支出规模的扩大。随着社会的发展和人民生活水平的提高，社会对公共产品的要求越来越多，对其质量要求也越来越高。公共产品的社会需求不断提高，从而使政府提供的社会产品的范围扩大，又进一步推动了财政支出规模的不断增长。

（2）不同的经济体制和制度对财政支出规模产生较大影响。经济体制对财政支出的影响，集中表现在"计划经济"和"市场经济"国家的财政支出规模的不同上。计划经济国家向经济建设领域延伸过多，政府职能范围也比市场经济国家政府的职能范围宽，因而财政支出占GDP（GNP）的比重也比较高。即使经济体制相同，但由于实行不同福利制度上的差异，也对财政支出规模产生影响。如同是市场经济体制的美国和瑞典，1985年美国政府支出占GDP的比重为37%，而瑞典则高达65%，一个重要的原因是瑞典实行高福利政策，扩大了政府支出的规模。

（3）政局是否稳定和是否存在非正常事件。当一国政府不稳定，出现内乱或外部冲突等突发性事件时，财政支出的规模必然会超乎寻常的扩大。

（4）政府机构设置及其工作效率的高低。政府工作的效率对公共支出规模也有很大的影响，政府工作效率高，则设置较少的政府职能机构就能完成政府职能，较少的支出就能办较多的事，因而财政支出的规模也就相对会小一些；如果政府工作效率低下，机构臃肿，人浮于事，则办同样的事就需较多的支出，因而会加大财政支出的规模。

3. 社会性因素

社会性因素，如人口状态、文化背景等也在一定程度上影响政府财政支出规模。在发展中国家，人口基数大、增长快，相应的教育、保健以及社会救济支出的压力较大；而在一些发达国家，人口老龄化问题较为严重，公众要求改善社会生活质量、提高社会福利等，也会对政府财政支出提出新的要求。据统计，美国各级政府的人均支出从1902年的20美元增加到1962年955美元，到1982年这一数字超过5 100美元。从1962年到1982年，人口增加因素造成的财政支出增加占政府全部支出的19%。世界银行的研究报告表明，随着经济的发展，政府以转移支付和补贴形式安排的支出呈现较快增长的势头，而且越是市场经济发达的国家，其用于转移支付和补贴的支出占政府总支出的比重就相对越大。

3.3 财政支出的结构

财政支出的结构是指各类支出占政府财政支出总额的比重，也称为财政支出的构成。

3.3.1 财政支出结构的一般分析

财政支出结构划分的标准就是财政支出分类的标准。如前所述，按支出用途分类，支出组合为补偿性支出、积累性支出和消费性支出；按政府职能分类，支出组合由经济建设费、社会文教费、国防费、行政管理费和其他支出五大类构成；按经济性质划分，财政支出由购买性支出和转移性支出构成；按支出方式划分，支出组合由无偿拨款和有偿贷款组成；按支出层次划分，支出组合由中央支出和地方支出构成。

1. 对财政支出用途结构的分析

从近年来我国财政支出的最终用途上看，补偿性支出与积累性支出在财政支出总额中呈下降趋势，而消费性支出呈明显的上升趋势。其中，消费性支出与积累性支出在改革开放以前所占比例大体相当，如积累性支出所占比例在1975年为39.8%，同期消费性支出比例为42%，改革开放以后，两者的差距逐渐拉大。到1992年，积累性支出所占比重已经降为17.4%，而消费性支出所占比重则扩大到64.7%，是前者的3.7倍。补偿性支出所占比例变化也是较大的，如补偿性支出比例最小的年份（1990年）比最大的年份（1980年）减少50.5%，比改革开放前的1975年减少46.1%。

上述分析表明，我国经济体制改革导致了政府财政支出用途结构的变化，政府财政由直接参与社会再生产过程，承担经济生活中的积累职责与维持简单再生产的责任，转变为以间接参与社会再生产过程为主，逐步退出社会直接生产领域。

2. 对财政支出职能结构的分析

按照职能分类，近年来我国财政支出结构如表3-1所示。从表3-1可以看出我国财政支出职能结构的发展变化趋势。

（1）经济建设支出是最大的支出项目。1980年以前，绝大部分年份经济建设支出占全部财政支出的比重都高于55%。这主要是经济体制的原因，计划经济体制是特定历史时期的产物，在那个时期经济建设支出比较大，也是完全正常的。改革开放以来，随着社会主义市场经济的发展，经济建设支出在财政支出中所占的比重逐渐下降，目前这个比例已降到40%以下，这说明我国经济的市场化正在逐步地进行，政府正逐步地退出竞争性领域。但从建立公共财政的要求看，我国的经济建设支出比重仍然很高。

（2）社会文教事业支出是财政支出中的重要项目。这一支出自改革开放以来，在财政支出中所占比重有了较大的提高，体现了我国政府对社会文教事业的重视。今后随着公共财政体系的建立，以及科教兴国战略的实施，国家财政将越来越重视公共支出领域，因此，社会文教支出将呈现稳中有升的态势。

（3）国防支出受国际、国内政治经济形势变化的影响较大，其支出呈现不同历史时期的特点。从根本上说，国防支出受制于国家经济发展水平和财力水平，但在特定的情况下，如当国家主权受到严重威胁、受到外来侵略时，国防支出则必然增长较快，因为维护国家主权始终是一个国家的首要任务。我国在20世纪50年代初期，国防支出比重相对较高，但随着抗美援朝战争的结束，国家转入正常的经济建设，特别是改革开放后，国防支出在财政支出中的比重呈下降趋势。

（4）行政管理支出在财政支出中占有相当的比重。按照经济学的基本原理和行政管理支出的性质，行政管理支出应尽可能维持在一个较低的水平。长期以来，我国对行政管理支出也奉行"保障供给、厉行节约、从严控制"的方针。但从我国行政管理支出的发展趋势上看，进入20世纪80年代后行政管理支出占财政支出的比重不断增长，其直接原因是机构和人员的急剧膨胀，因此进一步精简机构和人员，进而控制行政管理支出，是一项重要而又迫切的任务。

表3-1　我国财政支出占 GDP 的比重

年份	GDP/亿元	财政支出/亿元	财政支出占 GDP 的比重/%
2016 年	74.63951	18.775521	25.15
2017 年	83.20359	20.308549	24.41
2018 年	91.9281	22.090413	24.03
2019 年	98.65152	23.885837	24.21
2020 年	101.5986	24.5588	24.17

3. 财政支出的经济性质结构

各个国家购买性支出与转移性支出在总支出中的比重不同。一般来说，经济发达国家和实行市场经济体制的国家，政府较少直接参与社会生产活动，同时财政收入也比较宽裕，转移性支出（或相当于转移性支出部分）占财政总支出的比重相对较大，而购买性支出所占比重相对较小。而发展中国家和实行计划经济的国家，政府较多直接参与社会生产活动，财政收入又相对匮乏，购买性支出（或相当于购买性支出部分）占总支出的比重明显较高，而转移性支出所占比重很低。

20世纪70年代，英国经济学家普雷斯特曾经对发达国家和发展中国家的政府支出经济性质结构进行了比较，从他统计的数据来看，发达国家政府转移性支出所占比重比发展中国家同类指标要高出很多，前者为40.0%，后者为22.5%（见表3-2）。

表3-2　购买性支出和转移性支出在财政支出中所占比重

类　别	发达国家/%	发展中国家/%
购买性支出 其中：经费 投资	45.2 34.9 10.3	61.5 50.1 11.4
转移性支出 其中：公债利息 补助金	41.0 5.6 35.1	22.5 5.5 17.0
其他	13.8	16.9
合计	100	100

在当时我国财政支出的结构中，转移性支出仅占总支出的20%左右，其中，1992年转移性支出比重为18.8%，如果剔除债务支出部分，这个比重还不到10%，1998年我国转移性支出（不包含债务支出部分）所占比重仅为8.2%，这恰好印证了普雷斯特的分析是正确的。

4. 财政支出的层次结构

在政府职能范围确定及中央与地方政府职能划分明确以后，各级政府在履行其职能时就必须有相应的财力支持，财政支出必须在中央与地方进行合理的划分，使得财政支出既能保证各级政府履行其职能的需要，又要使中央政府能够进行宏观调控。

3.3.2　影响财政支出结构的因素分析

财政支出结构受多种因素的影响，其中主要有政府职能及财政资金供给范围、经济发展水平、政府在一定时期的社会经济发展政策、国际政治经济形势等。

1. 政府职能及财政资金供给范围

财政支出结构与政府职能及财政资金的供给范围有着直接的关系。在计划经济体制下，政府职能及财政资金的供给范围较广，既承担了"社会共同需要"方面的事务，也承担了大量竞争性、经营性等方面的事务。所以，在财政支出结构上必然体现出浓厚的计划经济体制的特点，如经济建设支出投入的比重较大，增加了一些本应由市场去办的事务性支出。而在市场经济体制下，政府主要涉足市场不能办的事情或办不好的事情，着力于经济的宏观调控。所以，在财政支出中经济建设支出的比重就相对较小，同时在经济建设中用于基础设施、公用设施等投入的比重较大，而几乎没有用于竞争性、营利性领域的支出。

2. 经济发展水平

经济是财政的基础。一方面经济发展的水平决定财政收入及其供给水平，另一方面财政支出的结构受到经济发展水平的影响。因为一定时期的经济发展水平决定着当时社会需要水平及社会需要结构。按照马克思主义的观点，人们首先要解决的是衣食住行这些人类生存的基本需要，而后才能考虑其他更高层次的需要。在经济发展水平不高的情况下，财政供给水平和保障能力也必然不高，财政支出结构也会相应体现出这一时期的特点。以我国为例，我国要建立和发展市场经济迫切需要建立完备的社会保障制度，但限于国家财力，我国社会保障程度和范围相对有限，国家的社会保障支出还不能做到像西方国家那样在财政支出中占有那么大的比重。这只能随着国家经济发展水平和财力水平的提高去逐步解决。因而，财政支出结构比较明显地反映出一个国家的经济发展水平。

3. 政府在一定时期的社会经济发展政策

财政支出反映着政府的活动范围、方向和政策。政府发展什么、控制什么、支持什么、限制什么，在财政支出结构中反映得十分清楚。因此，政府在一定时期的社会经济发展政策直接影响财政支出结构的状况。以我国为例，1998—2000年，国家财政连续实施积极的财政政策，仅1998年、1999年两年国债投资就达2 100亿元，用于基础设施、公用设施的建设。为实施"科教兴国"战略，国家规定，每年财政科技、教育投入的增幅要高于财政经常性收入的增幅；在中央级支出中规定，从1998年起连续5年中央级财政教育经费占中央本级支出比重要比上年提高一个百分点。这些政策的实施，使我国财政支出结构相应地变化，国家财政经济建设支出增长趋缓。

4. 国际政治经济形势

在当前世界政治多极化、经济一体化的形势下，一国政治、经济及其政策受国际形势和环境的影响越来越大，几乎没有任何一个国家可以孤立地存在和发展，都必须通过不同形式与国际社会发生这样或那样的联系和交往，经济一体化既使各国经济形成了紧密的联系，也形成了相互的依赖。因此，各国经济发展都受到国际经济和政治形势的影响，各国制定本国经济政策也必须充分考虑国际形势的因素，从而对财政支出的结构产生显著的影响。当前，世界经济的发展已进入到了一个新的历史阶段，发达国家和发展中国家的经济早已相互联系、相互融合。一个国家的经济状况对相关国家乃至整个世界都会产生影响。

3.4 财政支出的效益

3.4.1 财政支出效益的内涵及衡量方法

1. 财政支出效益的内涵

所谓效益，从经济学的一般意义上讲，就是人们在有目的的实践活动中"所费"和"所得"的对比关系。"所费"就是对活劳动和物化劳动的消耗和占用；"所得"就是有目的的实践活动所取得的有用效果。因此，无论哪一种经济活动，提高经济效益就是要尽可能地确保所得大于所费，尽可能地少投入、多产出。

对于微观经济主体来说，提高经济效益有着十分明确且易于把握的标准。花了一笔钱，赚回了更多的钱，收益大于成本，这项活动便是有效益的。从原则上说，财政支出效益与微观经济主体的支出效益是一样的，但由于政府处于宏观调控主体的地位上，支出项目在性质上也千差万别，同微观经济主体支出的效益又存在重大差别。具体表现在以下三个方面：① 计算效益的范围不同。微观经济主体只需分析发生在自身范围内直接的和有形的所费与所得；政府则不仅要分析直接的和有形的所费与所得，还需要分析长期的、间接的和无形的所费与所得。② 衡量效益的标准不同。微观经济主体的目标一般是追求利润，绝不可能选择赔钱的方案；政府追求的则是整个社会的最大效益，为达到此目标，局部的亏损是可能的，也是必要的。③ 效益的表现形式不同，微观经济主体支出的效益表现形式是单一的，而财政支出效益的表现形式，除了可以用价值形式表现外，还可以通过政治、社会、文化等形式表现。

2. 衡量财政支出效益的方法

1）公共服务收费法

公共服务收费法就是通过制定和调整"公共服务"的价格和收费标准，来改进"公共服务"的使用状况，使之达到提高财政支出效益的目的的方法。所谓公共服务是指政府为行使其职能而进行的各种工作，包括国防建设、行政工作、道路的建设和维护、城市供水与排水工作、公园的建设和维护等。政府对公共服务的定价一般有免费、低价、平价和高价四种选择。免费和低价政策可以促进社会成员最大限度地使用公共服务，使之获取较大的社会效益。平价政策可以用收取的费用弥补该项公共服务的人力、物力消耗。高价政策主要适用于从全社会角度来看必须限制使用的公共服务。

2）影子价格法

由于存在广泛的市场失灵，如受到垄断、税收、失业的影响，导致即使存在市场价格，也可能没有准确反映边际社会收益和成本。而财政部门在进行成本效益分析时，必须要以真实的社会成本和收益为基础，因此，人们引入了影子价格这一分析工具，在计算财政支出的成本和收益时代替市场价格。

当市场扭曲或不完全时，就要寻找影子价格。例如，如果炼油厂在生产汽油的过程中，产生了污染，汽油的影子价格还是市场价格吗？这时，如果生产汽油这种商品有外部成本，这种外部成本就应加到企业的边际成本上，以获得其影子价格。

对企业的非竞争性行为也要进行调整。如果政府购买的一种商品的市场价格中包括了垄断加价，就需要对其进行估测，并将其从市场价格中剔除，以获得该种商品的影子价格，因为垄断加价并不是这种商品边际社会成本的组成部分。

3）成本效益分析法

所谓成本效益分析法就是针对政府确定的建设目标，提出若干实现建设目标的方案，详细列出各种方案的全部预期成本和全部预期效益，通过分析比较，选择出最优的政府投资项目。

成本效益分析的基本目标就是衡量项目的效益是否超过了其成本，无论是公共部门或是私人部门，这一过程都具有相似性。但在相似性之外，政府成本效益分析又有其特殊性。主要表现在以下三点。

（1）政府并不是独立于纳税人而存在的，实际上，它是纳税人意志的集中表达，因此，政府项目的效益及成本不仅体现在政府收入的增减，也体现在全体社会成员福利的得失。也就是说，政府在肩负着监督项目的货币收益及损失的职责的同时，也要考虑项目是否会导致非货币的变化，如空气污染、健康及安全的损失，或者时间的浪费，这些都应同货币的收益和损失一样，作为效益和成本来衡量。简而言之，政府不仅要考虑经济效益，而且要考虑社会效益。

（2）政府项目的评估中，定价问题极为复杂。私人部门进行决策时，依据效益最大化的原则，评估的依据就是市场价格。但政府在进行决策时，却必须考虑所用的价格是否真正地反映了社会的效益或成本，在很多时候，必须对所使用的价格进行调整。

（3）政府的行为目标比私人部门更为多样化。一般说来，私人部门的目标就是追求经济效益的最大化，但政府却不同，其行为目标有减少失业、平抑物价、促进经济增长、实现收入分配公平等。如果一个项目的本意是减少失业，但同时又可促进经济增长，那么这种间接的效益是否应包括到成本效益分析中呢？可以认为，由于政府采用了同减少失业相关的措施，那么很可能这一政策目标就是政府的最佳选择，所以对其他政策目标的影响可以忽略不计。也可以认为，假设其他项目难以实现经济增长的政策目标，这种间接效益应包括到成本效益分析中来。

在应用成本效益分析方法时，有两种评估方法，一种方法是在项目实施过程中应用的，用于考察项目在实施过程中是否可以有所改进。另一种方法是在项目开始实施前应用的，看项目是否可行。

在第二种评估体系中，又有两种评估方法。第一种方法是完全的成本效益分析，看项目的总效益是否超过其总成本。但通常这样的评估往往是不可能的，因为一个项目的效益往往很难估价。例如，政府项目既可减少交通事故，又可增加高速公路的美观，那么其效益究竟是多少呢？这时，我们可以应用第二种方法，即最小成本法。虽然我们无法衡量其效益，但我们采用的方法，可以保证在实现既定目标的情况下，使成本最小，即我们从该方案中获得了最大的效益。

4）最低费用选择法

最低费用选择法是指对每个备选的财政支出方案进行分析时，只计算备选方案的有形成本，而不计算备选方案的社会效益，并以最低成本作为择优的标准。换句话说，就是选择那些使用最少的费用就可以达到财政支出目的的方案。

对于不能运用成本效益分析法的财政支出项目，可以运用最低费用选择法进行分析，该方法与成本效益分析法的主要区别是不用货币单位计算备选的财政支出项目的社会效益，只计算每个备选项目的有形成本，并以成本最低为择优的标准。

第4章

购买性支出

4.1　社会消费性支出

社会消费性支出与投资性支出虽然同属于购买性支出，但两者之间存在着明显的区别。其最大的区别在于前者的使用并不形成任何资产。但是，两者又有共同之处，即在必要的限度内，两者都是社会再生产正常运行所必需的。而且就其本质而言，社会消费性支出满足的是社会公共需要，正是社会公共需要构成了财政这一经济现象存在的主要宏观依据。

社会消费性支出既然是社会的，它所提供的服务就可为全体公民共同享用，正因为有这一特点，满足社会共同需要的服务的提供以及为此而支出的资金的筹措，就与一般的商品和劳务有所不同。财政支出中属于社会消费性支出的有文教、科学、卫生事业费，行政管理费、国防费，还有工交商农等部门的事业费。

4.1.1　国防支出和行政管理支出

1. 国防支出的性质和内容

国防支出是指一国政府为维护国家主权与保证领土完整，用于军事工程、科研，各军兵种经常性开支、后备部队经常性开支以及战时的作战费用。

国防支出属于社会消费性支出，是非生产性支出。从社会再生产的结果角度看，国防支出的表现为社会资源的净消耗，就此而论，国防支出应越少越好。但是，从社会再生产的社会条件看，国防保护了国家的安全，是保证社会再生产正常运行所必需的，因此，任何国家对国防支出，又都保持一定的规模。

国防支出的具体内容，由于其服务于不同国家和不同时期的防务需要，因而各自的具体内容经常变化。按类别划分，中国的国防支出包括国防费、民兵建设费、国防科研事业费和防空经费等。按支出项目划分，中国的国防支出包括：人员生活费，主要用于军官、士兵、文职干部和职工的工资、伙食、服装等；活动维持费，主要用于部队训练、工程设施建设及维护和日常消耗性支出；装备费，主要用于武器装备的科研、试验、采购、维修、运输和储存等。

2. 行政管理支出的性质和内容

行政管理支出是财政用于国家各级权力机关、行政管理机关和外事机构，行使其职能所需要的费用支出。

行政管理支出主要用于社会集中性消费，属于非生产性支出。虽然这项支出不创造任何财富，但作为财政支出的基本内容，它保证了国家机器的正常运转。在我国，这项支出对巩固人民民主专政、维护社会秩序、加强经济管理、开展对外交往等方面具有重要意义。

行政管理支出的内容取决于国家行政管理机关的结构及其职能。以中国为例，行政管理支出按照国家政权及行政管理机构的设置划分，包括行政支出、公安支出、国家安全支出、司法检察支出、外交支出。其中，行政支出包括党政机关经费、行政业务费、干部训练费及其他行政费等。公安支出包括各级公安机关经费、公安业务费、警察学校和公安干部训练学校经费及其他公安经费等。国家安全支出包括安全机关经费、安全业务费等。司法检察支出包括司法检察机关经费、司法检察业务费、司法学校与司法检察干部训练费及其他司法检察费等。外交支出包括驻外机构经费、出国费、外宾招待费和国际组织会费。

行政管理支出在具体内容上，中国与西方国家具有共同点，但也有区别，其一，双方都有议会性质的费用支出，但在西方国家是国会经费支出，而中国是人民代表大会经费支出。其二，双方都有行政机关费用支出，但中国的这类支出中，还包含着党派补助费等，而这些在西方国家的行政支出中没有。其三，双方都有司法和公安支出，但中国的这类支出中还包括了内卫部队和边防部队的支出等内容。

4.1.2 科教文卫支出

科学、教育、文化、卫生支出（简称为教科文卫支出）是指国家财政用于文化、教育、科学、卫生等事业的经费支出。从广义上说，科学、教育、文化、卫生不属于纯粹的公共产品，而属于混合型公共产品。政府之所以对科学、教育、文化、卫生事业给予支持，主要是因为这些事业具有外部性，对整个社会成员素质的提高起促进作用，从而对经济的繁荣与发展具有决定性作用。

1. 科教文卫支出的性质

科教文卫支出属于非生产性支出，是社会消费支出。

科教文卫支出究竟是生产性的还是非生产性的，我国理论界曾有过十分激烈的争论，至今仍无法完全达到共识。本教材沿用目前国内各种统计文件普遍采用的做法，将科教文卫支出归入非生产性的范畴。但在做这种归类的时候，需要强调三点：① 将科教文卫支出归入非生产性范畴，只有某种静态的、相对的意义，即用于这些事业的支出不能对当年的物质财富的生产做出明显的贡献；② 从动态的、绝对的意义上说，科教文卫事业的发展将不断提高劳动者、劳动工具和劳动对象的素质并改善三者的结合方式，它们对物质财富生产的贡献越来越大；③ 将科教文卫支出计入非生产性一类，其实际意义只是要求社会在安排全部国民收入的用途时，应全面考虑生产的当前需要和未来发展的需要，让科教文卫支出占一个适当的比例，并且随着劳动生产率的提高和 GDP 的增长，要让这一类支出的比例不断提高，甚至超过 GDP 的增长速度。

2. 科教文卫支出的必要性

财政对科教文卫事业投入的必要性，主要表现在以下三方面。

（1）科学技术是第一生产力。科技进步，追加投资和提高管理水平是一国经济增长的三大动力。随着经济的发展与社会的进步，科学技术已成为生产发展、劳动生产率提高的基本前提。据统计，西方发达国家在20世纪70年代以来劳动生产率提高的60%～80%是由于采用新科技成果的结果。

（2）教育是科学技术的源泉和基础。科技的继承和创新以教育为源泉。科学技术的创造与发明是在前人积累科技成果的基础上产生的，人们要想在某一科技领域有所建树，就必须在接受教育的基础上先掌握该领域现有的科技成果。

（3）文化、卫生事业的发展，直接关系到人民的健康水平与物质文化水平的提高。目前，国民的身体状况及其寿命，已经成为衡量一国经济发展程度的主要标志之一。

3. 科教文卫支出的经济性质及资金来源

鉴于科教文卫支出在现代经济和社会发展中所具有的重要作用，对这类支出的经济社会属性，需着重强调和注意以下两点。

（1）科教文卫方面的产品具有明显的混合产品的性质，既可由政府提供，又可由市场和私人提供，一般来说，政府至少应负责那些带有公共需要性质且不能或不宜由市场和私人解决的公共服务的提供，以提高全民的教育水平和科学文化水平及身体素质，如科学方面的基础性研究、全民的基础教育或义务教育及社会公共卫生。

（2）现代社会的科教文卫支出对社会生产力的发展、物质财富的增长和国民经济整体素质的提高，都有着紧密的内在关联和决定性作用，所以它们不是与物质财富生产无关的，所谓的"纯粹"的非生产性支出。

正是鉴于科教文卫所具有的"混合产品"性质,因此,从全社会的科教文卫支出来看,其资金来源就具有多元化、多渠道的特点。总体来说,在现代市场经济条件下,科教文卫方面的资金需求,主要是由国家财政、微观经济主体(企业)和居民个人这三方面来共同提供和满足的。

在不同的社会经济条件下,社会公共需要的内容、需求程度和满足程度也各不相同。其中,有些公共需要具有很强的刚性,有些则有较大的弹性。这与生产力的发展水平、价值观念、经济制度和文化历史背景,特别是与国家的财政经济状况有着很大的关系。正因如此,研究科教文卫支出的资金来源结构没有一定的规则。即使在那些具有大体相同的经济发展水平的国家里,情况也同样如此。

4.2 政府投资性支出

4.2.1 政府投资的地位与特点

1. 政府投资的地位及重要性

投资是经济增长的动力,凯恩斯不仅认为投资是经济增长的主要因素,而且还论述了投资对经济增长的乘数作用。投资之所以成为经济增长的动力,是因为投资可以刺激需求的增长,同时又可以增加供给。投资过程首先是刺激需求,如增加1 000亿元投资,这1 000亿元实际上是用来购买和制造投资品所需要的生产资本,因此以工资、利息、利润、租金等形式流入生产要素所有者手中,即居民收入增加1 000亿元,这是投资刺激需求的第一次增加;假定消费倾向为80%,居民又会将800亿元购买消费品,实际上就是用800亿元购买生产这些消费品的生产要素,结果800亿元又以各种生产要素的流入形式转到生产要素所有者手中,这是第二次增加。如此类推,循环往复,就会产生投资刺激需求的乘数效果。所以投资也就成了调节供求总量平衡的重要手段。所谓投资的乘数作用是指每增加一元投资所导致的收入增长的倍数,乘数与边际消费倾向呈同向变化,边际消费倾向越大,乘数越大;反之乘数与边际储蓄倾向呈反方向变化。

在任何社会中,社会总投资都可以分为政府投资和非政府部门投资两大部分。所谓政府投资,就是以国家为主体的投资活动,是政府购买性支出中有别于一般消费性支出的部分,是国家积累基金运用的重要形式。一般来说,政府投资既包括新增的固定资产、流动资金投资,也包括某些补偿性投资,政府投资在社会经济发展中极其重要。由于社会经济制度和经济发展阶段的不同,这两大部分投资在各国社会总投资中所占的比重存在着相当大的差异。一方面,从经济运行模式看,在发达的市场经济国家中,政府投资所占的比重相对较小,非政府投资所占的比重相对较大;在高度集中的计划经济国家中,政府投资所占的比重则极高。另一方面,从经济发展阶段来看,发展中国家和经济欠发达国家的政府投资所占的比重较高,而发达国家的政府投资所占的比重相对较低。

政府投资和非政府部门投资在一国投资活动中发挥作用的主次有所不同。在政府投资所占的比重较大的国家中，政府投资为主，非政府部门投资只发挥某种弥补政府投资不足的作用。在政府投资所占的比重较小的国家中，非政府投资为主，政府投资只发挥某种弥补"拾遗补缺"的作用。造成这种差别的原因主要在于国家经济运行机制的不同。实行市场经济的国家，整个社会的经济活动主要由微观经济主体自行组织，投资当然也主要由他们来执行，在此基础上，政府只是根据宏观经济目标，运用税收、财政补贴、折旧政策以及产业政策等间接调控的手段来调节非政府投资，并通过政府投资的导向作用，来调控非政府投资的方向、规模和结构。实行集中的计划经济的国家，政府是主要的经济主体，投资当然也主要由政府掌握，政府根据宏观经济政策目标，结合非政府部门投资的状态，安排政府自身投资的方向、规模和结构，从而优化全社会的投资状态。在这个背景下发生的非政府部门投资，自然只能发挥补充政府投资的作用。由此可以得到一个推论：在我国由计划经济体制向社会主义市场经济体制转变过程中，政府投资在社会总投资中的比重有所下降是不可避免的。

发展中国家的政府投资通常采取两种形式：一种是政府本身的资本性支出，如用于大型基础设施的投资，这类投资在发展中国家平均占资本形成总额的25%左右。另一种是对国有企业的投资，据统计，多数发展中国家的国有企业至少占资本形成总额的25%。发展中国家的政府投资比重之所以较高，其原因主要有三个：一是发展中国家的经济基础较为薄弱，为了实现经济的快速增长，就必须首先在基础设施、基础产业的发展上进行大量的投入，而基础设施、基础产业的超前或适应性发展，则往往有赖于政府的投资或以政府投资为主；二是发展中国家的资本市场不发达、不完善，因而使政府的资金筹集受到很大局限，只能以预算的安排为主；三是发展中国家的私人资本实力有限，私人部门参与公共投资的可能性及其意愿都远低于发达国家。

2. 政府投资的特点

1）政府投资的公共性、基础性

为了弥补市场失灵的固有缺陷，以及克服非政府投资的局限性，政府投资的着眼点首先在于为全体居民和各类经济（市场）主体的生产、生活需要提供必要的社会性、基础性条件。这既是国家和公共财政的内在职能，是经济、社会发展的客观要求，也是不可能依靠市场和微观经济主体来解决的问题。

马克思曾经把生产条件区分为共同生产条件和特殊生产条件两类，与此相对应，他把固定资本也分为两类，即一类是以机器的形式直接进入生产过程的那种固定资本，另一类是具有铁路、建筑物、农业改良、排水设备等形式的固定资本。他还同时指出，后一类固定资本的特点是：作为生产资料来看，固定资本在这里与机器一类的东西不同，因为它同时被不同的资本当作它们共同的生产条件和流通条件来使用。固定资本不是表现为被包含在特殊生产过程中的东西，而是表现为各特殊资本的大量这类生产过程的联络动脉，它就是由这些特殊资本一部分一部分地消耗掉的。因此，在这种场合，对于所有这类特殊资本生产过程来说，固定资本是一种特殊的同它们相分离的生产部门的产品，但是，在这里不能像机器买卖那样，即一个生产者不能把它作为流动资本售出，另一个生产者也不能把它作为固定资本买进来，相反，它只有以固定资本自身的形式才能出售。马克思的这一段话说明，作为共同生产条件的固定资产，不能被单个生产者独家使用；它也不会独占性地处在某个特殊的生产过程之中；它本身不能被卖者当作商品一次性地将整个出售给使用者。这就是说，作为共同生产条件的固定资本具有公共性、非独占性和不可分性特点，这些特点决定了它具有社会公共产品的一般特性，因而这只能或主要应由国家财政来解决，属于政府投资的范畴。

此外，某些基础产业，如农业、能源和一些重要的基础原材料工业等，它们往往是处在"上游"的生产部门，其提供的产品是本部门和其他生产部门所必需的投入品，因而它们的生产波动和价格变动具有较强的连锁效应，从而成为政府投资的选择内容之一。无论是基础设施还是基础产业，大都属于资本密集型行业，需要大量的资本投入，而且建设周期长、投资回收慢，在一般情况下很难由个别企业的独立投资来完成，尤其是在经济发展的初期阶段，没有政府的强有力支持，很难有效地推动基础设施和基础工业的迅速发展。

2）政府投资的开发性和战略性

某些新兴产业门类的开发，某些高科技、高风险领域（如航天等）的研究开发，对经济落后地区的开发等，都具有耗资大、耗时长、风险高等特点，致使私人部门望而却步，市场机制也无能为力，只能或主要由政府的投资来解决。除此之外，对于某些关系国计民生的部门、行业和重要企业（如军工、石油及石油化工、电力等）的直接、间接资本控制，通过政府投资对国民经济发展中某些薄弱环节的加强、对国民经济整体素质特别是劳动者素质的提高，以及对社会其他投资所产生的影响带动功能来看，政府投资都具有事关全局的重要战略影响作用。

3）政府投资的社会效益性

社会效益是政府投资的出发点及归宿。它不可能也不应该首先把是否盈利和盈利高低作为投资选择的前提条件。这正是政府投资与非政府投资的一个明显区别。说它"不可能"，就是基于政府投资的上述特点，它不可能像非政府投资那样，完全以盈利程度作为投资与否的唯一选择标准；说它"不应该"，就是政府投资的着眼点，是为了弥补"市场失灵"的缺陷，是为了满足经济（宏观与微观经济）和社会发展的客观需要，而不是纯粹为了赚钱，否则就不存在政府与非政府投资的区别了。

当然，政府投资的社会效益性特点，并不意味着它可以不计成本、不讲效率，这是两个不同的范畴和概念。从政府投资的使用本身来看，当然有一个使用是否得当和效益高低问题；而从政府投资的客观效果来看，则应把社会效益的大小作为重要的衡量标准，而不应仅仅局限于具体的投资项目本身。

4）长期性

政府应该将其投资集中于社会基础设施以及农业、能源、通信、交通等建设周期长、投资回收慢、资本密集性强的投资领域内。

4.2.2 政府投资的原则及领域选择

1. 政府投资的原则

关于政府投资必要性的说明，并不意味着政府投资的范围越大越好，投资的数量越多越好。事实上，在市场经济条件下，政府投资的广度及其所占份额，是一个需要认真研究、清楚界定和随机把握的重要问题。

一般说来，市场经济条件下的政府投资选择，应充分考虑以下的因素或原则。

（1）政府投资不能对市场的资源配置功能造成扭曲和障碍。政府的投资选择要建立在尊重市场规律，有利于充分发挥市场的资源配置功能的基础之上。原则上讲，但凡能由市场解决的问题，政府就应少加干预；能由非政府渠道解决的投资问题，政府也可考虑退出。相反，凡是市场解决不了或不宜由市场去自发解决，即市场固有缺陷，属于所谓"市场失灵"范畴的投资问题，政府则应积极介入、责无旁贷。这样既能把政府投资控制在必要的，以解决市场失灵为目标的限度之内，又能使必要的国家宏观调控与市场资源配置功能的有效发挥有机结合起来，做到相辅相成、交互为用。

（2）政府投资不宜干扰和影响民间的投资选择和投资偏好。简要地说，就是在社会投资主体多元化、投资来源多渠道化、投资决策相对分散化的条件下，政府的投资选择，一方面要为众多的企业投资、民间投资创造必要的、与经济增长相适应的外部环境或基础条件；另一方面，又要充分考虑其对民间投资、市场竞争格局可能带来的影响。一般来说，政府投资规模的增长不应以牺牲民间投资，特别是不应以削弱国家鼓励发展的相关产业部门的企业投资为代价，即不宜简单地采取"挖肉补疮"、此消彼长的办法，避免挫伤非政府投资主体在其所适宜的领域里进行投资的积极性。与此同时，市场经济条件下政府投资范围、投资结构的选择也大有学问。例如，政府一般不参与、不介入市场竞争性项目及产品的投资，就能收到增强政府投资集约化程度与投资强度，引导民间投资流向流量，扩大民间投资空间，有利于发挥市场资源配置功能，提高经济发展质量和经济竞争能力的双重功效。

（3）政府投资要着眼于有利于社会经济效益和投资效益的增进。政府投资既然是一种公共性、基础性和公益性的投资，其社会效益、宏观经济效益和投资效益状况及外部经济效应或其"乘数效应"如何，理应成为政府投资的出发点及归宿。一项好的政府投资计划或公共投资选择，应该起到"四两拨千斤"的作用。

2. 政府投资的领域选择

在讨论这一问题之前，我们先对全社会的投资分类作简要分析。一般来说，在市场经济条件下，社会投资大体可分为三大类别：其一为竞争性项目投资，包括工业（不含能源）、建筑业和大部分第三产业。其二为基础性项目投资，包括基础设施、基础产业和高新技术产业等。其三为公益性项目投资，包括国防建设投资、政府等政权设施、科教文卫等设施。

鉴于政府投资的性质和特点，在上述三类投资项目中，政府投资一般应以公益性和一部分基础性项目作为重点。

4.2.3 基本建设投资

基本建设投资是财政用于固定资产扩大再生产和一部分简单再生产的资金，是政府投资的主要内容之一。

1. 基本建设投资的分类

为了加强对基本建设投资的监督和管理，有必要对基本建设投资从不同的角度进行科学的分类。

（1）按基本建设投资的费用构成，可以分为三大类：① 建筑安装工程费用，包括建筑工程费和设备安装费。这部分投资通过施工活动得以实现，大约占基本建设投资总额的50%～60%，是投资的主要部分。② 设备、工具、器具购置费。这部分投资是通过基本建设部门的采购活动来实现的。③ 其他基本建设费，包括土地征购费、青苗补偿费、原有建筑物拆迁费、建设单位管理费、生产人员培训费等。这种分类方法反映了基建投资工作的具体内容，便于正确安排基建投资与所需物资之间的关系，同时也为建设单位编制基本建设预算、确定工程造价、进行经济核算提供依据。

（2）按基本建设的投资规模或生产能力，可以分为大型、中型、小型三类建设项目。这种分类方法有利于国家对基本建设项目实行分级审核管理，也有助于合理利用各地自然资源与社会资源，形成合理的生产力布局。

（3）按基本建设项目的性质，可以分为新建项目投资、扩建项目投资、改建项目投资和重建项目投资四类。这种分类方法对于国家确定投资重点、制定投资政策、比较投资效果和选择投资方案具有重要意义。

（4）按基本建设投资的最终用途，可以分为购买生产资料的资金支出与购买消费资料的资金支出两大类。前者主要是指购买建筑材料、设备器具等方面的费用；后者主要是指建设单位管理费用、人员培训费用及建筑安装过程发生的生活资料消耗的费用等。

2. 基本建设投资的特点

基本建设是特殊的物质产品生产过程，和一般工业生产比较具有以下三方面特点。

（1）固定性、专用性和单件性。固定性是指基本建设产品建成以后只能固定在一个地方，不能通过运输而自由移动。这就要求基本建设投资的地区布局要力求合理。专用性是指基本建设工程都具有专门的用途，一旦建成用途将难以改变。这就要求对基本建设工程的结构、性能进行科学分析，使之符合预定的设计标准。单件性是指基本建设的产品通常不能批量生产，而是一个一个地生产。这就要求对每个建设项目都要单独设计、单独编制概预算、单独定价。

（2）生产周期长，消耗大。基本建设工程庞大复杂，需要较长的建设周期；在建设期间内需要不断地投入生产资料、生活资料和劳动力，而不提供任何有效产品。这就要求基本建设规模必须恰当。为此，基本建设项目的确定必须列入统一计划，经过综合平衡来确定。

（3）特殊的生产过程和生产方式。基本建设生产过程不同于一般的工业生产过程，它必须依次经过地质勘探、设计、计划、施工和竣工验收五个阶段。其生产方式也不同于一般的工业生产方式，基本采取由建设单位将基本建设工程委托给建筑安装企业进行施工，双方必须签定合同或协议，施工企业受建设单位的委托，按合同规定组织施工生产。

基本建设的特点决定了对基本建设应采取特殊的管理。

（1）加强可行性研究。可行性研究是基本建设前期工作的首要内容，它是建设项目投资决策的基础，也是取得最佳投资效果的保证。可行性研究是在项目施工前对拟建项目在技术上是否先进、可靠、适用，经济上是否合理、能否取得盈利等问题进行的考察研究。只有通过可行性研究，进行反复周密的比较论证，选择最佳方案，才能保证基建投资取得最优效果。

（2）建立基本建设投资后评价制度。在国家经济活动尤其是投资活动中，后评价是国家计划、决策和宏观经济管理的重要工具。对基本建设投资后评价是工程竣工交付生产（使用、营运）一段时间后，对该项投资的立项决策、设计、施工、竣工验收、生产运营过程进行系统评价的活动，是基本建设投资最后一道程序。后评价的主要作用：一是用实践检验项目前期工作和设计、施工等的质量，以便进一步改进和提高；二是针对存在的问题和不足之处，提出改进意见，以便提高投资效益。这些都是针对过去项目决策和实施中的不足和失误，总结经验教训，对提高投资项目设计，施工质量有重要意义。

（3）加强投资决策的民主化。政府的投资资金来自纳税人，因此，政府的投资行为要对纳税人负责。在我国，各级人民代表大会代表人民当家作主，政府的投资决策应接受人民代表大会的监督、审查。

3. 基本建设投资的效果考察

为了更好地计算、比较和考察基本建设的投资效果，必须建立起一整套科学、完整的评价指标体系。

1）衡量微观投资效果的主要指标

（1）基本建设投资额。基本建设投资额是指一个基本建设项目从筹备开始到竣工投产整个过程中投入的全部费用的总和。它适用于对建设规模大体相同的基本建设项目效果的评价，对于规模相同的项目，投资额越小，效率越高，投资效果越好。

（2）建设工期。建设工期是指建设项目自开始施工起，到全部建成投产为止所经历的时间。在分析一个部门、地区建设项目的建设时间长短时，可采用平均工期进行比较。用公式表示为

$$平均建设工期（年、月）=\frac{全部投产项目工期之和}{全部投产项目的个数}$$

建设工期是从建设速度角度考核投资效果的指标。总额相同的投资，平均工期越短，投资效果越好。

（3）单位生产能力投资。单位生产能力投资是指单位生产能力的工程造价。例如，钢铁建设项目每吨钢的投资，民用建筑每平方米的工程造价等。用公式表示为

$$单位生产能力投资=\frac{项目全部投资完成额}{项目新增生产能力}$$

单位生产能力投资是从投资耗费角度考核投资效果的指标。单位生产能力投资越小，投资效果越好。

（4）投资回收期。投资回收期是指基本建设项目从建成投产起，到实现的盈利（利润、税金）总额达到该项目建设所耗用投资总额时为止所经历的时间。用公式表示为

$$投资回收期=\frac{项目全部投资}{项目建成投产后年平均盈利额}$$

投资额相同的项目，回收期越短，投资效果越好。

2）衡量宏观投资效果的主要指标

（1）建设周期。建设周期是指国家或一个部门、一个地区已经开工的建设项目，其全部建成平均所需用的时间。用公式表示为

$$建设周期=\frac{施工项目计划投资额}{本年实际完成投资额}$$

建设周期是从宏观上反映投资效果的时间因素的重要指标。同样数额的投资，建设周期越短，投资效果越好。

（2）投资效果系数。投资效果系数是指每年新增的国民收入同基本建设投资额的比例。用公式表示为

$$投资效果系数=\frac{本年国民收入增长额}{本年基本建设投资额}$$

投资效果系数反映每单位投资能够提供的国民收入增长额。指标越高，说明投资效果越好。但是当年新增的国民收入不一定都是当年投资提供的，因此，投资效果系数只能近似地说明投资效果的趋势。

上述微观、宏观指标只侧重反映基本建设的直接投资效益，在进行投资决策时仅仅依据这些指标是不够的。在社会化大生产条件下，建设项目涉及面广，效果与耗费彼此影响，因此还要求对相关的费用效益做进一步的经济评价。从投资的相关费用来说，除分析本项目的建设费用之外，还应分析与保证本项目正常生产有关的其他项目的费用。例如，建设热电站，要考虑能源和运输方面的相关投资；建设水电站，要考虑淹没区造成的损失等。从投资的相关效益来说，涉及面则更广，如技术成果的利

用，相关产品的质量和成本、就业、环保、国际竞争能力等，都要进行综合比较和分析，以达到宏观的效果与微观效果的统一。

4. 基本建设投资与财政投融资

基本建设投资具有初始投资大、建设周期长、投资回收慢的特征，这些特征决定了基本建设仅靠政府投资远远适应不了国民经济发展的需要。作为一个经济的整体来说，经济均衡发展的必要前提条件是投资（I）=储蓄（S），但就国民经济各部门而言却可能是投资（I）≠储蓄（S），有的部门的投资超过储蓄，有的部门储蓄超过投资。而在由储蓄向投资转变过程中发生部门间的资金转移，实现整体经济的均衡发展则是可能的。

在我国，基础部门属于短缺部门，它的投资需求大于本部门的储蓄；而加工部门属于"过剩部门"（表现为设备闲置、开工不足、存货积压），它的投资需求则应当减少。但由于我国的市场经济正处于市场主体的形成过程，市场机制的调节功能尚不健全，尤其是长期性资本市场尚有待发育，平均利润率规律的作用受到限制，因此，部门间的资本转移，资本"过剩"与"不足"的调剂，就缺乏一种自动的利益均衡机制，即单靠"看不见的手"很难顺利实现。因此，在向市场经济体制转换的过程中，保持政府对基础产业部门的适度投资水平，对于调整产业结构，提高社会经济效益的作用不可低估。就我国目前的"瓶颈"状况而言，增加对基础产业部门的投入，其"乘数效应"是十分明显的。

政府投资并不意味着完全的无偿拨款。国际经验表明，将财政融资的良好信誉与金融投资的高效运作有机地结合起来，是发挥政府在基础产业部门投融资中作用的最佳途径。在我国市场经济发展的现阶段，构建财政投融资体制具有非常重要的现实意义。

财政投融资是一种政策性投融资，它不同于无偿拨款，也不同于商业性投融资。在市场经济条件下，商业性投融资主要通过资本市场和商业银行获得资金，它适合追求利润最大化的厂商运用。对于既要体现经济效益又要体现社会效益的基础产业部门来说，其经营的目标已不是利润最大化，而是产量最大化和成本最小化。它们的产品定价受政府直接或间接调控，这些企业仅依靠一般性的商业投融资渠道难以满足其发展的资金需要。因为商业性投融资渠道提供的资金要求兼顾安全性、流动性、盈利性，基础产业部门很难全部满足。处于经济高速增长中的政府，一方面，要从发展的角度考虑基础部门的优先增长问题；另一方面，要从稳定的角度考虑基础产业部门的价格控制问题，以减轻通货膨胀的压力。这样政策性投融资就成为发展中国家基础部门发展的重要政策工具。

财政投融资具有下列基本特征：① 它是在大力发展商业性投融资渠道的同时构建的新型投融资渠道。随着社会主义市场经济体制的逐步建立和完善，市场融资的份额将扩大，专业银行商业化的趋势不可逆转，在这种条件下，构建政策性投融资机制只会加快而不会阻碍专业银行商业化的发展方向。因为只有把专业银行的政策性业务分离出来，专业银行才可能真正实现商业化的经营目标。② 财政投融资的目的性很强，范围有严格限制。概括来说，它主要是为具有提供公共物品特征的基础产业部门融资，即它主要是为需要政府给予扶持或保护的产品或直接由政府控制订价的基础性产品融资。随着体制改革的深化，市场产品范围的扩大，许多基础工业产品在条件成熟时，价格应适当放开，并通过发展企业集团形式谋求发展，因此，政府投融资的范围是受到严格限制的。③ 虽然财政投融资的政策性和计划性很强，但它并不完全脱离市场，而应以市场参数作为配置资金的重要依据，并对市场的配置起补充调整作用。④ 财政投融资的方式和资金来源是多样化的，既可通过财政的投资预算取得资金，也可通过信用渠道融通资金；既可通过金融机构获取资金，也可通过资本市场筹措资金，部分资金甚至还可以从国外获得。

国外建立财政投融制度比较成功的经验是发展政策性银行。实际上政策性银行既不是银行，也不同制定政策的机关，而是执行有关长期性投融资政策的机构，类似开发署的性质。对于投资优先部门的划分、政策性贷款总额、有息补助或本金的偿还等政策选择问题，并非完全由其自身来决定，而应当通过特定的计划安排和审批程序来进行。它在很大程度上充当了政府投资的代理人，把计划、财政、银行的政策性投融资业务捏合起来，形成有效的政府投资运作。

一般来说，政策性银行的资金，主要应由政府预算投资形成。为此，需要在预算上单列一笔政策性投资基金，并把它与经常性预算分开。在政策性银行的负债结构中，发行长期性建设国债、集中邮政储蓄和部分保险性质的基金应占有重要份额。此外，直接对商业银行和其他非银行金融机构发行金融债券，也是重要的投资资金来源。

从资金来源的性质上讲，预算投资是典型的财政资金，该项资金交由政策性银行使用后，具有了经营性和政策性的双重特征，是财政资金的"拟资本化"。发行长期性建设公债，集中邮政储蓄资金和部分保险基金则是提高储蓄水平，并促使储蓄转化为长期性投资的重要举措。至于向商业银行和其他非银行金融机构发行金融债券，则是转换银行政策性贷款的较好方式。在分离专业银行经营性贷款与政策性贷款的同时，不与中央银行发生直接的业务联系，可在一定程度上使政策性银行业务与基础货币脱钩。可以预见，随着政策性银行机构的建立及逐步完善，基础产业将会有一个更快的发展。

4.2.4　农业财政投资

1. 农业财政投资的必要性及意义

对农业进行扶持和保护是各国政府所普遍采取的政策，这主要是由于农业与其他行业相比所具有的特殊性决定的。

（1）农业部门的社会经济效益大而直接经济效益小，大量经济效益要通过加工、流通部门反映出来。由于直接经济效益小，所以投资农业往往得不到平均利润，不但吸引不了农业部门外的资金，就连农业部门内部资金也可能向非农产业产业逆向流动，如果没有政府的扶持和保护，很难保证农业的正常资金投入，结果将危及农业的基础地位。

（2）农业对自然条件和基础设施的依赖性较强，而这些条件具有公益性质，花费多，涉及面广，个别单位和地区往往不愿承担或无力承担，这就需要政府来承担起这种投入职责。

（3）农业是风险产业，自然风险与市场风险同在，生产难免有周期波动。农业部门为了克服生产的分散性、季节性及各种不利因素，必须不断提高其投资和物质装备水平，即农业为了生存与发展，需要比非农部门有更高的投入。

（4）农产品需求弹性小，市场扩张处于不利地位。加之农业需用固定资产多而利用率低，生产周期长而资金周转慢，从而农业在市场贸易中处于不利的地位。

上述这些特殊性，决定了农业财政投资的必要性，而农业发展对国民经济的发展也具有重要意义。

（1）农业生产为人们提供了基本的生存条件，为其他生产活动提供了基础。

（2）农业劳动生产率的提高是工业化的起点和基础。我国经济正处于工业化的过程中。所谓工业化，就其一般意义来说，指的是工业部门成为国民经济的主导部门，工业产值占社会总产值主要比重的过程。世界各国的历史发展表明，实现工业化有两条差异甚大的途径可供选择：一条是首先发展农业，在农业劳动生产率大大提高的基础上，再展开轰轰烈烈的工业化过程；另一条是不顾及农业的发展，首先设法发展工业，在工业获得相当发展的基础上，再回过头来改造传统农业。

抽象地说，这两条路似乎都是可行的，但历史却告诉我们：走第一条路，工业化进程比较顺利；走第二条路，工业化过程总是困难重重。换言之，为了顺利实现工业化，在大规模进行工业革命之前，必须有一个大规模的农业革命过程。从历史上看，18世纪末的工业革命，首先是从农业生产率最高的英国开始的，以后相继发生工业革命的国家，农业生产率水平也都较高。

因此，发展中国家要想顺利实现工业化，必须首先提高农业生产率水平，这一个阶段是不能跨越的。这意味着，对农业发展的重视，不能成为权宜之计，应当将发展农业立为一项长期国策，下决心花上一二十年的时间，将农业生产率提高上来。

（3）稳定农业是使国民经济持续稳定发展的重要因素。"无粮不稳"已经成为人们的共识。但只是从有粮和无粮的角度来认识农业的重要性，还是立足于一个低水平发展阶段上的国民经济。如果农业发展已经达到使人民获得了温饱并且有余的程度，是否应当继续重视农业发展的问题呢？回答是肯定的。

不妨看一看发达国家的情况。他们的一般情况是农产品过剩，农业危机是过剩的危机。但在农产品过剩的背景下，农业发展总是仍然得到政府的高度重视。发达国家管理经济活动的政府部门一般很少，但都必然有一个农业部。通过这个部门，政府一方面施行限制农产品产量的各项措施，另一方面则施行促进农业生产率提高的各项政策。政府每年都要为促进农业科研、农业教育和农业技术推广，以及调整农业生产结构和组织结构花去大量资金。在过剩的背景下推行促进农业发展的政策，主要是出于稳定经济的目的。

2. 农业投入资金来源分析

农业发展的根本途径是提高农业生产率，提高农业生产率的必要条件之一是增加对农业的资金投入。因此，安排好农业投资的资金来源是一个必须解决的重要问题。在社会主义市场经济条件下，农业投资的资金应当主要来自农业部门和农户自身的积累，国家投资只应发挥辅助作用。

要使农业部门和农户自身的积累成为农业投资的主要资金来源，有两个条件是必不可少的：① 农产品的销售收入必须高于农业生产的投入成本，否则，农业部门的积累无从产生；② 农业投资的收益率必须高于、至少不低于全社会平均的投资收益率，否则，农业部门即便产生了利润也不会向农业投资转化。在这两个条件中，第一个条件是根本的，因为农产品销售收入高于农业生产的投入成本是保证农业投资收益率达到较高水平的基本条件。

信贷资金对农业的投入也可以成为农业投入资金来源的一部分。这一来源的保证也应满足上述两个条件，同时其自身还有以下特点：一是有借有还不发生所有权的转移，适宜处理不同经济主体之间的资金往来关系；二是到期偿还并需支付一定利息，可以促使用款人合理节约地使用资金；三是方式多样、范围广泛、适应性强。在处理财政支农投入与信贷资金支农投入时应针对信贷资金特点，坚持以信贷资金投入为主，财政投入为辅的原则。

3. 农业财政投资的重点

财政对农业的投资具有以下基本特征：一是以立法的形式规定财政对农业的投资规模和环节，使农业的财政投资具有相对稳定性；二是财政投资范围具有明确界定，主要投资于以水利为核心的农业基础设施建设、农业科技推广、农村教育和培训等方面；三是财政投资虽然是必需的，但一般占农业投资总量的比例较低。

农业固定资产投资，如大型水库和各种灌溉工程等，其特点是投资量大，投资期限长，牵涉面广，投资以后产生的效益不易分割，而且投资的成本及其效益之间的关系不十分明显。由于具有上述特点，农业固定资产投资不可能由分散的农户独立进行。在理论上，似乎存在着一种按"谁受益、谁投资"的原则来组织农户集资投资的可能，但由于衡量农户的受益程度十分困难，集资安排多半很难贯彻。对于此类大型固定资产投资项目来说，按地区来度量受益程度，从而分地区来负担项目费用似乎是可以做到的，但在这种安排下，地区应负担的费用多半要由地方财政安排支出，而这在概念上就已属于政府投资了。

改造传统农业的关键在于引进新的农业生产要素。新的农业生产要素必须要有农业科研，科研成果应用于农业生产，必须经过推广的程序，为了使农户接受新的生产要素，还需对农户进行宣传、教育和培训。为完成这一系列任务，需要筹集大批资金。在这里，有一种典型的在经济学中被称作"外部经济"的情形。所谓外部经济，说得简单一些，就是一种可以使其他人无须付出代价便可获得好处的经济活动所产生的结果。以农业科研为例，一项科研成果的推出，将会使全部运用这项成果的农户受益，但从事这项科研活动的单位却无论如何也不可能将这项科研成果所产生的全部收益攫为己有，因此，经济学便将农业科研称之为外部经济。农业科研单位的研究成果所产生的利益是"外溢"的，但是进行这项科研活动所需的一切费用却只能由科研单位自己承担。不仅如此，科研活动可能失败，研究所需的时间可能经年累月，科研活动存在着风险，而这些风险也只能由科研单位独力承担。科研的费用及其失败的风险构成科研成果的成本。将科研成果产生的利益同科研成果的成本相比较就不难看出，得益（别人得益）与成本（自己负担）是不相对称的。

诸如此类，像农业科研、科学技术推广、农户教育之类的对农业发展至关重要的农业投资，依靠单个的甚至是组织成为较大集体的农户来办是很困难的，这些投资也只能由政府来承担。适宜由农户来承担的投资主要是流动资金投资（农药、化肥、薄膜、除草剂等）以及供农户使用的农机具、农业设施等固定资产投资。这些投资从规模上看是农户能够承担的，投资后产生的效益也很容易分割，成本与效益的对应关系也比较明显。这里不必详细开列政府投资和农户投资的项目清单，但基本原则却是可以确定的。根据以上分析，可以说凡是具有"外部经济"及牵涉面广、规模巨大的农业投资，原则上都应由政府承担。

按照我国统计原则，我国财政支农资金包括：农业基建拨款、农业事业费、科技三项费用及农村救济费等支出。从我国实际情况来看，农业基建拨款和农业事业费构成了财政支农资金的主体，这两项支出之和一般占同期财政支农支出总额的80%左右。

第5章

转移性支出

5.1 社会保障支出

5.1.1 社会保障概述

1. 社会保障的内涵与外延

社会保障一词最早出自美国1935年颁布的《社会保障法》。联合国国际劳工局给社会保障下的定义为"社会采取一系列保护性措施,以帮助人们渡过由失业、年老、疾病、生育、工伤和死亡而造成工资或收入损失的难关"。英国《简明不列颠百科全书》关于社会保障的释义为"一种公共福利计划,旨在保护个人及其家庭免除因失业、年老、疾病、生育、工伤和死亡而在收入上所受的损失,并通过公益服务以提高其福利"。这一定义已经把社会服务涵盖在内。我国学术界也有人把社会保障概括为:国家依据一定的法律和法规,在劳动者或全体社会成员因年老、疾病、伤残丧失劳动能力或丧失就业机会以及遇到其他事故而面临生活困难时,向其提供必不可少的基本生活保障和社会服务。上述几种定义虽然表述不同,但其实质性内涵是相同的。

从广义来说,现代经济条件下的社会保障大体包括社会保险、社会救助、社会福利和社会优抚四个方面。

社会保险是根据国家有关法律规定,由劳动者、单位或社区、政府多方共同出资,帮助劳动者及其亲属在遭遇工伤、死亡、疾病、年老、失业、生育等风险时,防止收入中断、减少和丧失,以保障其基本生活需求的制度,它包括养老保险、失业保险、医疗保险、工伤保险、生育保险等。社会保险由国家通过立法手段在全社会强制推行，不以营利为目的，与自愿投保的商业保险不同，具有普遍性、强制性、互济性及补偿性等特征。社会保险是构成社会保障的主要内容。

社会救助是国家和社会向无收入、无生活来源、也无家庭依靠并失去工作能力者，或者是生活在"贫困线"或最低生活标准以下的个人和家庭，以及遭受严重自然灾害和不幸事故的遇难者，提供的满足其最低生活需要的财力、物力资助。社会救助属于最低层次的社会保障。其资金主要来自政府一般性税收，以及社会团体和个人的捐赠、国际组织和国外的援助等。

社会福利是国家或社会在法律和政策范围内，在居民住宅、公共卫生、环境保护、基础教育等领域，向全体公民普遍提供资金帮助和优价服务的社会性制度，它表现为国家及各种社会团体兴建的各种福利设施，提供的社会服务以及创办的各种社会福利事业。

社会优抚是国家对法定的优抚对象，如现役军人及其亲属、退休和退伍军人及烈属等，为保证其一定生活水平而提供的资助和服务，其经费全部来自政府预算拨款。

尽管人们对社会保障概念的表述各有不同，但所表达的内涵却十分接近。归纳其共同点，社会保障应具有以下几层意思。

（1）社会保障的责任主体是国家或政府。

从近现代社会保障的发展历程看，它不是自发形成并自然发展的，而是在国家或政府的主导下，逐步发展和完善起来的。虽然个人、用人单位也承担了相应的义务，但如果没有国家或政府的强力支持，社会保障自身也是不保险的。

（2）社会保障的目标是满足社会成员的基本生活需要。

由于各种社会风险如疾病、失业、伤残的存在，人们的正常生活难免因某些风险的出现而陷入困境，导致基本生活难以维系。社会保障制度就是为了解决这一问题而逐步发展起来的，其目标就是为了满足社会成员的基本生活需要。当然，社会保障的某些项目有提高社会成员生活质量之意，但这并非社会保障的主旨所在。

（3）社会保障制度的建立是以国家立法为依据的。

社会保障制度是一项关乎国计民生的重要社会经济制度，其建立需要以国家的立法为前提。从各国发展社会保障事业的情况看，无不是以立法先行，借助法律强制推行的。从某种意义上讲，社会保障制度本身就必须是一项法律制度，没有法律的规制，社会保障制度是难以顺利建立并有效运作的。

（4）社会保障的内容是不断发展变化的。

社会保障虽以满足社会成员的基本生活需要为目标，但随着社会经济的发展，社会财富的增多，人们对基本生活需要的内容也会不断提高，与此相适应，社会保障的内容也会不断发展变化。

5.1.2　社会保障的特征

社会保障作为一种经济保障形式，具有以下四个基本特征。

（1）社会保障的福利性。社会保障的实施主体是国家，目的是满足全体社会成员的基本生活需要，因此社会保障的受益范围是广泛的，保障的辐射角度也是全方位的。完整的社会保障体系犹如一张安全网，应覆盖社会经济生活的各个层次、各个方面。从原则和道义上讲，任何一个社会成员都不应被排斥或遗漏在这张安全网之外。可见，社会保障是一项造福于民的社会公益事业，是公民生存权利得以实现的有效保证，其福利性是显而易见的。

（2）社会保障的强制性。虽然社会保障事业惠及每一位社会成员，但每人对社会保障的需求程度和社会保障对不同个人所产生的边际效用高低却各不一样，甚至有很大差别。这样，在经过付出与收益之间比较权衡之后，一些社会成员可能会宁愿选择不参与社会保障，这显然不利于社会整体利益。因而，此时的强制参与就是必要的，并且应以法律形式加以确定。

（3）社会保障的社会性。社会保障作为政府的社会政策，在为全体社会成员提供保障的同时，也要求全社会共同承担风险，这就牵扯到社会的各个方面，涉及到各种社会关系。为了使社会保障具有权威性，正确地调整各阶层，群体以及个人社会保障利益关系，就必须把国家、集体（雇主）、个人（雇员）在社会保障活动中所发生的各种社会关系用法律形式固定下来。社会保障立法要明确以下几个关系：① 社会保障项目、标准的确立关系，它直接影响到社会成员个人的受益程度和社会保障的总体规模水平；② 社会保障资金的筹集和发放关系；③ 社会保障管理体制的关系，它规定着各社会保障职能机构之间及其内部职责的划分，资金分配和财务管理的权限；④ 社会保障监督关系，它保证社会保障机构，按照规定的标准和程序进行资金的分配。

（4）社会保障的互助性。社会保障虽是由国家或政府兴办的一项社会公益事业，但它并非完全由国家或政府所包揽，参与到其中的社会成员也是需要承担相应责任的。以现代社会保障制度的核心内容——社会保险为例，它所遵循的基本原理即是"集聚众多资金，分散危险损失"的互助共济准则，以使遭遇社会风险的部分社会成员获得经济上的补偿。社会保障的互助性有利于调节收入水平，实现社会公正，进而促进和谐人际关系的形成。

5.1.3 社会保障的功能

1. 社会性功能

（1）社会补偿功能。实行社会保障首先是最低的生活保障，也就是根据最低的生活水准（贫困线）来判断贫困者，然后给予适当的救济，使其能维持必要的基本生活，这是社会保障的基本功能。社会保障的补偿功能主要体现在社会救济和社会保险两个方面。社会救济的目的在于保障最低生活水平，具有鲜明的扶贫特征。社会保险的直接功能就是对劳动者在其生命周期遇到各种失去收入的风险后，进行的一种补偿，以保证其基本生活需要。虽然社会保险仍是一种对事故发生后的补救手段，但它也是一种事前的预防措施，并能有效地将这种风险分散。

（2）社会稳定功能。社会保障作为一种社会安全体系具有稳定社会生活的功能。导致社会不安定的因素很多，其中社会成员的生存无保障是重要因素之一。社会保障通过保证劳动者乃至全体国民的基本生活，从而实现整个社会秩序的稳定。因此，世界各国实施社会保障，都把它视为社会震动的减震器和安全网，给予高度的重视。

（3）社会公平功能。社会保障的公平功能是指社会保障通过其资金的筹集和待遇的给付，把一部分高收入的社会成员的收入转移到另一部分生活陷入困境的社会成员手中，达到促进社会公平的目标。在市场经济条件下，受竞争规律的支配，优胜劣汰在所难免。市场机制给予每个社会成员平等参与竞争的条件和机会，它自动地向效率倾斜，但并不自动向公平倾斜，在竞争中的弱者贫困也在所难免。国家以社会保障的形式对弱者、失业者乃至贫困者给生存保护，从而实现社会公平目标。

2. 经济性功能

（1）调节投融资功能。社会保障的资金是直接来自于保险费、财政负担以及资金运用增值的收入，具有较高的稳定性。经过多年的积累，社会保障基金在许多国家财政运用上的作用已不可忽视。如庞大的养老金基金正在被广泛地运用，在财政投融资上发挥了重要的作用，这虽然是从增值保障基金考虑的行为，但客观上已成为这些国家调节投资的一大支柱。在发达国家，由于向全体国民征收年金保险费的积累额十分庞大，对于这些国家产业基础的整备更是起了很大作用，成为对本国经济实行计划和合理控制的有效手段。在一些发展中国家，社会保障调节投融资的功能也很明显，这些国家社会保障基金往往通过向国家基础设施和重点项目投融资，不仅支持了国家建设，而且保障基金增值也很快。此外，许多发展中国家还利用社会保障基金向成员个人融资，既有效地利用了基金，又解决了成员个人购入住宅等资金不足的困难。总之，调节投融资是社会保障的经济性功能。

（2）平衡需求功能。社会保障通常还被称为调节经济的蓄水池，具有非常有效地平衡需求的作用。当经济衰退，失业率上升时，由于失业补助给付和社会救济，抑制了个人收入减少的趋势，给失去职业和生活困难的人们以一定购买力，从而具有唤起有效需求的效果，一定程度上促进了经济复苏。而当经济高涨，失业率下降时，社会保障支出相应缩减，社会保障基金规模因此增大，减少了社会需求的急剧膨胀，最终又使社会的总需求与总供给达到平衡。可见，社会保障支出自动地随着国民经济运行变化情况呈现出反方向增减变动，这就是社会保障支出"内在稳定器"的功能。

（3）收入再分配功能。社会保障对低收入阶层给予生活所需要的给付，或者在老年、失业、伤病、等情况发生时，实施必要的收入给付，从而对市场经济活动所造成的收入分配不公平进行了再分配，可以说这是社会保障的最主要功能。社会保障对收入再分配有"垂直性再分配"和"水平性再分配"两种方式。前者是进行从高收入向低收入阶层的收入转移；后者是在劳动时与非劳动时，健康正常时与伤残时之间进行的所得转移。社会保障正是通过上述两种再分配手段来实现对收入的再调节，尽量缩小贫富差距，缓和社会矛盾。

（4）保护和配置劳动力的功能。在市场经济条件下，社会保障是保护劳动力再生产和促进劳动力合理流动及有效配置的重要制度之一。一方面，在市场竞争中，受优胜劣汰规律的支配，必然造成部分劳动者退出劳动力市场，这部分劳动者及其家属因失去收入而陷入生存危机，社会保障通过提供各种帮助而使这部分社会成员维持基本生活需要，从而保护劳动力的生产和再生产。另一方面，通过建立全社会统一的社会保障网络，打破了靠血缘维持的家庭保障格局，超越了企业保障的局限，劳动者在变换工作和迁徙时无后顾之忧，从而促进了劳动力的合理流动，实现劳动力要素的有效配置。

5.1.4　社会保障筹资模式的分类

1. 社会保障基金的来源

世界上大多数国家实行由国家、企业和个人三方负担的办法，或者依据具体情况，由这三种来源的不同组合构成。

国家财政负担即国家在财政预算中安排一部分资金，用于社会保障事业方面的开支，这是社会保障基金中重要的、稳定的来源。由于财政负担来自于一般税收，一些国家还征收社会保障税，从而使财政负担与税收关系更直接，体现了人人负担的特点。作为政府的社会义务，财政负担社会保障资金是政府职能的重要体现，它对稳定社会保障给付和弥补赤字等作用明显。

企业（雇主）缴纳社会保障费是社会保障基金的又一重要来源。劳动者为某一企业提供了劳动力，创造了相当的社会财富，企业有义务为其交纳社会保障费，这些费用可以列入企业经营成本。

个人负担一部分社会保障（特别是社会保险）费是必要的。这有助于减少个人收入之间的差距，收入高者多交，低者少交，发挥了社会保障的调节作用；同时这也可以促使人们关心社会保障事业，减轻国家和企业的负担。

2. 社会保障基金的筹资模式

从世界各国社会保障制度的实施情况看，社会保障基金的筹资模式大体划分为三类。

（1）现收现付式。这是一种以近期横向收付平衡原则为指导的基金筹资模式。这种模式要求先做出一年（至多几年）内某项社会保障措施所需要的费用的测算，然后按一定比例分摊到参加该保障措施的所有单位和个人，当年的基金收入仅用于涉足当年支出的需要。

（2）完全基金式。这是一种以远期纵向收付平衡原则为指导的筹资模式。这种模式要求在对未来较长时间宏观预测的基础上，预计保障对象在保障期内所需享受保障待遇的总量，据此按照一定的比例将其分摊到保障对象的整个投保期间。这种方式的主要特点是在初期收费率高，筹资见效快，之后在较长的时期内收费率保持相对稳定，收大于支的部分形成储备基金，需要通过具有较高回报率的投资予以保值。

（3）部分基金式。这是一种把近期横向收付平衡原则与远期纵向收付平衡原则相结合作为指导的筹资模式。在满足现时一定支出需要的前提下，留出一定的储备以适应未来的支出需求。这种模式一般几年不变，过几年调整一次，收大于支的部分，通过投资取得回报。其特点是初期收费率较低，以后逐步提高，保持相对稳定。

5.1.5　社会保障与财政的关系

社会保障问题既是财政问题，但又不是完全是财政问题，二者之间的关系十分密切，主要有以下几点。

（1）从本质上讲，财政与社会保障都是以国家为主体的分配。财政是随着国家的产生而产生的，是为了实现国家的职能，凭借国家的权力并以其为主体，对社会产品进行的一种分配。而社会保障是随着生产力的发展，劳动者之间形成了社会分工，"社会"作为一个实体出现在人们身边并制约着人们的活动时产生的，而国家是社会的发展形式或者说是最合适的代表，因而，社会保障分配与财政分配主体一样，两者都具有强制性的特征。从资金来源形态上看，社会保障资金可以由多种渠道筹集而成，但从本质上说，社会保障资金只能来源于国民收入，因此它与财政分配的客体也相同。从具体的财政收支活动来看，财政可通过征收社会保障税（工薪税）的形式将企业和个人应该承担的并应该由全社会统筹的社会保障基金集中起来，然后再通过国家预算支出的安排，满足社会保障在运行过程中必须由国家提供资金的需要。

（2）从收入上讲，社会保障（险）税既是社会保障筹资的重要手段，也是一项财政收入形式。社会保障的筹资方式主要有两种：一是交费，一是交税。从保证社会保障基金的稳定增长角度来看，当然是交税比交费好，因为税收具有强制性和固定性。社会保障税既然是一种税，它理所当然是财政收入的一种形式。从交费角度看，财政可强制规定交费的各项标准，并可将其纳入财政专户管理。

（3）从财政支出上讲，社会保障支出应该是财政支出中的一项重要支出。社会保障作为社会和经济发展的稳定机制，既需要为保障劳动者和社会成员基本生活方面的经常性支出，又需要修建各种社会福利设施的基本建设支出，前者属于消费基金支出，后者则属于积累基金的性质。在国民收入分配中，必须对消费基金和积累基金进行合理安排，才能保证社会保障事业的健康发展，而财政支出的合理分配对该比例起决定性作用。财政支出按经济性质划分为购买支出和转移支出两大类，转移支出主要包括社会保障支出、补贴支出、捐赠支出与债务利息支出等，西方国家社会保障支出已超过其他一切项目而位居榜首。

（4）从平衡上讲，社会保障预算应是财政预算的组成部分。社会保障基金是通过社会产品的分配和再分配形成的，以确保社会成员基本生活水平为特定目的的资金，对其应当实行独立的、专门的预算管理。西方市场经济国家都采取在财政预算中安排和组织社会保障资金的办法，使之成为重要的财政宏观调控手段。在美国联邦政府的财政预算中，除了联邦政府的行政预算外，还有各类基金，其中通过社会保险税组织的财政收入，便列入专门的老年、遗属、残废保险信托基金，成为联邦政府实施社会保障计划的主要资金来源，占联邦政府财政收入的1/3以上。

（5）从管理上讲，社会保障预算是国家财政进行宏观调控的手段。国家财政对社会和经济发展宏观调控的基本目标是实现总供给和总需求的平衡。而实现这一目标的关键是调节社会总需求。由于社会保障的各个方面都是制度化的，社会保障的收支特别是支出与财政收支以及整个国民经济的运行构成某种函数关系，基于这种联系，使得社会保障能对国家财政的需求调控起到配合作用，因而成为具有"内在稳定器"作用的财政宏观调控手段的组成部分。

在经济衰退时期，失业人数及低收入家庭增多，需要扩大社会保障支出规模，财政相应增加转移支付，以刺激需求，摆脱经济困难，促进复苏的早日到来；在经济繁荣时期，就业率及家庭收入增加，需要社会保障提供援助的家庭及个人减少，社会保障支出规模会自动缩小，财政相应减少转移支付，可以抑制需求，进而维持经济持续、协调发展，社会保障支出随着经济周期而发生的反方向变化，可以缓和经济波动，这已被西方发达国家经济发展的事实所证实。

在经济正常发展的过程中，社会保障的宏观调控作用首先表现在财政通过组织社会保障收入，从横向上可以均衡经济负担，为企业在同一起跑线上展开竞争创造良好的外部环境；从纵向上可以对社会成员之间的收入分配差距进行必要的调节，缩小贫富差距，有利于社会安定。其次表现在财政通过安排社会保障支出有目的地贯彻国家的社会政策，向社会成员提供物质帮助。最后，财政通过提高社会保险税率，在增加社会保障收入的同时，可以减少一部分高收入者的消费需求，而财政提高社会保障给付标准，增加社会保障支出，可以增加一部分低收入者的消费需求，从而调节需求结构。

5.2　财政补贴

5.2.1　财政补贴的含义和分类

1. 财政补贴的含义

财政补贴是国家为了某种特定需要而向企业或居民个人提供的无偿补助。从性质上讲，财政补贴显然是一种转移性支出，与社会保障支出一样。这种无偿补助直接或间接与价格因素有关，主要是在一定时期内，对生产或经营某些销售价格低于生产成本的企业或因提高销售价格而给予企业或消费者的经济补偿。它是政府通过对分配的干预，用来调节国民经济和社会生活的一种手段，目的是定向支持生产发展，调节供求关系，稳定市场价格，维护生产经营者和消费者的利益。

2. 财政补贴的分类

财政补贴可依据不同标准进行分类。

（1）从补贴对象划分，财政补贴可以分为个人补贴和企业生产经营补贴。

（2）从财政补贴列收列支的不同方法划分，可分为财政直接列入支出和冲减财政收入两种方法。世界大多数国家将财政补贴全部列入财政支出，我国将企业政策性亏损补贴以冲减收入方法处理，只有除此以外的其他补贴才在财政支出中列支。

（3）从财政补贴的环节划分，分为生产环节补贴、流通环节补贴和消费环节补贴。

（4）从补贴的经济性质划分，可分为生产补贴和生活补贴。

（5）从财政补贴的透明度划分，可分为明补和暗补。我国的财政补贴，无论是对个人生活还是对企业生产经营，都有明补和暗补两种形式，减免税和退税之所以算财政补贴支出，是因为财政主要是基于支持和照顾的支出政策，而不是收入政策。减免税实际上是财政用收入去对企业补贴，而且补贴的功能也与一般对企业的补贴相同。

5.2.2 财政补贴的经济调节作用

1. 财政补贴对供求结构的影响

财政补贴可以改变需求结构。人们的需求客观上有一个结构，决定这个结构的因素主要有两个：一是人们所需要的商品和劳务的种类；二是各种商品和劳务的价格。一般说来，商品或劳务的价格越低，需求越大；商品或劳务的价格越高，需求越小。既然价格的高低可以影响需求结构，那么能够影响价格水平的财政补贴便有影响需求结构的作用。

2. 财政补贴对相对价格和资源配置具有特殊影响

财政补贴的数额与有关商品和劳务的价格变动有密切的联动性关系，由于财政补贴所涉及的商品和劳务毕竟只是全部商品和劳务中的一部分，因此补贴进入市场后必然导致原来的相对价格体系发生变动。在市场经济中，市场对资源配置起基础性作用，而市场对资源配置又主要通过市场的价格信号进行。因此，财政补贴对相对价格体系产生的影响，必然同时对资源配置产生调节作用。正因为如此，财政补贴可以被政府用作宏观调控的手段之一来调节市场失灵。

3. 纠正不合理的价格结构，有助于价值规律发挥作用

以粮食价格补贴为例，此类补贴是由提高粮食的收购价格引起的，而提高粮食收购价格是为了纠正价格中的扭曲因素，逐步消除工农产品剪刀差，使农产品价格比较接近它的价值。就这个意义来说，粮食价格补贴是对粮食生产必要耗费的一种补贴，毫无疑问，它是符合价值规律的，但用补贴来改变相对价格结构，只是使价值规律部分地发挥作用。仍以粮食价格为例，在过去的情况下，粮价补贴是支付给商业部门的，商业部门得到补贴，得以维持粮食的售价不因购价的提高而提高，在这里，支付

给企业（粮食部门）的补贴事实上是对消费的补贴。按照价值规律的正常要求，当粮食购价提高后，商业部门理应相应提高售价；售价提高后，职工实际工资下降，应相应地提高工资；提高工资后，企业利润可能下降，上缴税利则会减少。这样一系列的反应，可能为经济社会难以承受，即便可以承受，于国家的社会福利目标也可能无益。在这里粮价补贴切断了这一反应链条。它的作用就在于使价值规律在一定的范围内发挥有利的作用。

4. 纠正市场缺陷，借以实现国家的社会福利目标

价值规律的最重要作用是优化资源配置。但如果让它自发地去起作用，就不可避免地会产生周期性的剧烈波动。当出现经济波动时，政府给某些生产者以价格补贴，如粮食生产过剩时实行保护价格，以维护生产者的利益和积极性，或者对某些超出社会需要的产品给以补贴，暂时维持生产和工人就业，以利于资源合理配置。

借助于价值规律优化资源配置，其主要着眼于效率，它必然将资源导向经济效益高的部门和经济发达地区，同时会引起国民收入分配在不同收入阶层之间发生较大的差异。在这种情况下，适当运用补贴手段，有利于促进落后地区的经济发展和调节 GDP 的分配。

以上情况，都可以看作是通过价格补贴有意识地运用价值规律的作用，来达到某种社会经济目标。如此看来，财政补贴是用来改变相对价格结构的，由于社会经济性质不同，实际存在的作为社会经济运行条件的相对价格结构的状况不同，财政补贴作用的方向是不同的。在计划价格体制下，当相对价格结构扭曲时，价格补贴的基本作用应是纠正价格结构的扭曲，从而弥补计划价格的不足。在自由价格体制下，价格补贴则被用来有目的地改变这种价格结构，克服自由价格的自发性带来的消极作用，以实现自由价格机制所不能实现的社会目标。

第6章

财政收入

6.1 财政收入的形式与结构

财政收入形式是指政府取得财政收入所采取的具体方式或方法。财政收入形式是特定财政分配关系的反映，也是财政政策在收入上的具体体现。科学地选择财政收入的形式，有利于合理组织财政收入、调节人们的经济利益、协调生产关系和生产力以及上层建筑和经济基础之间的矛盾。

6.1.1 财政收入的形式

1. 财政收入形式的客观性及选择依据

财政收入的形式反映社会生产力发展水平，体现社会经济结构，与社会经济形式和管理体制有着密切关系。进一步讲，财政收入是由社会再生产过程中各种经济利益关系的相互作用形成的。每一种收入形式的产生都是社会经济运行的客观需要，都有其经济根源和历史根源。那么，在一定的社会经济条件下取得财政收入的形式受哪些因素的制约呢。

（1）生产资料所有制是决定财政收入形式的主要因素。由于生产资料占有形式不同，反映的分配关系的性质不同，采取的分配形式也不相同。对于全民所有制的国有企业，其生产资料归国家所有，相应地，国家要以所有者的身份参与企业的初次分配，国有企业要以利润上缴的形式交纳一部分纯收入，同时，国家作为社会的管理者还可以凭借政治权力采取税收形式集中国有企业的一部分纯收入，以满足社会经济管理职能的需要。而对于非国有经济，由于国家不是这些经济组织的生产资料所有者，所以不能以利润上缴的形式直接参与其所创造的社会纯收入的分配，而只能凭借国家政治权力，采用税收的形式，从这些经济组织取得一部分财政收入。

（2）国家取得收入的目的是决定财政收入形式的又一重要因素。国家的某些财政收入形式的设立，不仅是为了取得收入，而且也是为了达到某种特定的目的。如发行国债，有时是为了弥补财政赤字、平衡财政收支，有时是为了国家的经济建设筹集资金。

可见，财政收入的形式是由收入所体现的分配关系和取得财政收入的目的共同决定的。

2. 财政收入的分类

1）按收入形式分类

（1）税收收入。税收是国家为了实现其职能，凭借政治权力，依照法律规定取得财政收入的一种比较固定的形式。它具有强制性、无偿性、固定性的基本特征，不受生产资料所有权归属的限制，因此是国家取得财政收入的一种最可靠的基本形式。同时，税收在取得财政收入的过程中，还能起到调节经济运行、资源配置和收入分配的重要作用。

（2）国有资产收益。国有资产收益是国家凭借国有资产所有权所应获取的经营利润、租金、股息（红利）等收入的总称。在现代企业制度下，企业是独立于投资者享有民事权利、承担民事责任的经济实体，具有法人资格。企业中的国有资产属于国家，企业则拥有包括国家在内的出资者投资形成的全部法人财产权。其中，所有权是指财产所有者对财产依法享有的占有、使用、收益和处分的权利；企业法人财产权是指由所有者委托或授权，企业依法对营运的财产形式的占有、使用、收益和处分的权利。在所有权和财产权分离的条件下，财政分配主体与企业分配主体也由过去的合二为一变为相对分离，以政府为主体的财政分配中不再包含以企业法人为主体的财务分配，财政不再统负企业盈亏。这样，财政与企业的分配关系，除了对各类企业的税收关系外，对国有企业或拥有国有股份的企业还有一层规范的资产收益分配关系，即国家以国有资产所有者身份采用上缴利润、国家股分红等形式，凭借所有权分享资产收益，然后通过国有资产经营预算支出用于新建国有企业投资，对股份制企业的参股、控股以及对国家股的扩股、增资、兼并购买产权或股权等，以保持公有制资产在社会总资产中的优势。

（3）债务收入。债务收入是指国家以债务人的身份，按照信用的原则从国内外取得的各种借款收入。它包括在国内发行的各种公债（国库券、财政债券、保值公债、特种国债等），向外国政府、国际金融组织、国外商业银行的借款以及发行国际债券等取得的收入。在现代社会里，公债因具有有偿性、自愿性、灵活性和广泛性等基本特征，并具有弥补财政赤字、调剂国库余缺、筹集财政资金和调控经济运行等多种功能，已成为一种不可缺少的重要财政收入形式。

（4）收费收入。一般来说，收费形式是国家政府机关或国家事业机构等单位，在提供公共服务、产品、基金或批准使用国家某些资源时，向受益人收取一定费用的一种财政收入形式。它主要包括规费收入、国家资源管理收入、公产收入等。收费收入涉及面广，收入不多，在财政收入中占有比重较小，但政策性强。国家采用收费这种形式，主要是促进各单位和个人注重提高效益，发挥调节其社会经济生活的作用。收费形式贯彻利益报偿原则和费用补偿原则。利益报偿原则是指根据收益当事人所受利益大小来确定所交纳的费用数额；费用补偿原则是指政府根据所提供的服务或产品、设备的成本来确定征收费用的数额。通常以利益报偿原则为征费的上限，以费用补偿原则为征费的下限，即收费的最高限额应根据利益报偿原则确定，最低限额应根据费用补偿原则确定。

2）按收入性质分类

财政收入按经济性质分类，可以分为无偿收入和有偿收入。无偿收入主要包括国家凭借政治权力征收的税收收入，这占整个财政收入相当大的份额。无偿取得的收入主要用以满足国家行政管理、国防、社会科学文教卫生等消费性的经费支出。有偿收入主要指债务收入，主要用于国家的经济建设支出和弥补财政赤字。

3）按收入层次分类

按财政收入的层次，可以分为中央财政收入与地方财政收入。

（1）中央财政收入是指按照财政预算法律和财政管理体制规定，由中央政府集中和支配使用的财政资金。中央财政收入主要来源于国家税收中属于中央的税收，中央政府所属企业的国有资产收益，中央和地方共享收入中的中央分成收入，地方政府向中央政府的上解收入及国债收入等。中央政府财政在一国纵向财政结构中居于主导地位，担负着国家安全、外交和中央国家机关运转所需费用，调整宏观经济结构、协调地区经济发展、实施宏观调控所必需的支出以及跨省际重大基础设施建设和重要事业发展支出等重任。因此，按照财权与事权相结合原则，单一制国家的中央政府一般把财源稳定、充沛和涉及宏观调控的税种和非税财政收入直接控制在自己手中；联邦制国家则通过联邦宪法规定联邦政府拥有课税优先权和举债优先权，来确保中央（联邦）政府收入的主导地位。

（2）地方财政收入是指按照财政预算法或地方财政法规定划归地方政府集中筹集和支配使用的财政资金。地方财政收入主要来源于地方税，地方政府所属企业的国有资产收益，共享收入中的地方分成收入以及上级政府的返还和补助收入等。在多级政府财政体系中，地方政府财政往往又由两级或两级以上构成，各级地方财政分别担负着区域政权机关运转所需费用和分级提供公共产品，满足企业和居民公共需要的职责，因此，地方财政在纵向财政结构中居于基础地位。在构建纵向财政结构时，须保证地方各级财政有自己稳定可靠的收入来源。

财政收入的层次分类，便于分析研究一国在一定时期内的财政收入纵向结构及其发展趋势，构建中央主导型收入结构，在保证中央正常合理的自身开支外，还有能力通过转移支付制度调节地区间财政经济发展差距，促进经济社会协调发展。

6.1.2 财政收入结构

1. 财政收入结构划分的标准

财政收入结构是财政收入的构成因素以及各因素之间的相互关系，主要指财政收入的来源结构，它反映了财政收入的基本构成内容及其各类收入在财政收入总体中的地位，同时也反映了一定时期内财政收入的来源和财政收入政策调节的目标、重点和力度。对财政收入进行结构分析，目的在于揭示财政收入的结构与经济结构之间的内在联系及其规律性，理顺分配关系寻求增加财政收入的途径，加强对现有收入的监督和管理。

财政收入的来源结构包括财政收入的价值结构和经济结构。财政收入的经济结构包括财政收入的社会经济结构和国民经济结构，其中社会经济结构即所有制结构；国民经济结构包括部门结构、产品结构、地区结构、技术结构等，其中部门结构是最主要的因素。财政收入在这两方面的结构，实际上是生产关系结构和生产力结构的体现，若结构合理，生产就能有效地发展，财政收入也能不断地增长。

2. 财政收入的价值结构

社会产品价值包括 C，V，M 三部分。

1）C 与财政收入

C 表示补偿生产资料消耗的价值，又叫补偿基金，一般可以分为两部分。一部分是补偿消耗掉的原材料等劳动对象的价值，只要企业的再生产不间断地持续下去，这部分补偿就必须不断再用于购买新的劳动对象投入生产。因此，它不能构成财政收入的来源。另一部分是补偿机器设备、厂房等固定资产耗费的价值。固定资产价值的补偿和实物更新是不一致的，其物质形态的补偿是通过固定资产的更新来实现的，而价值形态的补偿则是通过从销售收入中提取折旧基金来实现的。由于折旧基金是随着固定资产的磨损逐步提取的，而固定资产在报废后才需要更新，因此折旧基金从提取到使用有一段时间间隔，在这一时间内它可以被当作新的资金追加投资。也正是由于折旧基金所具有的积累的属性，所以在传统的高度集中的财政体制下，国有企业的折旧基金曾全部或部分地上缴财政，成为财政收入的一个来源。但从建立现代企业制度和维护企业经营管理权限来看，折旧基金属于企业自主支配的资金，是简单再生产的范畴，由企业管理使用为宜。所以，从1985年2月，国务院决定，中央财政不再集中企业的折旧基金，至于地方财政、主管部门是否集中，由地方根据自己的实际情况而定。不过从理论上讲，还不能绝对排除折旧基金作为财政收入来源的可能性。

2）V 与财政收入

V 表示劳动者为自己劳动所创造的必要劳动价值，属于个人消费基金的范畴。V 能否构成财政收入的来源需做具体分析，第一，从个人货币收入层次看，V 在总体上是由社会平均维持劳动力再生产的费用决定的，应全部留归劳动者个人。但由于客观上存在着劳动力上的差别，以及社会产品分配中存在多种个人收入分配形式，各个劳动者实际得到的货币收入在数量上是不同的。一部分高收入者的收入远远高于社会平均必要产品价值；另一部分低收入者的收入则低于社会平均必要产品价值。为了维护收入分配的公正、合理，保持社会稳定，政府应以社会管理者身份凭借政治权力采用税收形式对高收入者进行再调节，对低收入者进行补偿，可见此时 V 构成了财政收入的来源。第二，从个人收入的消费层次看，个人收入用作消费的部分可分为三个层次，一是维持劳动者自身及家属最低限度的生活需要；二是用于发展个人专门技能或知识能力方面的需要；三是用于业余消闲或享受部分的支出。在现代文明社会，维持合格劳动力再生产的费用应主要包括前两部分，它一般不应成为财政分配的对象；而第三部分则有很大的伸缩性，尤其与收入水平相关联，因此，对用于这一消费层次的收入可采用税收形式予以适当调节，对个人课征所得税或特定消费品课征消费税，最终都应以第三部分消费支出来负担。

3）M 与财政收入

M 表示新创造的价值中归社会支配的剩余价值，它是财政收入的基本源泉。因为从社会产品价值构成上来看，财政收入主要来自于 M 部分，只有 M 多了，财政收入的增长才有坚实的基础。正如马克思所指出的"富的程度不是由产品的绝对量来计量，而是由剩余产品的相对量来计量"，这句话道出了财政收入与 M 的关系。

既然 M 是财政收入的基本源泉，那么增加财政收入的根本途径就是增加 M。这就是要分析影响 M 增减变化的因素。从而找出影响财政收入的因素。在国民经济中影响 M 增减变化的因素主要有三个：产量、成本和价格。在产品成本和价格一定的条件下，扩大生产、增加产量和产值，必然同时也增加 M，其是决定财政收入规模和增长速度的基础。在产品产量和价格不变的情况下，成本与 M 成反比例变化，即成本提高，则 M 减少，财政收入也相应减少；反之，成本降低，则 M 增大，财政也相应增多。因此增加财政收入的根本途径是降低成本、提高经济效益。

3. 财政收入的经济结构

1）财政收入的社会经济结构

财政收入的社会经济结构就是指所有制结构。财政收入由不同所有制经营单位所上缴的利润、税金和费用等部分构成。中国政府的财政收入一直以国有经济为主体。

财政收入结构的变化趋势与中国经济体制的发展过程大体吻合。建国初期，个体和私人经济在国民经济中占有相当大的比重，来自于两者的财政收入占40%以上。随着社会主义改造的进行，国有经济和集体经济的比重急剧增加，"一五"时期来自国有经济的财政收入达69.4%，来自集体经济的财政收入为9.8%，个体和私营经济则退居次要地位。之后的经济体制使国有化程度进一步提高。1979年以后，随着经济体制改革，集体经济和其他经济成分有了较快的发展，提供的财政收入逐年增加，国有经济的比重有所下降。

2）财政收入的部门构成

（1）农业与财政收入。农业是国民经济的基础，也是财政收入的一个基本源泉。农业的基础地位是由其自身的特点所决定的。作为物质生产部门的农业，其基本特点是农产品的社会再生产和自然再生产是一致的，自然形态的农产品，重新成为自身再生产的手段。农业的状况如何，对于整个国民经济的发展、市场物价的稳定及人民生活的改善等关系重大，农业直接或间接地提供财政收入，是财政收入的基本源泉之一。具体表现为：第一，农业直接以农业税和农村其他税收形式向国家提供一部分财政资金。第二，由于农业与工业、商业、外贸出口等有密切的联系，农业的丰欠直接影响整个国民经济的发展，进而成为影响财政收入的一个重要条件。

（2）工业与财政收入。工业是国民经济的主导，也是财政收入最直接的主要源泉。工业产值在国民生产总值中占的比重最大；同时，工业部门的劳动生产率和剩余产品价值率都比农业高，因此，来自工业部门上缴的各项税收和国有资产收益成为财政收入的支柱。工业部门增长速度、质量、效益的变化，以及财务制度和利润分配制度的调整，都成为影响整个国民收入增长态势的基本因素。工业有重工业与轻工业之分。重工业为国民经济各部门提供原材料等基础产品和先进技术装备，特别是生产设备，成为先进社会生产力量和先进生产力的承担者，是实现国民经济技术改造的物质技术基础。同时，重工业自身技术装备先进，劳动生产率高，资本、技术密集，加之石油化工业的飞速发展，重工业提供的财政收入越来越多；轻工业同农业、重工业均有密切联系，它主要提供各种消费资料，是城乡人民生活水平提高的重要物质保证。同时，轻工业的发展可以大量吸收重工业产品和农产品，是重工业和农业的重要市场，轻工业还具有投资少、建设周期短、收效快、积累多等特点，长期以来为国家提供了大量的财政收入。

（3）交通运输业、商业与财政收入。交通运输业和商业是连接生产与消费的桥梁和纽带，从总体上讲属于流通过程。流通过程是生产过程的继续。在市场经济条件下，实现商品价值和使用价值是运输业、邮电业、内外贸企业的基本职能。交通运输作为生产在流通领域的继续，是一种特殊的生产活动，交通运输部门提供的财政收入，是交通运输部门的劳动者在商品运输的劳动中创造的价值。同时，交通运输沟通商品交换，促进商品流通，对最终实现工农业产品价值和财政收入起着重要的保护作用。商业是以货币为媒介从事的商品交换活动，是商品的价值和使用价值实现的过程。商业职工的劳动有一部分如商品流通中的商品搬运、包装、仓储、简单加工等属于价值创造活动，直接为国家创造一部分财政收入，但更重要的是通过商品交换实现工农业生产部门创造的纯收入，从而实现国家财政收入。所以，交通运输业和商业是财政收入的重要源泉。

随着社会生产力的发展和产业结构的变化，包括金融保险业、旅游业、饮食服务业、娱乐业等在内的各个产业也迅速发展，这些部门提供的 GNP 的比重有不断扩大的趋势。随着我国服务业的加速发展和服务价格的市场化，来自服务业的财政收入呈日益增长趋势。

6.2 财政收入规模分析

6.2.1 财政收入规模的含义及衡量指标

财政收入规模是指在一定时期内（通常为一年），国家以社会管理者、国有资产所有者或债务人等多种身份，通过税收、国有资产收益和公债等多种收入形式占有的财政资金的绝对量或相对量。

1. 财政收入规模的绝对量及其衡量指标

财政收入规模的绝对量是指一定时期内财政收入的实际数量。从静态分析，财政收入的绝对量反映了一国或一个地区在一定时期内的经济发展水平和财力集散程度，体现了政府运用各种财政收入手段调控经济运行、参与收入分配和资源配置的范围和力度。从动态分析，即把财政收入规模的绝对量连续起来分析，可以看出财政收入规模随着经济发展、经济体制改革以及政府机制在调控经济运行、资源配置和收入分析中的范围、力度的变化趋势。

衡量财政收入规模的绝对指标是财政总收入，它是一个有规律、有序列、多层次的指标体系。

2. 财政收入规模的相对量及其衡量指标

财政收入规模的相对量是指在一定时期内财政收入与有关经济和社会指标的比例。体现财政收入规模的指标主要是其相对量，即财政收入与国民经济和社会发展有关指标的关系。衡量财政收入相对规模的指标通常有两个：一是财政收入占国民生产总值（GNP）或国内生产总值（GDP）的比例；二是税收收入占国民生产总值（GNP）或国内生产总值（GDP）的比重。

1）财政收入占 GNP 的比例

这一指标反映了在财政年度内 GNP 中由国家以财政方式筹集和支配使用的份额。它综合体现了政府与微观经济主体之间占有和支配社会资源的关系，体现了政府介入社会再生产分配环节调控国民生产总值分配结构，进而影响经济运行和资源配置的力度、方式和地位等。在 GNP 一定时，财政收入占 GNP 比例越高，表明社会资源由政府通过财政预算机制集中配置的数额越多；私人经济部门的可支配收入相应减少。或者说，在整个社会资源配置中，政府配置的份额扩大，市场配置的份额相对缩小，从而引起社会资源在公共产品与私人产品之间的配置结构的变化。反之，财政收入占 GNP 的比例越低，表明政府介入国民生产总值分配和直接配置资源的份额和力度就越小，市场配置的作用和地位也就相对增强。

财政收入占 GNP 的比例是衡量一国财政收入规模的基本指标，其他指标如财政收入占国内生产总值（GDP）或国民收入的比例、公共财政收入占 GNP 或国民收入的比例，以及在分级财政体制下中央政府财政收入或地方政府财政收入占 GNP、GDP、国民收入的比例等，都可由这个基本指标推导出来。

2）税收收入占 GNP 的比例

税收已成为现代财政收入中的最主要、最稳定和最可靠的来源，税收收入通常占财政总收入的90%左右。因此，财政收入的相对规模在很大程度上可由税收收入占 GNP 的比例体现出来。税收收入占 GNP 的比例又称为宏观税负率，它是衡量一国（地区）宏观税负水平高低的基本指标。

6.2.2 制约财政收入规模的因素

财政收入规模是衡量国家财力和政府在社会经济生活中职能范围的重要指标。纵观世界各国历史，保持财政收入持续稳定的增长始终是各国政府的主要财政目标。但是财政收入的规模及其增长速度并不只是以政府的意愿为转移的，它要受到各种政治、经济条件的制约和影响。财政收入规模具有客观性，它是多种因素共同作用的结果。其制约因素大致可分为两类：一是影响财政收入规模的绝对量因素；二是影响财政收入规模的相对量因素。

1. 影响财政收入规模的绝对量因素

1）经济发展水平

经济发展水平对财政收入的影响是最为基础的。经济发展水平从总体上反映一个国家社会产品的丰富程度和经济效益的高低，只有经济发展水平提高，才能使财政收入的总额增大。从世界各国的实际情况看，发达国家在财政收入规模的绝对数和相对数两方面均高于发展中国家。

经济发展水平对财政收入规模的制约关系可以运用回归分析方法作定量分析，回归分析是考察经济活动中的两组或多组经济数据之间存在的相关关系的数学方法，其核心是找出数据之间相关关系的具体形式，得出历史数据，借以总结经验，预测未来。假设 Y 代表财政收入，X 代表国民生产总值，则有公式：$Y=a+bX$，其中 a 和 b 为待定系数。这里需要说明：尽管回归分析是一种科学的定量分析方法，但其应用也是有条件的，当有关经济变量受各种非正常因素影响较大时，应用回归分析就不一定能得出正确的结论。为了解决此类问题，在进行回归分析之前往往需要作一些数据处理，通常在数据中剔除非正常的和不可比的因素。

2）生产技术水平

生产技术水平内涵于经济发展水平之中，也是影响财政收入规模的重要因素。较高的经济发展水平以较高的生产技术水平为支柱，所以对生产技术水平的分析是对经济发展水平分析的深化。

生产技术水平指生产中采用先进技术的程度，它对财政收入规模的制约，一是技术进步导致生产速度加快、生产质量提高，技术进步速度越快，社会产品和 GNP 的增长也越快，财政收入的增长就有充分的财源；二是技术进步必然带来物耗降低，经济效益提高，剩余价值所占的比例扩大。由于财政收入主要来自剩余产品价值，所以技术进步对财政收入的影响更为直接和明显。

3）收入分配政策

制约财政收入规模的另一个重要因素是政府的分配政策和分配体制。分配政策对财政收入规模的制约主要表现在两个方面，一是收入分配政策决定剩余产品价值占整个社会产品价值的比例，进而决定财政分配对象的大小，即在国民收入既定的前提下，剩余产品价值占国民收入的比重；二是分配政策决定财政集中资金的比例，即剩余产品价值中财政收入所占的比重。

4）价格因素

价格因素对财政收入的影响是，产品或劳务的价格上涨会导致名义财政收入增加。具体地说，一是价格上涨会相应扩大税基，使名义税收增加。在税率一定时，价格上涨，税基扩大，财政收入增加。二是名义收入的增加和税基的扩大，会引起税率的变化。在累进税制下，较高的收入会使纳税人自动地进入到较高的纳税等级，甚至原来不纳税的人也会因名义税收的增加而自动进入纳税人行列，因而也会使名义财政收入增加。

2. 影响财政收入规模的相对量因素

影响财政收入规模的相对量因素包括间接因素与直接因素两个方面。间接因素是指影响财政收入绝对量的各个因素最终要间接地反映到财政收入的相对量上来。这里仅就直接因素作以分析。

1）体制因素

体制因素直接影响财力集中度。在其他因素一定时，一般实行计划经济体制的国家，其财政集中度要高于实行市场经济体制的国家；同一国家如中国，在计划经济体制时期与在社会主义市场经济体制时期，其财政集中度也大不相同，其差异源于不同财政经济体制下的政府职能和财政职能的不同。

2）财政政策因素

财政收入占 GNP 的比例还受到财政政策的制约。在财政支出一定时，若经济运行状况需要政府实施扩张性财政政策，则要求减税，降低财政收入占 GNP 的比例，或者说这一比例的降低反映了财政政策的扩张性。同理，紧缩性财政政策要求提高这一比例，或者说这一比例的提高反映了财政政策的紧缩性。

6.2.3 财政收入规模的确定

1. 合理确定财政收入规模的重要性

适度的财政收入规模是保证社会经济健康运行、资源有效配置、国民收入分配使用结构合理、财政职能有效发挥，从而促进国民经济和社会事业的稳定、协调发展的必要条件。

（1）财政收入占 GNP 的比例影响资源的有效配置。在市场经济中，市场主体主要包括企业、居民和政府三个部分。各个主体对国民经济和社会发展具有不同的职能作用，并以一定的资源消耗为实现其职能的物质基础。而社会经济资源是有限的，各利益主体对资源的占有、支配和享用客观上存在着此消彼涨的关系。按照边际效益递减规律，无论哪一个利益主体的资源投入增量超过了客观上所需要的数量，就整个社会经济资源配置而言，都不会实现资源配置的最优化。问题的焦点集中在政府对有限经济资源的集中配置程度即财政收入占 GNP 的比重上。理想状态的集中度，应是政府集中配置的资源与其他利益主体分散配置的资源形成的互补关系，或者形成合理的私人产品与公共产品结构，使一定的资源消耗获得最优的整体效益。

（2）财政收入占 GNP 的比例影响经济结构的优化。在一定时期内，可供分配使用的国民生产总值是一定的，但经过工资、利息、利润、财政税收等多种分配形式的分配和再分配最终形成的 GNP 分配结构则有可能是多种多样的。分配结构不同，对产业部门结构的影响也就不同。在 GNP 一定时，若政府财政集中过多，就会改变个人纳税人的可支配收入用于消费与投资的结构，税负过高也会降低企业纳税人从事投资经营的积极性。若消费与休闲因政府加税而变得相对较低，人们就愿意选择消费和休闲，致使国民生产总值在投资与消费之间的结构失衡。当然，在宏观财税负担一定时，若财税负担在不同产业部门、不同地区、不同所有制等之间的分布不合理，也会通过误导生产要素向财税负担相对较轻的产业、地区和所有制的不合理流动，而造成 GNP 的生产与分配结构失衡，影响整个国民经济的稳定协调发展。

（3）财政收入占 GNP 的比例既影响公共需要的满足，也影响个别需要的满足。经济生活中的任何需要（公共需要和个别需要）都要以 GNP 所代表的产品和劳务来满足。政府征集财政收入的目的在于实现国家职能，满足公共需要。公共需要是向社会提供的安全、秩序、公民基本权力和经济发展的社会条件等方面的需要。其中，既有经济发展形成的公共需要，又有社会发展形成的公共需要。前者的满足，可直接推动社会经济发展；后者的满足则可直接推动社会发展并间接推动经济发展。总之，满足公共需要实际上形成了推动经济、社会发展的公共动力。GNP 中除财政集中分配以外的部分，主要用于满足个别需要。个别需要是企业部门和家庭的需要，满足个别需要是经济生活中形成个别动力的源泉。个别动力对国民经济发展具有直接的决定作用，实际上，公共动力对经济社会的推动作用最终也要通过个别动力来实现。而个别动力对经济的决定作用也需借助于公共动力的保障来实现。在 GNP 一定时，需要寻找公共需要满足程度与个别需要满足程度的最佳结合点，实际上也就是财政收入占GNP 的合理比例。

（4）财政收入占 GNP 的比例是财政政策的终极目标，也是财政收入政策的直接目标。财政收支作为一个整体，其运作必须服从财政政策目标；财政收支作为相对独立的财政活动，不仅要有财政政策目标作为终极目标指向，而且还要有更为明确、具体的直接目标分别指示其运作的方向和力度，这些直接目标决定于财政政策目标，并具体指导着财政分配活动，可将其称为终极目标。

2. 财政收入规模的确定

财政收入规模是由多种因素综合决定的，不仅在不同国家的财政收入规模有较大差异，而且在同一国家的不同历史时期，财政收入规模也不相同。因此，在现实财政经济生活中，很难用一成不变的固定数值或比例来衡量世界各国各个时期财政收入规模的合理性。当然，这也并不是说适度、合理的财政收入规模就无法测定。实际上，在一定的时间和条件下，衡量一国财政收入规模是否适度、合理，大致有以下客观标准。

（1）效率标准。效率标准是指政府财政收入规模的确定应以财政收入的增减是否有助于促进整个资源的充分利用和经济运行的协调均衡为标准。① 资源利用效率。征集财政收入的过程，实际上是将一部分资源从企业和个人手中转移到政府手中的过程，转移多少应考察是否有助于提高整个资源的配置效率。若财政集中过多，虽然政府能为企业和居民提供良好的公共服务，但因相应加重了微观主体的财税负担，使微观经济主体的活动欲望、扩张能力、自主决策能力等都因缺乏资源基础而受到不恰当的限制，不利于经济发展和提高效率；若财政集中过少，微观经济主体虽然因减轻了财税负担而有足够的活力从事投资和消费活动，但同时也会因政府缺乏经济资源导致公共服务水准下降，从而直接或间接地增加微观经济主体的单位产品消耗、提高交易成本和消费结构畸型等，出现资源配置和利用的低效、浪费现象。总之，财政转移资源所产生的预期效率应与企业和个人利用这部分资源所产生的预期效率进行比较，若国家利用的效率高，则可通过提高财政收入占 GNP 的比重来实现转移，否则应降低这一比例。② 经济运行的协调均衡。一般来说，当经济处于良好态势时，财政收入规模应以不影响市场均衡为界限，即这时的财政收入规模应该既能满足公共财政支出需要，又不对市场和经济发展产生干扰作用。当经济运行处于失衡状态时，财政收入规模就应以能够有效地矫正市场缺陷，恢复经济的协调均衡为界限。

（2）公平标准。公平标准是指在确定财政收入规模时应当公平地分配财税负担。具体来说，就是财政收入占 GNP 的比例要以社会平均支付能力为界限，具有相同经济条件的企业和个人应承担相同的财税负担，具有不同经济条件的企业和个人应承担不同的财税负担。在公平负担的基础上，确定社会平均支付能力，并据以确定财政收入规模尤其是财政收入占 CNP 的比例。

第7章

税收收入

7.1 税收的含义和特征

7.1.1 税收的含义

税收是为了满足社会公共需要，政府凭借政治权力，按照法律规定，强制地取得财政收入的一种形式。

（1）税收是一种分配，体现着特定的分配关系。国家征税，就是把一部分社会产品和国民收入强制地转变为国家所有，归国家支配使用，征税的过程就是将一部分社会产品和国民收入从纳税人手中转变为国家所有的分配过程。不仅如此，国家征税的结果还会引起各社会成员占有社会产品和国民收入比例的变化，一部分社会成员占有的比例会减少。社会产品分配关系是社会生产关系的组成部分，因此，税收作为一个分配范畴，在不同的社会制度下，与该社会的生产关系的性质相适应，体现着性质不同的分配关系。

（2）税收是国家为了实现其职能而取得财政收入的一种方式。国家是阶级统治的工具，国家政权为了行使其职能，维持其正常的活动，必须耗用一定的物质资料，因而必须采取适当的方式取得财政收入，税收就是国家在一定客观经济条件下取得财政收入的一种方式。

（3）国家征税凭借的是政治权力。国家取得任何一种财政收入，总是要凭借国家的某种权力。马克思指出，在我们面前有两种权力：一种是财产权力，也就是所有者权力；另一种是政治权力，即国家的权力。从经济性质上看，税收同利润、利息、地租有相同的一面，但从取得方式上看却存在差别。取得利润、利息、地租是依靠占有的生产资料和资本，不是凭借政治权力；而税收是凭借政治权力，不是以生产资料和资本占有为依托的。

7.1.2　税收的特征

1. 税收的强制性

税收的强制性是指国家以社会管理者的身份，直接凭借政治权力，用法律、法令形式对征纳双方权利与义务的制约，具体表现就是以法律形式颁布的税收制度和法令。从根本上说，税收的强制性是由税收的依据即国家政治权力所决定的，因而它是一种超经济强制，不受生产资料所有制的限制，对不同所有者都可行使国家课税权。税收的强制性包括两个方面，一是税收分配关系的建立具有强制性，它是通过立法的程序确定的，国家依法征税，纳税人必须依法纳税，不允许有任何超越税法的行为。二是税收征收过程具有强制性。税收征税的法律保证是税法，税法从征税和纳税两方面来规范、约束、保护和巩固税收分配关系。

2. 税收的无偿性

税收的无偿性是指国家征税以后，税款就成为国家财政收入的一部分，由国家预算安排直接用于满足国家行使职能的需要，不再直接返还给纳税人，也不付出任何形式的直接报酬和代价。税收的无偿性是针对具体的纳税人而言的，就是说国家征税不是与纳税人之间进行等量财富的交换或补偿，而是纳税人无偿地向国家缴纳财富，国家不需要对原纳税人直接返还已纳税款，也不需要直接对纳税人提供相应的服务或给予相应的特许权利，它只是所有权的单向转移，税收的无偿性是针对具体纳税人而言的。明确税收的无偿性特征，可以把税收同国有资产收益、公债和规费收入等财政收入形式区别开来。

3. 税收的固定性

税收的固定性是指国家征税必须通过法律的形式，预先规定征税对象、纳税人和征税标准等征税规范，按照预定的标准征税。这些事先规定的事项对征纳双方都有约束力，纳税人只要取得了应纳税收入或发生了应纳税行为，就必须按照规定纳税。征收机关也必须按照预先规定的标准征收，不得随意变更标准。这样税收的固定性不仅体现在课税对象的连续有效性，还意味着课税对象和征收额度之间的关系是有固定限度的。所以，税收的固定性就包含时间上的连续性和征收比例上的限度性，固定性是国家稳定地取得财政收入的基本保证，也是税收区别于罚没、摊派等财政范畴的重要标志。

税收的三个形式特征是统一的整体。无偿性是税收这种特殊分配手段本质的体现；强制性是实现税收无偿征收的强有力的保证；固定性是无偿性和强制性的必然要求。税收的三个形式特征是缺一不可的统一整体，是税收区别于其他财政收入范畴的基本标志，也是鉴别财政收入是否是税收的基本标准。税收的形式特征不因社会制度的不同而改变。

7.1.3 税收的分类

税收分类就是按照一定的标准和方法，对形式或特点相同或相近的税种进行的系统分析、归纳和综合。

为了分析国家的税制结构、税源分布和税收负担，比较税种的特点和作用，合理划分中央财政与地方财政收入，正确制定税收政策和税收法规，加强税收管理，有必要按照不同的标准对不同的税种进行科学的综合和归类。

（1）以税收管理和使用权限为标准，可分为中央税、地方税、中央与地方共享税。中央税是指管辖权和收入支配权划归中央的税收；地方税是指管辖权和收入支配权划归地方各级的税收；中央与地方共享税是中央与地方共同课征或支配使用的税收。按照税收管理和使用权限明确划分中央税、地方税、中央与地方共享税，并完善各种税收体系，是与市场经济原则和公共财政原理相一致的，也是实现分税制财政体制的基础。它有利于规范中央与地方之间的财政关系；有利于事权、财权、财力的有机结合；有利于增强宏观调控能力和地方因地制宜地处理区域范围内的公共事务，提高财政管理效率和效益。

（2）以税收负担能否转嫁为标准，可分为直接税和间接税。直接税是指由纳税人直接负担、不易转嫁的税种，这种税的纳税人就是负税人。一般认为所得税和财产税属于直接税。间接税是指纳税人能够将税负转嫁给他人负担的税种，这种税的纳税人不一定是负税人。一般认为对商品课税属于间接税，如增值税、消费税、关税等。

（3）以税收的计税依据为标准，可分为从量税和从价税。从价税又称"从价计征"，是指以课税对象的价值或价格为计税依据的税收，如增值税、关税、房产税等都属于从价税。从量税又称"从量计征"，是指以课税对象的重量、面积、件数、容积等数量指标为依据，采取固定税额计征的税收。在西方国家从量税也称"单位税"。当从量税不受商品价格变化的影响时，有利于鼓励改进商品包装，从而增加企业利润，计算也比较简单，但如果课税对象等级划分过粗则不利于公平税负。当从价税受商品价格的影响时，即税额随商品价格的提高而增加，随商品价格的下降而减少，税收负担比较合理，但却不利于企业改进商品包装，因为包装费会加入商品价格，从而提高税额。

（4）以课税对象不同为标准，可分为对商品或劳务征税，对所得征税和对财产行为的征税。以课税对象划分税种是最基本、最常见的一种分类方法，即把税收分为三大类：对商品或劳务征税（根据商品或劳务的流转额进行课征）、对所得或利润的征税（根据纳税人取得的收入或利润额进行课征）、对财产征税（根据纳税人财产数量或价值额进行课税），其中对行为的征税划分在对商品或劳务课税中的消费税里。需要指出的是，由于世界各国税制千差万别，税种的设计方式各异，因而同样采用该种分类方法，划分结果也不尽相同。

7.2 税收的职能

7.2.1 财政收入职能

税收的财政收入职能是指税收所具有的取得财政收入，满足国家行使职能的物质需要的能力。人类社会中客观地存在着不同于私人需要的公共需要，为满足公共需要，就要由政府执行公共事务职能，而为保证政府顺利执行其公共事务职能，就要使其掌握一定的经济资源。税收是一种国民收入的分配形式，客观上能够形成国家的财政收入。国家为取得经济资源或其支配权，最理想的方式就是向人民征税。这使税收具有了取得经济资源或其支配权的职能。税收的这一职能，被称作财政收入职能。

7.2.2 社会政策职能

税收的社会政策职能是指税收所具有的调节财富分配、实现社会公平的能力。

税收是一种能够影响社会经济的分配形式，同时在社会主义市场经济条件下，国民收入的分配不可避免地存在着事实上的不平等，需要由国家进行适当的调整。社会主义市场经济承认财产所有权和劳动力所有权。在此前提下，国民收入的分配取决于生产要素的分配和各种生产要素在国民收入生产中所作的贡献。分配的原则：只有参与国民收入的生产，才能参与国民收入的分配；在国民收入生产中作出的贡献大，则在国民收入分配中占有的份额多。按照上述原则，如果生产要素分配不均，各种生产要素在生产中的贡献不同，国民收入的分配结果是不均等的。事实上，个人占有的生产要素存在较大差异，劳动力首先取决于个人的天赋，此外，还取决于在教育上的投资，而每个人的天赋和在教育上的投资是不同的。在这种情况下，国民收入的分配必然存在很大的不均等性。但从社会的角度来看，每个人都具有同等的生存权利和发展权利。为了实现这种权利，就要保证最基本的消费需要，从而就要占有大体均等的国民收入，即某种程度的平均分配。否则就会造成社会成员之间的矛盾冲突，导致整个社会的动荡不安。为此，就要由国家对国民收入的分配进行适当的调节，以达到矛盾双方都能接受的某种公平状态。在社会主义市场经济条件下，国家调节收入分配有多种方法，如农产品价格维持制度和劳动者最低工资制度等。税收与其他各种方法相比，具有代价最小、效果最大的特点。因此，国家为调节国民收入的分配，有必要选择和运用税收方法，这使税收具有了社会政策职能。

7.2.3 经济调控职能

税收的经济调控职能是指税收所具有的调节经济运行、保持经济效率和稳定增长的能力。在社会主义市场经济条件下，微观经济组织是以利润最大化为目标来组织生产活动的。在此条件下，资源的配置首先取决于生产者自身收益与自身成本的对比关系，配置的原则是使收益大于成本并有较大的盈余。其结果是在自身收益大于自身成本的领域，督促投资者昂首阔步；而在自身成本大于自身收益的领域，则使投资者畏缩不前。这是保证生产的连续进行和不断发展的必然结局。为了实现整个社会经济资源的有效配置，需要由国家对资源配置进行适当的调节。税收可以作为国家调节资源配置的重要手段，如为鼓励社会收益项目，国家可以采取低税、减税和免税的方法；为限制社会成本项目，国家可以采取征税或加重课税的办法，这就使税收具有了调节微观经济的职能。从宏观角度来看，在社会主义市场经济条件下，整个社会的投入水平和产出水平是由需求水平决定的。需求分为消费需求和投资需求。消费需求取决于人们的"边际消费倾向"，即收入中用于消费的部分所占的比重。其基本趋势是，随着收入的增加，边际消费倾向逐步降低，即消费所占比重下降，储蓄所占比重上升。因而，随着经济的增长，消费需求会相对不足。储蓄是否用于投资，取决于生产者的投资需求，投资需求取决于资本的边际效率，即预期利润率和利息率的对比关系。其基本趋势是，随着投资的增加，资本的边际效率，即预期利润率和利息率的对比关系会下降，如果利息率不能相应地下降，则随着经济的增长，投资需求会相对不足。消费需求和投资需求的相对不足，先是不可避免地导致生产下降，进而不可避免地造成大量失业。为了避免出现这种局面，就需要国家对总需求进行适当的调节。国家对总需求的调节可以运用货币政策，也可以运用财政政策，更多的时候是两者相互配合，协调运用。运用财政政策调节总需求又有收入和支出两种手段。在支出的刚性较大，支出手段的作用力度十分有限的情况下，收入手段的作用显得相对突出。税收占财政收入的90%以上，收入手段的作用主要就是税收的作用。国家为了保持经济的稳定增长，必然把税收作为一个重要的杠杆，这使税收具有了调节宏观经济的职能。

7.3 中国税制及构成要素

7.3.1 中国税制

税制是税收制度或税收法律制度的简称，它是国家税收法律法规和征收办法的总称，是国家向纳税人征税的法律依据。企业作为纳税人，必须按照税制规定，依法纳税和进行税务筹划管理。

我国税制按立法级别可划分为四个层次：第一层是由全国人民代表大会批准通过并发布实施的税法，如企业所得税法、税收征收管理法等，它是税法中最具权威性和最根本的法律。第二层是由全国人民代表大会授权国务院批准通过并发布的税收条例或暂行条例、征收办法和规定等。第三层是由国家税务总局或财政部依照上述两层的税法、税收条例、征收办法及规定等基本法律法规而制定的各种税的实施细则或类似的管理办法。它是对基本法规的解释和说明，是基本法规的具体化。另外，由财政部或税务总局对某些税收法规的具体问题以补充规定、通知、批复等形式作出的规定也属于第三层。第四层是由各省、自治区、直辖市根据国家统一的税收法规和税收管理规定所制定的适于本地区的税收规定和具体执行办法。

我国税制的发展经历了四个重要阶段，即1958年工商税制的改革和农业税制的全国统一，1973年工商税制进一步改革，1984年利改税全面推进以及1994年税收机制全面改革。目前我国已建立起以流转税和所得税为双重主体的"不平衡双轨制"的税制模式，已经形成了一套比较完善的新税制体系。中国现行税制体系包括18个税种，按照其性质和作用大致可以分为以下4个类别。

（1）货物和劳务税，包括增值税、消费税、车辆购置税、关税4种税。这类税收是在生产、流通和服务领域中，按照纳税人的销售收入（数量）、营业收入和进出口货物的价格（数量）征收的。

（2）所得税，包括企业所得税、个人所得税和具有所得税性质的土地增值税3种税。这类税收是在收入分配环节按照企业取得的利润或者个人取得的收入征收的。

（3）财产税，包括房产税、城镇土地使用税、耕地占用税、契税、资源税、车船税和船舶吨税7种税。这类税收是对纳税人拥有和使用的财产征收的。

（4）其他税收。

7.3.2　税制构成要素

税制构成要素又称税制要素或税收制度的构成要素。各国税制及各种税法不尽相同，但构成税制的基本要素却是大体相同的。了解这些要素，有助于掌握和理解国家税收法律法规，有助于纳税人依法纳税，有助于我们更好地掌握税务会计的内容。

1. 纳税人

纳税人是纳税义务人的简称，是税法明确规定的直接向税务机关负有纳税义务的单位和个人，纳税人包括自然人和法人。自然人是指居民或公民个人，法人是指具有法人资格的单位或组织。就企业而言，其法人资格至少应同时具备以下条件：① 依法成立，必须在政府管理部门登记注册，有合法的独立的经营条件和完备手续并取得政府和法律的正式承认；② 必须有独立的经济核算权而不是企业内部的下属单位或只有核算形式的附属单位；③ 能够独立对外与其他经济组织签订合同、协议和办理其他各种经济业务；④ 能够独立承担民事上的财产义务以及能以自己的名义参加民事活动和诉讼。

纳税人中的法人和自然人并不是按税种截然分开的，大部分税种都是同时面向法人和自然人的。另外按国际惯例，独资企业、合伙企业不是法人，尽管独资企业、合伙企业可以以企业名义与外界开展业务活动，但却不能以企业的名义纳税，独资企业、合伙企业的所得税均是以独资者个人或合伙人个人的形式交纳，因此独资企业、合伙企业不是纳税人。

需要说明的是，除了纳税人之外，还应注意扣缴义务人。扣缴义务人是指税法规定负有代扣代缴、代收代缴义务的单位和个人。它虽然不直接负担纳税义务，但我国税法仍把它作为纳税主体，扣缴义务人所承担的权利和义务与纳税人基本相同。

2. 纳税对象

纳税对象又称课税对象、征税对象、征税客体，是纳税人应该承担某种税的对象。

纳税对象是确立税种的重要标志，通常纳税对象不同，税种也就不同，如企业所得税是以企业应纳税所得额为纳税对象的税，增值税是以产品增值额为纳税对象的税，消费税是以应税消费品的销售额或销售数量为纳税对象的税，它体现了不同税种的根本界限。

与纳税对象密切相关的概念还有纳税依据，又称计税依据或计税标准或税基，它是计算应纳税额的直接依据。不同税种的纳税依据是不同的，如增值税依据营业额，所得税依据所得额，消费税依据销售额或销售数量。如果纳税依据是价值形态，则纳税对象和纳税依据是一致的；如果纳税依据是实物形态，则纳税对象和纳税依据一般不一致，如车船税，其纳税对象是车辆、船舶，而纳税依据却是车船的吨位。

3. 纳税范围

纳税范围又称税目，是纳税对象的具体项目，它表明国家征税的具体内容及纳税人纳税的具体范围。纳税范围在税法中可采用列举方式和概括方式两种。采用列举方式时，凡列入纳税范围之内的就需要纳税，未列入纳税范围的则不需要纳税，我国大部分税种都是采用列举方式规定纳税范围。至于采用概括方式规定纳税范围的，应根据具体情况而定。

4. 税率

税率是指应纳税额与纳税对象数额之间的比例，它表明国家征税的深度，纳税人负担税负的轻重。税率是税收制度中的核心问题，税率的高低直接关系到国家财政收入和纳税人的税收负担。

税率是发挥税收杠杆作用的重要手段，国家对同一税种制定高低各异的税率，往往体现出国家不同的奖励和限制政策。税率可以采用百分比表示，也可以采用绝对额表示。由此，我们常将税率分为比例税率、累进税率和定额税率三种类型。

1）比例税率

比例税率是指对同一征税对象只规定一个征税比例的税率。比例税率常用于流转额的征税，如增值税率为13%，它不因产品或销售额数量的不同而改变。比例税率计算简便，征税方便，但不能调节收入的悬殊情况。

2）累进税率

累进税率又称等级税率，是指按照征税对象的数额大小，规定不同等级的税率。征税对象数额越大，征收的税率越高；反之，征税对象数额越小，征收的税率越低。这种税率多运用于对所得额的征收上，如个人所得税税率，其调节作用明显。累进税率又可具体划分为以下三种类型。

（1）全额累进税率。它是指对征税对象的全部数额都按照与之相应的等级税率征税的税率。由于全额累进税率在两个级距的临界部分常出现税负增加超过所得额的不合理现象，所以在实践中很少被采用。

（2）超额累进税率。它把征税对象按数额的大小分成若干等级，每一等级规定一个税率，分别计算税额，税率依次提高，当征税对象数额增加需要提高一级税率时，只对增加的部分按提高一级的税率计征税额。这样，同一纳税人要适用几个税率来计算应纳税额，最后将计算结果相加，从而得出应纳税额。这种税率能调节不同的收入差别，体现了合理负担的原则，我国目前的个人所得税就是采用该种税率。

（3）超倍累进税率。它把征税对象的一定数额作为一个基数，以此基数为1倍，按不同超倍数采用不同的累进税率计征。它其实是超额累进税率的变形，我国原来的个人工资调节税曾采用该种税率。

3）定额税率

定额税率又称固定税额，是根据课税对象计量单位直接规定固定的征税数额。征税对象的计量单位可以是重量、数量、面积、体积等自然单位，征税对象也可采用复合计量单位，如资源税中的天然气以千立方米为计量单位。显然，定额税率一般适用于从量征收的税种。定额税率使用方便、简单明了，税额不受征税对象价格和生产经营成本变动的影响。

5. 纳税环节

纳税环节是指纳税对象按其在社会再生产过程中的分布或运动状况应交纳税款的环节。它在商品征税方面具有重要意义，以至于人们往往认为纳税环节是运用于商品征税领域中的特殊概念。税法规定了在产品流转过程中应纳税额在什么环节缴纳。如对一种产品，可以选择在生产环节征税，也可选择在批发、零售环节征税，同时也可以在每个环节都征税。我国现行税制对产品流转采用每道环节都征税的办法，同时采用增值额征税，以克服重复征税和税负不平衡的现象。

6. 纳税期限

通常纳税期限根据纳税人的具体情况和特点规定纳税期限，纳税期限可以分为以下三种。

（1）按期纳税，如根据《中华人民共和国增值税暂行条例》规定，增值税应根据纳税人的生产经营情况和税额大小，分别由主管税务机关核定为1日、3日、5日、10日、15日、1个月或者1个季度为一期，逐期计算纳税。

（2）按次纳税，如我国对进出口商品应纳增值税，是在纳税人发生纳税义务后，按次计算缴纳的。

（3）按时预缴，指按规定的时间提前预缴。例如，我国企业所得税，就是采用按月或按季预缴的方式，待年终再进行汇算清缴。

7.4 税收的原则

税收制度的建立及贯彻执行，必须遵循一定的指导思想，这些指导思想就是税收原则。税收原则不仅对政府设计和实施税收制度来说十分重要，而且还是判断税制优劣的标准。

经济学家们在研究、分析税收问题时，都很关注政府依据什么原则征税的问题，并形成各种不同的看法。随着经济与社会的发展，人们的认识也在不断深化。但从各国税收制度的实践来看，都离不开遵循的财政原则、公平原则和效率原则。

7.4.1 财政原则

税收的财政原则的基本含义：一国税收制度的建立和变革，都必须有利于保证国家的财政收入，即保证国家各方面支出的需要。虽然有一些经济学家并不把保证财政收入视为税收的原则之一，而极力推崇公平原则和效率原则。但从财政和税收的发展历史来看，把财政原则作为税收的一个重要原则，则是合乎逻辑的事情。自国家产生以来，税收一直是财政收入的基本来源。因此国家实施各种税收制度，都有财政收入的目的。简而言之，如果国家的财政收入是无足轻重的，税收也就没有存在和发展的必要。

财政原则最基本的要求就是通过征税获得的收入能充分满足一定时期财政支出的需要。为此，也就要求选择确定合理的税制结构模式，尤其是选择确定税制结构中的主体税种。因为主体税种的收入占整个税收收入的比重最大，从而对税收总收入的影响力度也最大。一般来说，应当注意选择税源充裕而收入可靠的税种作为主体税种。

财政原则的另一个要求是税收收入要有弹性。瓦格纳是税收弹性理论的最早提出者。瓦格纳认为，财政需求增大或税收以外的收入减少时，税收应能基于法律增加税收或自动增收。今天的税收弹性理论也是在瓦格纳的税收弹性理论的基础上发展和完善的。目前，税收弹性理论不仅在西方发达国家，而且在多数发展中国家都得到了重视和运用。

税收弹性是指税收收入增长率与经济增长率之间的比例，可用以下公式表示：

$$E_T = \frac{\Delta T / T}{\Delta Y / Y}$$

式中：E_T —税收弹性，

T —税收收入，

ΔT —税收收入增量，

Y —国民收入（或其他指标，如国民生产总值、国内生产总值），

ΔY —国民收入增量（或其他指标，如国民生产总值增量、国内生产总值增量）。

税收弹性反映了税收对经济变化的灵敏程度。当 $E_T=0$ 时，表明税收对经济增长没有反映；当 $E_T=1$ 时，表明税收与经济是同步增长的；当 $E_T>1$ 时，表明税收的增长快于经济的增长速度，税收随经济的发展而增加，并且税收参与国民收入分配的比例有上升的趋势；当 $E_T<1$ 时，表明税收的增长速度落后于经济的增长速度，这时税收的绝对量有可能是增加的，但税收参与国民收入分配的比例有下降的趋势。

税制设计应当使税收具有较好的弹性。一般来说应使 $E_T \geqslant 1$，以保证国家财政收入能与日益增长的国民收入同步增长，而无须通过经常调整税基、变动税率或者开征新的税种来增加收入。

需要说明的是，税收的财政原则并非是政府收入越多越好，而是税收收入应达到其应该具备的规模。税收收入应该具备的规模主要取决于国家一定时期的职能范围。此外，它和国家信用制度的发达程度也有关系。在国家信用制度不发达的条件下，国家财政收入几乎完全依赖于税收收入，因为国家要通过信用方式筹资十分困难。反之，若国家信用制度发达，国家可以比较容易地通过信用方式筹集一部分资金，这时财政收入对税收的依赖性就会相应地减弱。

7.4.2 公平原则

税收应当是公平的，对于这一点经济学家们并无异议。自亚当·斯密以来，许多经济学家都将公平原则置于税收诸原则之首位。因为税收公平不仅仅是一个经济问题，同时也是一个政治、社会问题。就税收制度本身来看，税收公平对维持税收制度的正常运转也是不可缺少的。倘若税制不公，一部分纳税人看到与他们纳税条件相同的另一部分人少交税款甚至享受免税待遇，那么这部分人也会逐渐丧失自觉申报纳税的积极性，或是进行逃税、避税活动，甚至进行抗税。这样，税制本身也不能得以正常贯彻执行。

税收的公平原则要求条件相当者缴纳相同的税，而对条件不同者应加以区别对待。当然，论及公平问题，税收分配固然重要，但并不全面，还必须考虑到税前收入的分配以及被认为与公平问题有联系的其他收益的分配。也就是说，税收分配的公平问题必须联系由市场决定的分配状态来看。倘若由市场决定的分配状态已经达到公平的要求，那么税收就应对既有的分配状态做尽可能小的干扰；倘若市场决定的分配状态不符合公平要求，税收就应发挥其再分配的功能，对既有的分配格局进行正向矫正，直到符合公平要求。

税收公平一般包括普遍征税和平等征税两个方面。所谓普遍征税，通常指征税遍及税收管辖权之内的所有法人和自然人，即所有有纳税能力的人都应毫无例外地纳税。当然，征税的普遍性也不是绝对的，国家出于政治、经济、国际交往等方面的考虑，给予某些特殊的纳税人以免税照顾，并不违背这一原则，相反，只能被认为是对这一原则的灵活运用。

所谓平等征税，通常指国家征税的比例或数额与纳税人的负担能力相称。具体的有两个方面的含义：一是纳税能力相同的人同等纳税，即所谓"横向公平"；二是纳税能力不同的人不同等纳税，即所谓"纵向公平"。必须说明，上面所提到的纳税能力，一般是以所得为代表，所以"横向公平"的含义就是对所得相同的人同等课税，"纵向公平"的含义就是对所得不同的人不同等课税，即所得多者多征税，所得少者少征税，无所得者不征税。

7.4.3 效率原则

税收的效率包括行政效率和经济效率两个方面。

1. 税收的行政效率

税收的行政效率可以从征税费用和纳税费用两个方面来考察。征税费用是指税务部门在征税过程中所发生的各种费用，如税务机关的房屋建筑、设备购置和日常办公所需的费用，税务人员的工薪支出等。这些费用占所征税额的比重即为征税效率。征税效率的高低和税务机关本身的工作效率又是密切相关的。而且对于不同的税种，其征税效率也存在差异。一般而言，所得税的征收，单位税额所耗费的征税费用最高，增值税次之；而按销售额征收的销售税，单位税额耗费的征收费用又低于增值税。

纳税费用是纳税人依法办理纳税事务所发生的费用。例如，纳税人完成纳税申报所花费的时间和交通费用，纳税人雇用税务顾问、会计师所花费的费用等。相对于征税费用，纳税费用的计算比较困难，如将纳税申报的时间折算成货币，这本身就不是一件容易的事。因此，有人把纳税费用称为"税收隐蔽费用"。

提高税收的行政效率，一方面应采用先进的征收手段，节约征管方面的人力和物力；另一方面，应简化税制，使纳税人容易理解和掌握，减少纳税费用。

2. 税收的经济效率

在经济学中，经济效率是指资源的有效利用程度要以生产者达到的产量使消费者得到满足的程度来衡量。如果生产要素的组合能给消费者带来一定的满足，那么经济就已经具有一定的效率。如果生产要素重组后的产量能使消费者得到更大程度上的满足，这就表明经济是更有效率的。如果生产要素组合所达到的产量能使消费者得到最大程度的满足，任何重新组合将使消费者的满足程度减少，这就表明经济处于最有效的状态，这种状态称为"帕累托最优状态"。

在完全自由竞争市场中，生产者按照市场价格调整其产量，直到边际成本与价格相等，生产者可以获取最大利润。消费者按照市场价格调整其购买量，直到边际效用与价格相等，消费者可以得到最大效用。因此，价格信号所引导的产量能够使消费者得到最大满足，资源可以得到最有效的利用。但是，税收造成了价格的扭曲，使生产者得到的价格低于消费者支付的价格，这样价格便不能真实反映边际成本和边际效用，因此，损害了价格作为引导资源有效配置的信号作用，造成了额外的经济效率损失，这称之为税收的额外负担。

7.5 税收负担与税负转嫁

7.5.1 税收负担

1. 税收负担的含义

税收负担是纳税人承受的经济负担，国家要多征税就必然加重纳税人的税收负担。税负水平较低，会影响国家财政收入；税负水平较高，又会挫伤纳税人的积极性，妨碍社会生产力的发展。如何解决这对矛盾？我们认为，遵守税收的公平原则能解决好这对矛盾。具体来说，就是国家与纳税人在税收分配总量上要适度，兼顾需要与可能，做到纵向和横向的分配合理。此处的需要是指国家实现其职能对财政资金的需求；可能是指社会经济所能提供的积累。此外，要考虑影响税收负担的各种因素，还应对税收负担有定量的分析。

2. 影响税收负担的主要因素

适度的税收负担是保证国民经济持续、健康发展的重要条件。因此，国家在制定税收政策、确定总体税收负担时，必须根据国家现阶段经济发展水平和发展目标，综合考虑影响和制约税收负担的诸多因素，使税收负担适合我国的国情，达到促进经济发展的要求。

一般来说，影响税收负担的主要因素有两类：一是经济因素，包括社会经济发展水平，如生产规模、增长速度、经济效益与人均国民收入等；二是税制因素，包括征收管理水平、税基和税率等。

3. 税收负担的衡量指标

衡量税收负担的指标通常采用税收负担率，即纳税人的纳税金额占其课税依据的比例。税收负担率按其层次分为社会总体税收负担和纳税人个体税收负担。

1）社会总体税收负担的衡量指标

社会总体税收负担是一定时期内（通常是一年）国家税收收入总额在整个国民经济体系中所占的比重。这实际上是从全社会的角度来考核税收负担，从而可以综合反映一个国家或地区的税收负担总体情况。目前衡量全社会经济活动总量比较通行并可进行国际比较的指标主要有国内生产总值（GDP）和国民收入（NI）。因而，衡量宏观税收负担状况的指标也就主要有两个：国内生产总值税收负担率，简称 GDP 税负率；国民收入税收负担率，简称 NI 税负率。其计算公式如下：

$$GDP\ 税收负担率=税收总额/国内生产总值$$
$$NI\ 税收负担率=税收总额/国民收入总额$$

2）纳税人个体税收负担的衡量指标

纳税人个体税收负担的衡量指标也称微观税收负担衡量指标，是一定时期内纳税人所纳税额占其收入总额的比重。其计算公式有以下三个：

企业所得负担率 ＝企业一定时期实际缴纳的所得税/企业一定时期获得的利润

企业综合负担率 ＝企业一定时期实际缴纳的各种税/企业一定时期税利总额

个人负担率 ＝个人一定时期实纳所得税和财产税/个人一定时期获得的纯收入

7.5.2　税负转嫁

1. 税负转嫁的含义

税负转嫁是指纳税人在缴纳税款后，通过经济交易过程，将所缴税款部分地或全部地转移给他人负担，自己不负担或者少负担税收的一种经济现象。在发生税负转嫁的情况下，纳税人与负税人必然发生偏离，按税法规定交纳税收的人，并非是该项税收的实际负担者，而只是名义负担者。据此可以作出这样的判断：只要某种税收的纳税人与负税人不是同一个人，那么也就发生了税负转嫁。

税负转嫁是一个经济过程。纳税人将缴纳税款转由他人承担，可能只经过一次税负转嫁过程即可完成，这称之为一次转嫁；但也可能要经过多次税负转嫁才能完成，这称之为辗转转嫁。如果纳税人可以把所缴税款全部转移给他人负担，称之为完全转嫁；如果纳税人把所缴税款部分地转移给他人负担，称之为不完全转嫁或部分转嫁。不论这一过程是简单还是复杂，不论是部分转嫁还是完全转嫁，只要税收的转嫁过程结束，税款也就落到最后的负担者身上，这就是税收的归宿（或税负的归宿），即税收负担的最终归着点或税收转嫁的最后结果。只要税收的转嫁过程结束，税收负担落在最后负担者身上，便找到了税收归宿。

2. 税负转嫁的条件

税负转嫁是纳税人的一般行为倾向，且是纳税人的主动行为。由于政府征税会减少纳税人的经济利益，在利益机制的驱动下，纳税人必然要千方百计地将税负转嫁给他人负担，以维护和增加自身的经济利益。但纳税人要将转嫁税收的愿望变为现实，并不是一件容易的事情。因为税收能否发生转嫁，要受种种条件的制约。最基本的条件是商品或要素的价格能否自由变动。如果商品或要素的价格不能自由变动，纳税人虽有转嫁的动机，却不存在转嫁的条件，税收转嫁也就不可能变为现实。而在价格可以自由变动的情况下，税收转嫁的程度还要受其他诸多因素的制约，如供求弹性的大小、税种的不同、征税范围的宽窄等。

3. 税负转嫁的形式

（1）前转，即纳税人将所缴纳的税款，通过提高商品或生产要素价格的方法，向前转嫁给商品与生产要素的购买者或最终消费者负担，这是税负转嫁的最典型、最普遍的形式。前转大多数发生在对商品和劳务的课税上。例如，在产制环节对某种消费品征税，生产厂商就可以通过提高该消费品的出厂价格，把税负转嫁给批发商，批发商再将税负转嫁给零售商，最后零售商又把税负转嫁给消费者。从这一过程上看，虽然名义上的纳税人是生产厂商，而实际的税收是由各种商品和劳务的消费者负担的。

（2）后转，即在纳税人不能采取提高商品或劳务价格的方法向前转嫁税负的情况下，为了保证自己的利益不受损失，可以向后转嫁税负。如政府在零售环节对某种商品征税，但该种商品由市场供求关系所决定并不能因征税而相应地提高价格，零售商就可以通过压低进货价格而将税收负担向后转嫁给批发商。同样批发商也可通过压低进货价格把税收负担转嫁给制造商，制造商再通过压低原材料和劳动力的价格把税收负担转嫁给原材料和劳动力的供应者。这样虽然名义上的纳税人是零售商，但实际的税收负担者是原材料和劳动力的供应者。

（3）散转，即在现实经济生活中，无论税收是向前转嫁还是向后转嫁，转嫁的程度（部分或全部）取决于许多经济因素和经济条件。有时纳税人可以把所缴税款全部转嫁出去，有时则只能把所缴税款部分转嫁出去。有时税收转嫁过程是单纯的前转或后转，但更多的情况是同一笔税款，有一部分采取向后转嫁，还有一部分则采取向前转嫁。还是以对零售商的征税为例，零售商可以将部分税款转嫁给商品的供应者即制造商，也可以将部分税款转嫁给商品的购买者即消费者，这种前转和后转的混合即是散转。

（4）消转，即是指纳税人在对所缴纳的税款，既不采取向前转嫁也不采取向后转嫁的方式时，可以通过改善经营管理、革新生产技术等方法，以补偿其纳税损失，使税后的利润水平与纳税前的利润水平大体保持一致，即使税收负担在生产发展和效益提高中自行消失。由于纳税人并没有把税负转嫁给他人，纳税人所缴税款不过是通过提高产出效益而消化的，所以这只能视为一种特殊的税负转嫁方式。

（5）税收资本化，即生产要素购买者将购买生产要素在未来要缴纳的税款，通过从购进价格中预先扣除，即压低生产要素购买价格的方法，向后转嫁给生产要素的出售者。这种情况大多发生在一些资本品的交易中。如政府对土地征税，土地购买者便会将预期要缴纳的土地税折入资本，将税款转嫁给土地出售者负担，从而引起地价下降。此后，虽然名义上由土地购买者按期纳税，实际上税款是由土地出售者负担的。这样土地税和土地价格的关系经常表现为：土地税增加，地价下降；土地税减少，地价上升。可见，税收资本化是将累计应缴纳税款做一次性的转移，实质上这不过是税负后转的一种特殊形式。

第 8 章

非税收入

8.1 非税收入概述

8.1.1 非税收入的含义

非税收入是指除税收以外，由各级国家机关、事业单位、代行政府职能的社会团体及其他组织依法利用国家权力、政府信誉、国有资源（资产）所有者权益等取得的各项收入，是政府财政收入的重要组成部分，是政府参与国民收入和再分配的一种形式。

按照建立健全公共财政体制的要求，非税收入包括：

① 行政事业性收费收入；

② 政府性基金收入；

③ 罚没收入；

④ 国有资源（资产）有偿使用收入；

⑤ 国有资本收益；

⑥ 彩票公益金收入；

⑦ 特许经营收入；

⑧ 中央银行收入；

⑨ 以政府名义接受的捐赠收入；

⑩ 主管部门集中收入；

⑪ 政府收入的利息收入；

⑫ 其他非税收入。

8.1.2 非税收入的功能

1. 分配功能

非税收入的分配功能是指非税收入通过改变国民收入分配格局而为政府筹集财政收入。非税收入的分配功能与税收的分配功能各有分工，相互协调、相辅相成，共同完成资金筹集和资源配置任务。

在财政实务中，税收分配的强制性、固定性和无偿性，使之可以有效解决公共产品生产和提供的"免费搭车"问题，因而税收收入在政府收入体系中居于不可替代的重要地位，具有强大的分配功能。但是，税收的分配功能客观上也存在一定的局限性，集中体现为税收收入的筹集主要依据的是支付能力原则。通常只能在少数税种上采用收益原则，从而在事实上使税收收入筹集和公共产品提供之间的内在联系只能在整体上得到体现，而缺乏结构性的对应关系，这既不利于合理界定政府和纳税人之间的权利和义务关系，也不利于公共产品生产效率的提高和纳税人自主纳税意识的培养，导致一系列棘手的现实问题。由于税收分配的主体地位是不可替代的，所以解决税收分配功能存在局限的问题，客观上只能是对其加以完善和弥补。由于政府提供的产品或服务中，除公共产品外，还有大量的混合产品，只要混合产品具有排他性特征，就可以依据受益原则筹集收入，即按受益原则对用户收取合理的费用，这既能以公开和公正、社会和受益人都能接受的方式筹集收入，又能提高公共设施等由政府提供的混合产品的使用效率。

2. 调节功能

（1）提高资源配置效率的功能。

政府如果对于准公共产品的使用者不予收费，则社会成员对其的需求就会增大到边际收益为零的数量。而政府提供准公共产品需要花费成本，且边际成本递增，按照帕累托效率标准的要求，资源配置达到边际收益和边际成本相等时才是有效率的，而在准公共产品的边际收益为零时，边际成本大于边际收益，意味着资源配置量过多、产量过大而导致效率损失。如果政府按照边际收益和边际成本相等的原则确定收费标准，则可实现资源配置的效率。即使政府有意识地要增加低收入者的消费量，从而提高社会福利水平，适当收取一定的费用，也具有较高的供给效率。

（2）公平收入分配的功能。

公共产品是由政府通过"税收–财政支出"机制向消费者提供的，使低收入者和高收入者都能消费到这些产品，有助于公平收入分配。但在现实经济生活中，不同阶层的人们在公共产品的消费上存在很大差异。例如，政府免费提供高等教育或通过降低学校的收费标准继而予以补贴，则受益较多的是来自富裕家庭的子女。可见，"税收–财政支出"机制在公平收入分配方面存在一定的局限。而非税收入在公平收入分配方面也是有条件的。如果不能合理界定收入征集标准和方法，则非税收入也很难达到公平收入分配的目标。例如，政府通过向生产者提供补贴以降低水、电价格，收益多的很可能是那些城市里的用水、用电大户，其中包括大量的高收入者，而低收入者却由于水、电消费量少而得到较少的好处。因此，实现非税收入的公平收入分配功能必须和确定合适的收入征集方式结合起来。

（3）避免和减轻"拥挤"的功能。

政府提供拥挤性公共产品，需要对使用者收取一定的使用费，有助于避免和减轻拥挤。例如，某风景区的拥挤点是500人，政府收费标准的设计是基于将游客控制在500人以下，显然，该收费并非为了弥补开发该风景区的成本开支，而仅仅是为了解决风景区开放过程中的拥挤问题，因而收费标准应该适度。收费标准过低，游客人数超过拥挤点，会导致游客的消费质量下降，使拥挤的边际成本大于消费的边际收益，导致社会福利损失；而收费标准过高，固然解决了拥挤问题，但由于游客过少，而使风景区这种公共设施的利用率下降，出现资源闲置，这时消费的边际收益大于拥挤的边际成本，同样也会带来社会福利的损失。

8.1.3　非税收入与税收收入的区别

（1）征收主体不同。税收是以国家为主体，由税务机关负责征收。而非税收入是以各级政府为主体，由财政部门负责收取或委托部门单位代收。

（2）使用方向不同。税收主要用于满足社会纯公共需要。非税收入主要用于满足社会准公共需要。

（3）形式特征不同。税收具有强制性、无偿性和固定性特征。非税收入的征收也具有强制性，同时在一定程度上体现了自愿性和有偿性。

（4）立法层次不同。税收立法权集中在中央。政府非税收入审批权集中在中央和省两级。

（5）资金管理方式不同。税收收入全部上缴国库，纳入财政预算管理。非税收入上缴国库或财政专户，纳入财政综合预算管理。

8.2　行政事业性收费

行政事业性收费是指国家机关、事业单位、代行政府职能的社会团体及其他组织根据法律、行政法规、地方性法规等有关规定，依照国务院规定程序批准，在向公民、法人提供特定服务的过程中，按照成本补偿和非营利原则向特定服务对象收取的费用。

行政性收费包括国家机关、司法机关和法律法规授权行使行政管理职能的其他机构依照国家法律法规行使其管理职能，向公民、法人和其他组织收取的费用，主要有管理性收费、资源性收费和证照性收费。

事业性收费包括国家机关、事业单位、社会团体、群众组织为社会提供特定服务，依照国家规定或者依照法定程序批准实施的收费，主要有专项事业性收费、生产经营服务性收费。

8.3　基金收入

政府性基金是指各级政府及其所属部门根据法律、行政法规和中共中央、国务院有关文件规定，为支持某项公共事业发展，向公民、法人和其他组织征收的具有专项用途的财政资金。

对于符合国家规定审批程序批准设立的行政事业性收费和政府性基金，必须严格按照规定范围和标准及时足额征收。未经财政部和省、自治区、直辖市财政部门批准，执行单位不得减免行政事业性收费；未经国务院或财政部批准，执收单位不得减免政府性基金。

8.4　其他收入

除上述收入外，非税收入还包括罚没收入、主管部门集中收入、捐赠收入、利息收入等形式。

8.4.1　罚没收入

罚没收入是指法律、行政法规授权的执行处罚的部门依法实施取得的罚没款和没收物品的折价收入。罚没收入的构成项目主要有罚款、罚金、没收财产、没收赃款赃物等。

8.4.2　主管部门集中收入

主管部门集中收入主要指国家机关、实行公务员管理的事业单位、代行政府职能的社会团体及其他组织集中所属事业单位收入，这部分收入必须经同级财政部门批准。目前，主管部门集中收入纳入非税收管理范围，实行"收支脱钩"管理，有关支出纳入部门预算，实行统一安排。

8.4.3　捐赠收入

捐赠收入是指以各级政府、国家机关、实行公务员管理的事业单位、代行政府职能的社会团体及其他组织名义接受的非定向捐赠货币收入，不包括定向捐赠货币收入、以不代行政府职能的社会团体、企业、个人或者民间组织名义接受的捐赠收入。

8.4.4 利息收入

利息收入是指税收和非税收入专户中，按照中国人民银行规定计息产生的利息收入，统一纳入政府非税收入管理范围。

第 9 章

国家债务

9.1　国家债务概述

9.1.1　国家债务及其特征

1. 国家债务及其相关概念

国家债务就是国家举借的债务，是一国中央政府为了筹集财政资金，以债务人的身份，按照国家的法律规定或合同的规定，同有关各方发生的特定的债权债务关系。要正确地理解国家债务的概念，必须将其与几个相关的概念区分开来。

1）公债与私债

根据债务人性质的不同，可以将债务划分为公债与私债。公债的债务人是政府，包括中央政府和地方政府以及政府所属机构。私债的债务人是私人部门，包括自然人和法人。政府以及所属机构举借债务的目的是筹集资金用于国家社会经济建设、弥补财政赤字和满足社会公共需要。而私债的举债目的是满足债务人的生活、生存或投资需要，一般具有营利性。公债的债信基础是国家的政治权力和政府所掌握的各种社会资源与财富，因此，公债的信用基础非常可靠，而私债的信用基础相对薄弱。

2）公债与国债

公债包括中央政府公债和地方政府债务。凡属中央政府发行的公债，为中央政府公债，也称"国债"。它是作为中央政府组织财政收入的形式而发行的，其收入列入中央政府预算，作为中央政府调度使用的资金。凡属地方政府发行的公债，为地方政府公债，简称"地方债"或"市政债券"。它是作为地方政府筹措财政收入的一种手段而发行的，其收入列入地方预算，由地方政府安排调度。我国习惯于将公债统称为"国债"。

3）公债与国家信用、政府信用

从金融学角度来看，信用一般是指不需要提供物资担保，按预先规定条件偿付的借款和放款。有时也指借款和放款活动是价值运动的特殊形式，包括政府信用和民间信用。政府信用是指政府以债务人的身份取得的信用或以债权人的身份提供信用及其信用活动。从狭义上讲，政府信用则是指政府作为债务人，举债筹集财政资金的行为。其中，中央政府的信用或信用活动即为国家信用或国家信用活动。

政府以债务人的身份，通过发行公债券和其他借款方式取得信用的主要形式有：在国内发行国库券、公债券、建设债券等；国库向中央银行借款或透支；国家向外国政府、私人和国际金融组织的借款等。

政府以债权人的身份提供信用，即政府作为债权人，以发放贷款的方式供应财政资金或组织财政支出，如我国国家基本建设投资贷款、小型技术措施贷款；各类财政周转金；中央政府向国外发放的贷款等。

2. 国债的特征

国债作为国家取得财政资金的一种手段，与税收、非税收入等方式有着很大的不同，具体有以下几个方面。

1）自愿性

所谓自愿性，是指国债的发行或认购应建立在认购者自愿承受的基础上。是否认购或者认购多少，应完全由认购者视其个人或单位的情况自主决定。

这一特征使国债与税收有着明显的区别。税收的征收是以国家的政治权力为依托，任何单位和个人都必须依法纳税，否则就要受到法律的制裁。因此，税收的特性之一就是强制性。而国债的发行是以国家或政府的信用为依托，以借贷双方自愿互利为基础，按照一定条件与认购者结成债权债务关系的一种行为。中央政府是债务人，而债务人是不能向债权人即认购者实行"派购"的。每个认购者（个人或单位）都有独立的经济利益，他们自然要从自己的经济利益出发，对国债自主决定买与不买或买多买少。

这里应当指出的是，有的国家在特殊条件下也曾对国债实行过派购来筹集，但那只是解决暂时财政困难的权宜之计。长期如此是难以为继的。实际上，派购性质的国债也不是完全意义上的国债，人们对它往往和征税同样看待。

2）有偿性

所谓有偿性，是指通过发行国债筹集的财政资金，政府必须作为债务而按期偿还，除此之外，还要按事先规定的条件向认购者支付一定数额的暂时让渡资金使用权的报酬，即利息。

有偿性也是国债区别于税收的重要特征。通过征收税收取得的财政收入，国家既不需要偿还，也不需要对纳税人付出任何代价，因而税收的形式特征之一就是它的无偿性。而国债的发行是中央政府作为债务人以偿还和付息为条件，向国债认购者借取资金的暂时使用权，因而政府与认购者之间必然具有直接的返还关系。

3）灵活性

所谓灵活性，是指国债发行与否以及发行多少，一般完全由中央政府根据具体情况灵活加以确定，而非通过法律形式预先规定。

这种灵活性是国债所具有的一个突出特征。税收是按照国家法律（主要指税法）规定的标准征收的，即在征税之前，就要通过法律形式预先规定课征对象和征收数额之间的数量比例。这个数量比例一旦确定，不经国家批准便不能随意改变。只要纳税人取得应税收入或发生应税行为，就必须按照法律规定的固定数量比例纳税，而不管当时政府财政的状况怎样。国债的发行则完全不同，其发行与否以及发行多少，并没有一个较为固定的国家法律规定，而基本上由政府根据财政资金状况灵活加以确定。在大多数国家，中央政府每年发行的国债数额常常要随着财政状况而出现起伏，有的年份发行规模很大，有的年份则根本不发行。这说明国债既不具有发行时间上的连续性，也不具有发行数额上的固定性；而是何时需要，就何时发行，需要多少，就发行多少。当然，国债的灵活性也是相对而言的，绝不能机械、片面地理解。中央政府不能超越客观经济条件而随意确定国债发行的数额。许多国家的立法机关都根据政府的财政负担能力而规定一个"负债"的最高限额，从而对国债总量加以适当控制。

国债的上述三个特性密切相关。国债的自愿性，决定于国债的有偿性，因为如果是无偿的，也就谈不上国债的自愿认购了。国债的自愿性和有偿性又要求发行上的灵活性。否则，政府可以按照固定的数额每年连续地发行国债，而不管客观经济条件和政府财政负担能力，其结果或是一部分国债销售不掉而需派购，或是通过国债筹措的财政资金处于闲置，不能发挥应有效益，政府因而无力偿付本息，甚至还可能出现国债发行数额远不能满足财政需要量的窘迫局面。因此，可以这样说，国债是自愿性、有偿性和灵活性的统一，缺一不可。

9.1.2 国债的起源与发展

1. 国债的产生及发展

国债产生的直接原因是政府财政收不抵支。随着政府职能范围的不断扩大，财政支出规模也相应扩大，仅靠税收已经不能满足政府财政支出的需要，政府不得不靠借债来筹集一部分财政资金，解决财政困难。国债产生的基本条件是，商品经济发展到一定程度时，社会存在闲散资金。如果社会上没有闲散资金存在，就不会形成对国债的购买力，国债筹资就会落空。

国债作为一种财政收入范畴出现，在历史上要比税收晚一些。税收是随着国家和财政的产生而产生的。国债则在奴隶社会末期才开始萌芽，在封建社会兴起，进入资本主义社会之后得到了迅速的发展。

根据有关文史资料记载，在公元前4世纪左右，古希腊和古罗马就出现了国家向商人、高利贷者和寺院借债的情况。但在当时，国债的出现只是少量的、偶然的，并且常常是高利贷的形式。奴隶社会生产力水平低下，商品经济不发达，国家职能范围窄小，因此，国债仅仅处于一种萌芽状态。

到了封建社会，国债现象比古希腊和古罗马时期增加了。封建社会是以无数的大大小小的封建主政权和城市共和国政权形式存在的。当时，政权辖区范围较小，领地内资源有限，经济水平低下，而战争和天灾人祸又接连不断。在这种情况下，封建主和城市国家的财政收入十分有限，财政支出经常出现困难。每当此时，尤其是发生战争时，政府入不敷出，不得不举借国债。在封建社会末期，随着生产力水平和商品经济的发展，以及国家职能范围的扩大，举借国债的现象变得越来越频繁。尽管封建社会发行国债的次数不少，规模也有所扩大，但发展还是比较缓慢的。

进入资本主义社会以后，国债得到迅速的发展。早期西方殖民地制度和海上贸易的发展，以及大量社会闲置资金的存在，促使资本主义国债迅速地形成并发展起来。世界上第一张国债券，出现于最早产生资本主义生产关系萌芽的地中海沿岸国家。12世纪末期，在当时经济最为发达的意大利城市佛罗伦萨，政府曾向金融业者商借国债。随后，热那亚和威尼斯等城市相继仿效。在14世纪和15世纪期间，意大利几乎各个城市都发行了国债。17世纪末，荷兰由于在海外贸易商业战争中占据了有利地位而逐渐强大。当时的荷兰，国内资本充裕，利率低，资本所有者为得到更多的利益，竞相把资金贷给本国政府和外国政府。同时，荷兰政府为了进一步向海外扩张，大量发行国债。其他国家为了进行战争，争夺世界市场，也相继在荷兰发行国债。此后，英国凭借海上力量的迅速扩大和国内手工业的发展，迅速崛起为世界上最强大的国家，国债的发展中心遂从荷兰移向英国。从18世纪到20世纪初，国债流行于整个欧洲，发展越来越快。进入垄断资本主义时期，由于世界规模的战争和西方国家普遍推行凯恩斯主义的赤字财政政策，资本主义国家的国债规模和增长速度均达到了前所未有的程度。

目前，国债的发展已经远远超出了发达资本主义国家的范围。不论社会制度怎样，不管经济发展水平如何，世界上几乎所有的国家都将国债作为政府财政收入的重要来源。虽然由于具体国情的不同，各国运用国债的规模与程度有较大差异，但国债作为政府筹集财政资金的重要形式以及发展经济的重要杠杆，已经成为当今世界各国财政不可或缺的组成部分。

2. 我国国债的历史发展过程

我国历史上最早的国债是1898年清朝政府发行的"昭信股票"，主要用来偿付甲午战争赔款。为了镇压农民起义和偿还战争赔款，清朝政府还多次举借丧权辱国的外债。北洋政府统治时期，经济凋敝，财源枯竭，借债度日成为当时财政的一大特色。国民党政府统治时期，迫于财政入不敷出，也大量举债。抗战前后共发行48种内债，数额达15亿元，同时借外债60亿～70亿美元，其规模超过了我国历史上的任何一个时期。旧中国的国债基本上属于资本主义筹措战费型，但又带有明显的半封建半殖民地的特点。

中国共产党领导的红色政权在新民主主义革命时期也曾多次发行公债。如1932年江西中央革命根据地曾分两期发行总额为180万元的"革命战争短期公债"，1949年东北人民政府发行了"民国三十八年东北生产建设实物有奖公债"。

这些公债在保证革命战争供给，发展根据地经济建设和其他公益事业等方面发挥了重要的作用。

新中国成立后，我们在进行社会主义建设中也曾多次发行国债。其中内债的发行大体分两个时期。

第一个时期是新中国成立初期发行的公债，又分两个阶段：① 1950年，为了恢复和发展国民经济，发行了价值3.02亿元的"人民胜利折实公债"。② 1954—1958年，为了适应国家大规模经济建设的需要，先后发行了五次经济建设公债，共计35.44亿元。

第二个时期是1981年至今。1978年经济体制改革以后，我国摒弃了"既无内债，又无外债是社会主义优越性"的错误思想，大力建设国债制度，科学地确定国债规模，并按照商品经济的要求不断地强化国债的作用，取得了重大成就。这一时期我国发行的国债种类有国库券、重点建设债券、保值公债、特种国债、财政债券、特种定向债券、转换债、特别国债、专项国债等10余种，并以前者为主。1981—1999年累计发行各种内债17 923.72亿元，这些年国债的发行弥补了改革以来出现的财政赤字，保证了国家重点建设的需要。

与此同时，我国也积极而谨慎地利用了国外资金，新中国成立以来借用外债的情况大致为：第一次较大规模借入外债是20世纪50年代。当时从苏联、东欧引进了400项技术设备，借款26亿美元，新建了156个重点项目；第二次借外债是1972—1977年，当时用43亿美元引进了222个技术设备项目；第三次是1978年为引进总值为78亿美元的22项成套技术设备而举借的。改革开放以来，我国利用外债的规模逐年扩大，到1998年底外债余额已达1 460.4亿美元，内外资相配合建成大中型项目100多个和一批小型建设项目，其中能源、交通、通信等基础设施占50%左右，石化、钢铁、轻工、工业、文教、卫生、科研也占一定的比例。

9.2 国债的规模与结构

9.2.1 国债的规模

国债的限度是指一定时期国债规模的最高额度。国债的规模又称国债的数量界限，是指一个国家在一定时期内所能承受国债的数量界限。国债的限度导源于国债的负担。正是由于国债的发行和偿还形成国债负担，要受到国债认购人认购能力的限制，因此，国债发行具有客观界限。如果随意扩大国债发行规模，则有可能产生债务危机，最终影响国民经济的正常发展和人民生活水平的提高。

9.2.2 国债的结构

国债结构是指一个国家各种性质债务的互相搭配所形成的在债务收入来源和发行

期限等方面的有机构成。

1. 国债的持有者结构

国债的持有者结构是政府对应债主体实际选择的结果，即各类投资者实际认购国债的比例，也称为国债资金来源结构。

从经济学的角度来看，国债的持有者结构应该与资金流量及金融资产的分布相联系。通常企业的资金总是不足的，其经营主要靠负债，因而没有多余的资金用于认购国债。但有时企业在经营过程中有暂时闲置的资金，这部分资金可以用来认购短期国债。政府部门和其他非生产部门的开支由国家预算来安排，不存在用于购买中长期国债的资金，因此它们都不能成为国债的主要持有者。作为证券市场中介的金融机构，特别是证券公司，具有分销国债和在市场中做市的基本职能，但其自有资本有限，不能长期持有国债。个人投资者和机构投资人具有大量结余资金，需要向国债市场投资，因而是国债市场的主要参与者和国债的主要持有者。银行自有资金也是有限的，但是银行可以吸收存款，具有潜在的购买国债的能力。同时，由于中央银行的公开市场操作政策，银行也具有购买国债的内在动力。

我国的国债持有者结构与我国国债的发行方式有关，并随着发行方式的演变而变化。1991年以前，银行不持有国债，基金持有的国债很少，约占2%左右，企业、事业单位和国家机关持有的国债达到31%，金融机构持有的国债约占13%，其余国债为个人所持有。这是因为1991年以前，国债主要是通过分配认购的方式，对企业、事业单位和政府机构以及个人发行。1991年，国债发行实行承购包销的方式，国债的持有人结构也发生了很大的变化。养老保险基金持有的国债增加到3%左右，金融机构持有的国债比例有较大的上升，达到65%，企业、事业和国家机关持有的国债急剧减少，降低到3%。1992年，由于证券中介机构抢购国债，大都没有向投资人转售，因此，这些机构持有的国债竟达到95%左右。1993年，由于大多数地方国债发行恢复了分配认购的方式，个人和企业、事业单位及国家机关持有的国债有所增加。1994年，银行承销了短期国债，持有的国债达到13%左右，其余的基本上为个人投资者所持有。1996—1999年，随着国债发行方式的市场化改革的不断深入以及积极财政政策的实施，金融机构持有的国债比例有了很大的上升。

从世界各国的实际情况来看，国债的主要持有者是各种机构投资人，如养老基金、基金管理人、证券公司、银行等。此外，还有个人投资者和外国投资者。这样的国债持有者结构是健全的国债市场的重要标志，其优点有四个方面：一是机构持有国债有利于实行招标或承购包销等市场发行方式。二是基金长期持有国债，有利于稳定国债市场。三是银行持有国债可以为中央银行实行公开市场操作创造条件。四是机构持有国债，可减少国债销售环节，有利于降低发行成本。

2. 国债的期限结构

国债的期限结构是指各种不同偿还期限国债的搭配比例。

一般认为，偿还期限在1年以内的国债为短期国债；偿还期限在1年以上至10年以内的国债为中期国债；偿还期限在10年或10年以上的国债为长期国债。

短期国债通常因政府预算在年度执行过程中发生收不抵支的现象而举借，其形式一般是由政府发行短期国债券（如国库券）或向银行临时借款。短期国债主要有两方面的作用，一是作为短期投资者的投资工具，二是用于公开市场业务。短期国债作为投资工具，主要为金融机构持有；而公开市场业务就是通过中央银行对短期国债的买卖，调节金融机构的资金，从而达到调节市场货币供应量的目的。短期国债目前在世界各国发行国债总额中所占的比重比较大，并且有日益增长的趋势。中期国债既可以用于弥补整个预算年度的预算赤字，又可以用于中短期建设项目。国外特别注重中期国债品种的多样化，如日本2～4年期的剪息国债和5年期的贴现国债共4个品种；美国将中期国债分为两个层次，即1～5年期和5～10年期，期限档次较多，设计比较灵活，这样就有利于动员各种潜在的资金来源。长期国债主要用于基本建设投资，特别是基础设施的建设。这些项目具有投资大、周期长、回报率低、回收期长的特点，需要有长期的资金来源。从各国的情况来看，长期国债有两种形式：一种是有期的长期国债，即规定具体的偿还时间，到期进行本息的偿付；另一种是无期的长期国债，即不规定还本的具体时间，平时仅按期支付利息，政府则可视财政宽紧情况随时从市场上购回这种债券。

长期以来，我国国债期限结构缺乏均衡合理的分布，基本上是以3～5年期的中期国债为主。很少有10年期以上的长期国债和1年期以下的短期国债。这种单一的期限结构，既不利于满足投资者对金融资产期限多样化的需求，又使国债发行规模在较短时期内急剧膨胀，国家财政还本付息的压力过于集中，客观上为进一步扩大国债发行规模设置了障碍。

对于国债偿还来说，国债期限分布合理能使国债到期日形成一个合理的序列，从而避免偿债高峰的出现，均衡还本付息的压力。今后，从优化国债期限的角度考虑，应扩大短期国债的发行额，使中央银行开展公开市场业务操作有充足的融资量，以达到执行货币政策和调节市场货币流通量的目的；稳定中期国债的发行量，并丰富其品种结构；增加长期国债的发行量，以满足基础设施和基础产业的投资需要。

9.3　国债的负担与限度

9.3.1　国债负担

1. 国债负担的实质

国债的负担首先表现为政府的财政负担。政府作为国债的债务人，要由财政来履行国债的还本付息责任。这要求财政在每年支出计划中，必须安排一定数量的资金用于偿债，从而势必增大财政支出，加剧财政收支矛盾，甚至会减少其他合理支出项目资金，影响其他事业的顺利发展。

但是，从根本上说，国债的负担总要现实地落在创造财政收入的企业和个人身上。国债的还本付息依赖于政府财政收入的增加，而政府的财政收入主要通过税收等形式筹集。因此，国债的偿还主要还得依靠增加税收来解决。增加税收会使个人可支配收入减少，从而减少消费，或者为了维持其消费水平而不得不增加工作量。这些都构成了以减少收入或增加劳动强度等形式存在的个人的国债负担。对企业来说，增加税收意味着企业所得减少，进而减少其分配、再投资或营业资金，造成企业的国债负担。

国债负担还涉及各代纳税人之间的负担转移问题。由于国债的持有人和纳税人总不可能完全吻合，并且国债资金的来源和使用渠道也各不相同，这就使国债负担的转移具有不同的结果，从而产生上下两代人之间的福利收益和公平性问题。如果将国债负担完全转移给下一代人显然有悖于公平，而由当代人承受国债负担，由下代人净享收益，似乎也不尽合理。于是，有些经济学家提出，政府经费的筹集应当根据其所产生的利益的不同而采取不同形式。其中，凡是支出利益惠及目前的，应当以税收的方式筹集资金；凡是其支出利益惠及将来的，则以发行公债的方式筹集资金。这样，受益者及费用负担者相吻合，公平合理。

2. 国债负担的类别

国债负担依其特点可以划分为不同的类型，这种划分有助于从不同的角度理解国债的负担。

1）国债的债权人负担和债务人负担

通常所讲的债务负担是指债务人因借债而形成的如期还本付息的负担，在国债关系中即为政府还本付息的负担。它在债权债务关系中具有决定性的影响。一旦债务人无力偿还本息，便对债权债务关系形成毁灭性的冲击。债权人负担是债权人因承购债券或出借货币资金而形成的。一般地，由于债权人承购国债实际上是一种投资行为，不应当成为债权人的负担，只有在两种情况下才会构成债权人负担：一种情况是，当债权人购买国债数额过大，影响到债权人本身正常的生产和生活所需资金时，便形成了债权人负担；另一种情况是，政府不履行还本付息义务时，造成债权人经济损失而形成了债权人负担。

2）国债的直接负担和间接负担

国债的直接负担是指政府发行国债给国民个人和企业造成的直接影响或损失。政府偿还国债的资金来源于税收和其他财政收入，偿债需要增加税收和其他收入。这样，国民个人因增加纳税而减少消费或增加劳动投入量，构成直接负担；企业因增加纳税而减少了可支配的货币量，再生产资金减少影响其扩大投资规模或削弱其市场应变能力，构成企业的直接负担。

国债的间接负担是指偿还国债使国家所蒙受的损失和社会事业所受到的影响。由于国债数额增大，一定时期内一国国民收入中用于其他有益于社会经济事业的资金数量便相应地减少，使得原本可以投资发展的一些社会经济事业，因资金为国债所占用而得不到发展，影响了人民的长远利益，这就构成了国债的间接负担。

3）国债的当代负担和后代负担

国债的当代负担和后代负担指的是政府当前发行国债所形成的国债负担，是由当代国民承担，还是由后代国民承担。如果当前发行国债所筹集的资金是当代国民的消费资金，国债的发行使国民个人消费减少或工作量增大，则形成国债的当代负担；如果发行国债所筹集的资金是当代国民个人或企业的投资资金，当前投资的减少必然会使未来资产减少从而资产所带来的收益也减少，下一代国民的净产出量和消费量相应减少，便形成国债的后代负担。但是，如果国债资金的使用是投资于社会经济领域，弥补了上述个人和企业投资减少所带来的损失，则下一代国民的国债负担和国债资金投资收益相互抵消。所以，国债的当代负担和后代负担问题不能独立断定，必须结合国债资金的来源及其用途，综合考察，才可以明确。

4）国内国债负担和国外国债负担

国内国债负担和国外国债负担指的是政府分别发行国内国债和国外国债而造成的一国国债的货币负担和实际负担。它们之间有相同的一面，即都构成一国政府的还本付息负担并最终转换成一国国民的增加纳税负担。它们之间的差异主要表现在：国内国债使一国国民个人和企业的部分货币资金转归政府支配，资金和资源的使用没有超出一国国民经济范围之外。从国民个人和单个企业来看，国债负担会因其持有债券与其纳税负担不完全对等而产生不均匀分配。但从国民经济整体来看，纳税负担与国债券收益是对等的。国外国债偿还导致一国资源因偿债而流向国外，使一国可支配资源不论从政府角度还是从国民个人和企业角度看均绝对地减少。国外国债不仅使不同的国民个人和企业因增加税负承受不同的负担，而且使国民经济整体遭受损失，即由于偿还外债需输出本国资源或资本，可能影响到本国经济的正常发展。

5）国债的货币负担和实际负担

国债的货币负担也称作国债的名义负担，指以货币来计算的国债负担。由于国债的还本付息资金最终来源于税收和其他财政收入，因此，国债的货币负担可以表述为国民因政府偿债而以税收等形式向政府交纳的一定数量的货币资金。国债的实际负担是指政府因偿还债务而使政府和国民所蒙受的消费减少、工作量加大、社会利益相应减少等方面的损失。国债的货币负担只表明了国债负担的价值量，而国债的实际负担反映了国债负担的实际内容。

9.3.2 国债的限度

1. 国债限度的制约因素

国债的限度导源于国债的负担。由于国债会形成一国的经济负担，所以国债必须有一定的限度。如果不存在国债的负担，那也就不会有国债的限度。

国债的限度一般是指一定时期国家债务规模的最高额度或指适度国债规模问题。一国国债规模可以通过两类数量指标来衡量。一类是绝对量指标，主要包括历年累积的国债总规模、当年国债发行额、当年到期还本付息的国债总额；另一类是相对量指标，主要有国债总额占国民经济总量指标（GDP）的比重、国债发行额占财政收支的比重、国债还本付息额占财政收支的比重等。对国债规模的控制是防止债务危机的重要环节，而通过相对量指标控制当年发行额和到期需偿还额往往更具有现实意义。只要控制住这两个数量指标，国债总规模通常就不会出问题。所以，确定一国的国债限度，需要从分析影响这两个指标的因素入手。

国债规模首先受社会应债能力的制约。所谓应债能力是指一定时期各类国债的发行对象承购国债的能力总和。它是国债发行的前提，应债能力不足，国债就没有发行市场。在一定时期内，社会能够购买国债的数量有一个极限值，它在宏观上要受到国民经济发展水平的制约，在微观上要受到承购国债的经济主体，如企业、个人收入水平的制约。这是社会应债能力对国债发行数量的限制。

国债规模还受财政承受能力的制约。所谓财政承受能力是指财政偿债能力抵补其债务负担的程度。财政的债务负担是财政因举债而给它将来某一时期带来的还本付息支出；而财政的偿债能力则是政府在一定时期的财政收入中可用于偿还债务本息的财力。一般来说，不同时期债务负担与偿债能力具有不同的数值，它们受到经济中许多因素的影响和制约，如国民经济的发展水平、社会资金的分配结构、国债发行的数量及利率等。各个时期财政承受国债的情况如何，就要看该时期财政偿债能力和债务负担的数量对比关系。当偿债能力大于债务负担时，表明财政的债务负荷正常；当偿债能力小于债务负担时，表明政府无力清偿所欠债务，进而说明国债规模过大；如果偿债能力等于债务负担，则表明国债规模达到临界点。

此外，国债的使用方向、结构和效果也会影响国债的负担能力和限度。使用方向和结构合理，经济效益和社会效益较高，自然会提高认购者的应债能力和政府的偿债能力，事实上也就提高了国债的限度；反之，就会有相反的结果。

2. 评价国家债务规模的指标体系

财政对国债的承受能力和社会的应债能力可以通过一系列指标来表示，这样就能具体地考核国债规模是否适度，为政府的经济决策提供依据。

1）财政承债能力指标

（1）国债依存度。它是指当年的债务收入与中央财政支出的比例关系。用公式表示为：

国债依存度=（当年国债发行额/当年中央财政支出额）×100%

国债依存度从流量上反映了一个国家的中央财政支出有多少是依靠发行国债来实现的。当国债的发行量过大，国债依存度过高时，表明中央财政支出过分依赖国债收入，财政处于脆弱的状态，并对其未来发展构成潜在的威胁。目前这一指标的国际公认警戒线为25%～35%。

（2）国债偿债率。它是指当年的国债还本付息额与中央财政收入的比例关系。用公式表示为：

国债偿债率=（当年还本付息额/当年中央财政收入额）×100%

这一指标反映了中央财政的债务清偿能力。国债收入的有偿性决定了国债规模必然受到国家财政资金状况的制约，因此，要把国债规模控制在与财政收入相适应的水平上。这一指标的国际警戒线是10%左右。

2）社会应债能力指标

（1）国债负担率。它是指当年国债累计余额与当年经济总规模的比例关系。用公式表示为：

$$国债负担率=（当年国债余额/当年GDP）×100\%$$

这是从存量上反映国债规模的一个指标。它是从国民经济的总体和全局来考察和把握国债数量界限的。根据世界各国的经验，发达国家的国债累积额最多不能超过当年GDP的45%。由于发达国家财政收入占国民收入的比值较高（一般为45%左右），所以，国债累积额大体上相当于其当年财政收入总额。据测算，我国财政的预算内收入加上预算外收入也只占GDP的20%左右，所以，国内的许多学者都赞同我国的国债负担率应保持在20%以内。

（2）居民应债率。它是指国债余额与居民储蓄存款余额的比例关系。用公式表示为：

$$居民应债率=（当年国债余额/当年居民储蓄存款余额）×100\%$$

这一指标是用来衡量居民的债务资金供给情况的，因为城乡居民存款和手持现金是国债收入的主要来源。一般认为，国债余额低于居民储蓄存款余额，即二者比例小于100%即可。

9.4　国债市场

9.4.1　国债市场的构成及功能

国债市场是指政府债券市场，它是以国债券（并不一定是实物券）为对象而形成的供求关系的总和。具体而言，国债市场就是国债券发行和交易的场所。按照国债交易的层次或阶段，国债市场是由两个部分组成的，即国债发行市场和国债流通市场。

国债发行市场和国债流通市场是国债市场两块对称运行的组成部分，它们相互作用、相互依存，从而有机地构成了统一的国债市场。一方面，国债发行市场是国债流通市场存在的前提和运行的基础。如果没有发行市场，政府就无法筹集资金，投资者也无处购买国债券。从这个意义上说，没有发行市场就不可能有交易市场。只有具备了一定规模和质量的发行市场，流通市场上的国债券转让才可能进行。并且，发行市场上的国债券的发行条件和发行方式等对流通市场上的国债券的价格和流动性都有着深刻的影响。另一方面，国债流通市场又是国债发行市场的重要保证。如果没有流通市场，国债投资者就不能随时卖出所购国债券，及时收回资金以解决其他需要或者改换投资目标，从而也就无法灵活地运用自己的资金。这样人们就不会愿意持有国债券，最终将阻碍国债券的发行。因此，只有国债发行市场和流通市场都能有效地运行，才会存在一个健康的国债市场。

　　国债市场一般具有三个方面的功能：一是为国债的发行和流通提供了一个有效的渠道。一方面，政府可以采取固定收益出售方式和公募拍卖方式等在国债市场上完成国债的发行任务；另一方面，国债投资者在必要时可以通过国债市场迅速转让国债，从而实现获利或者改换投资方向的目的。二是引导资金的流向，调节资金的运行，从而达到社会资金的优化配置。在国债市场上，无论是国债的发行还是国债的流通，实际都是社会资金的一个再分配过程，而这种再分配过程最终是要使国债的需要者和资金的需要者都得到满足，这样社会资金的配置就会趋向合理。三是提供和传播经济信息。国债市场的买卖、行市和收益等均受客观经济规律的影响，对其变化情况进行分析和研究，可以从不同的角度了解社会经济现象。这样既可以为政府提供宏观和微观的经济信息，有利于其作出正确的经济决策；也可以为广大的社会投资者提供分析投资环境的信息，有利于其作出明智的投资决定。

9.4.2　国债发行市场

1. 国债发行市场的构成

　　国债发行市场也称国债一级市场，是指国债发行与销售的市场，通过市场手段促进国债债权人与债务人发生债权与债务关系，其职能是完成国债发行任务，使政府筹措到所需资金，也为社会上的资金所有者提供投资并获取收益的机会。

　　国债发行市场实际上是一个抽象的概念，它并没有具体集中的场所，而是分散无形的。在国债发行市场上，一方是国债的发行者，即政府。政府通过发行国债筹集所需资金。另一方是国债的投资者，即社会上众多的资金持有者，他们通过购买国债实现一种投资。但通常情况下，国债的发行者与国债的认购者并不直接联系，他们总是通过国债发行的中介机构来完成国债交易过程。所以，国债的发行市场，主要是由发行者、中介机构和投资者三方组成的。

　　政府在国债发行市场上是以债务人的身份出现的，它是国债发行的主体。一般来讲，政府发行国债的目的是筹集资金，以弥补财政赤字、扩大政府投资支出和解决暂时性资金短缺等。政府希望以最小的筹资成本，来获取最大量的、能长期使用的资金。但政府发行国债必须依据一定的法律程序，按照预定的发行条件来进行，而不能随意进行。

　　国债的投资者在国债发行市场上是以债权人的身份出现的，他们用货币购买国债，从而持有国债并承担一定的风险。投资者通常要考虑四个因素：一是国债偿还期限的长短。一般说来，期限越长意味着不稳定的因素越多，所以风险也就越大。二是国债流动性的大小，即变现能力的大小。在投资者遇到风险或预期到风险时，如果流动性大，国债就可以顺利地变成现金，从而使投资者逃避风险，减少损失。三是国债的安全性。国债的安全性通常涉及到两个方面，即政府不能按期还本付息的风险和由于通货膨胀而造成的损失。四是国债的投资收益。收益是投资者的最终目的。投资者之所以冒风险进行投资，就是为了能从中获得较大的收益。由于国债的偿还期限有长有短，利率有高有低，每年还本付息次数多少不等，买进时的市价有高有低，所以，国债的投资收益也各有不同。一般来说，投资收益与投资风险成正比，风险大，收益也高；风险小，收益较低。

中介机构在国债发行市场上是以中介的身份出现的，它们促成了国债发行和国债投资的顺利进行。国债的发行中介机构主要包括银行、证券商和经纪人等。国债首先由他们承购，然后再向投资者出售。中介机构主要以两种方式承销国债：一种方式是接受政府委托，以委托募集的方式承销国债。在这种方式下，中介机构本身不负有接受国债的义务，也不承担任何国债发行风险。另一种方式是以承包募集的方式承销国债，它的基本要点是中介机构有义务承购因未完成计划发行额而剩余的国债，因而也就承担了相应的国债发行风险。

2. 我国国债发行市场

我国在1981年恢复国债发行的最初几年里，基本上是采用政治动员与行政分配相结合的强制方式发行。由于背离了自愿平等的经济原则，销售难度很大。1985年为探索市场化改革的道路，财政部拿出一部分国债在上海做了柜台出售的试点。1991年我国国债发行采用了具有一定市场化成分的承购包销方式，它标志着我国国债发行市场的初步形成。1991年4月财政部第一次组织了有70家国债中介机构参加的国债承销团。1993年建立了国债一级自营商制度，当时有19家金融机构参加，承销了1993年第三期记帐式国债。所谓一级自营商，是指具备一定的条件并由财政部认定的银行、证券公司和其他非银行金融机构，它们可以直接向财政部承销和投标竞销国债，并通过开展分销、零售业务，促进国债发行，维护国债发行市场顺畅运转。1994年在以前改革的基础上，国债发行着重于品种多样化，推出了半年期和一年期短期国债以及不上市的储蓄国债。1996年国债发行又采取了市场化程度较高的招标方式，通过竞价确定国债价格和利率。例如，对贴现国债采取了价格招标，对附息国债采取了收益招标，对已确定了利率和发行条件的无记名国债采取了划款期招标。1997年商业银行退出证券交易所债券市场，同时银行间证券市场正式成立。我国国债发行市场就此一分为二。银行间证券市场的参与者主要是银行、保险公司等金融机构；交易所证券市场的参与者主要是机构投资者和个人投资者。1998—1999年大量国债在银行间证券市场以公开招标方式发行。

经过多年的探索和实践，我国国债发行市场已基本形成，适合当前市场结构的复合式国债发行模式也初步建立，一是以承购包销方式向商业银行、证券公司等中介机构出售不可上市的储蓄债券（凭证式国债）；二是以公开招标方式向国债一级自营商出售可上市国债；三是以定向私募方式向社会保障机构和保险公司出售特种定向国债。

9.4.3 国债流通市场

国债流通市场也称国债二级市场，是指转让、买卖已发国债的市场。其职能是为已发国债提供一种再次出售的机会，由此促成一种流动性，使国债持有者在需要资金时能够卖出国债收回资金，并向新的投资者提供投资选择的机会。

1. 国债流通市场的交易类型

国债流通市场的交易类型包括交易所交易和柜台交易两种。

交易所交易是一种有集中、固定的交易场所和交易时间的国债交易类型。交易所是一种高度组织化的二级证券市场，是最主要的证券交易场所。在多数国家中也是唯一的证券交易场所。它通常有较严密的组织和管理规则，采用公开竞争的方式并借助完善的交易设施和较高的操作效率进行交易。一般地，只有作为交易所成员的经纪人或交易员才能在交易所中从事交易活动，公众则通过经纪人或交易员进行交易活动，买卖的证券也必须经过核准才能进入交易所。世界各国证券交易所的组织形式，大体分为两类：一类是会员制组织形式，另一类是公司制组织形式。会员制组织形式的证券交易所是由许多会员自愿组成的、不以营利为目的的法人团体。会员对证券交易所的责任仅以其所交纳的会费为限，只有会员才能进入交易所直接参加交易，目前世界上大多数发达国家的证券交易所都采取这种组织形式。我国上海和深圳证券交易所也采取这种组织形式。公司制组织形式通常以股份有限公司制组成。这种形式的证券交易所是一种股份公司组织，它是由股东出资组成，以营利为目的的法人团体。它的股东一般有银行、证券公司、信托投资机构及各类公司。

柜台交易也称店头市场交易，指国债经纪人或国债自营商不通过证券交易所，直接与顾客进行交易的方式。它的主要特点是交易方式灵活，由买卖双方协商定价。投资者既可以与证券公司直接议价买卖，也可以委托经纪人与证券公司议价买卖。通常柜台交易有两种形式，即自营买卖和代理买卖。在自营买卖的情况下，证券公司以批发价格从其他证券公司买进国债，然后再以零售价格把国债出售给客户，或者证券公司以零售价格向客户买进国债，然后再批发给其他证券公司。在代理买卖的情况下，证券公司作为经纪人根据客户的委托，代理客户买卖国债，以赚取手续费。在从事代理业务时，经纪人必须为客户的利益着想，但在交易中不承担任何风险，其所得报酬只是手续费。通常的做法是，证券公司按照想买入国债的客户委托的买价或按照想卖出国债的客户委托的卖价，尽可能以对客户最有利的价格成交，然后向客户收取手续费。

2. 国债流通市场的交易方式

国债在进行买卖时通常采取三种方式，即现货交易、期货交易及回购协议交易。

现货交易也称现金现货交易，指买卖双方同意在国债成交时马上交割，一手交券，一手交现金。但在实际交易过程中，往往有一个较短的拖延时间，因而实际上即时交割的情况并不多见。通常采取次日交割或例行交割等方式。次日交割是指在成交后的下一个营业日正午之前办完交割手续；例行交割则是一种在交割时间上约定俗成的交易办法，但各国的约定时间不尽相同。

期货交易指国债成交后，并不马上交割，而是买卖双方按契约规定的价格和时间，在将来某一时间进行交割结算的交易。国债的期货交易可以在市场上把因国债价格（利率）变化所造成的风险转移他人。期货交易都是通过证券交易所进行的。在交割日期到来之前，买进期货的人还可以再卖出同样一笔期货，卖出期货的人也可以再买进同样一笔期货。在期货交易中，可以利用期货价格与现货价格的不一致进行套买套卖，这样可以达到套期保值或投机的目的。套期保值，是指在现货市场上买进或卖出某种债券的同时，再在期货市场上卖出或买进同等数量的债券，这样，当期货到期后，因价格变动而在现货交易中造成的盈利或亏损就可以由期货交易中的亏损或盈利得到弥补或抵消。利用期货交易进行投机，是指当债券行情看涨时，买进期货，到期后再以高价卖出，从贱买贵卖中获利；当债券行情看跌时，卖出期货，到期后再以更低的价格买进，从贵卖贱买中获利。这里投机因素可以起到加剧债券价格变动的作用。但投机时，投机者通常要承担价格变动的风险。

回购协议交易是指卖出一种国债时，附加一定的条件，于一定时期后以预定的价格或收益率，由最初出售者再将该种国债券购回的交易方式。在回购协议交易中，对国债的原持有人（卖方）来说是回购，而对投资人（买方）来说则是逆回购。由于是带有回购条件的买卖，所以国债实际上只是被暂时抵押给了买方，买方得到的只是双方议定的回购协议的利息，而不是国债本身的利息。国债本身的利息（包括被抵押出去的这段时间内的利息）是属于卖方（国债的原持有人）的。这种有条件的国债交易方式实际上是一种短期的资金借贷。回购协议的期限最短为一天（隔夜交易），最长为一年。通常为一、二、三个星期或一、二、三、六个月。回购协议的利率是由协议双方根据回购期限、货币市场行情以及回购国债的质量等有关因素议定的，与国债本身的利率没有直接关系。

3. 我国国债流通市场

我国从1981年恢复发行国债到1988年的七年间，国债没有二级市场，投资者购买国债，不能随时变现，使持券人交易很不方便。因此，建立国债流通市场势在必行。

1988年4月21日，我国首先在沈阳、上海等七个城市进行了国库券流通转让的试点工作，允许1985年和1986年发行的国库券上市转让，试点地区的财政部门和银行部门设立了证券公司参与流通转让工作。1988年6月，又批准了54个大中城市进行国库券转让的试点。国债流通市场初步形成后，面临的主要问题是多数转让，少数购进。在最初的两个月时间里，证券公司办理的国库券交易额中有70%～80%是转让的，市场上只有卖没有买，国库券价格大幅下降。1990年，通货膨胀率大大降低，人民银行两次调低银行存款利率，这样在客观上促成了国债流通市场出现新的转机，国库券收购价格从低于面值到高于面值。1990年12月，上海证券交易所开业，进一步推动了国库券地区间交易的发展。同年联办的全国证券自动报价系统开通，更加快了证券交易的速度，使国债流通转让提高到了一个新的水平。1991年又进一步扩大了国债流通市场的开放范围，允许全国400个地市级以上的城市进行国债流通转让。到1993年场外交易累积达450亿元，大于当时的场内交易量。但是，由于场外交易管理不规范、市场统一性差、地区牌价差大和流动性差等原因，导致场外市场交易不断萎缩，到1996年场外市场交易量的比重已不足10%。与此同时，场内市场交易虽然起步较晚，但由于自身优势却获得稳步发展，到1996年已占整个国债交易总量的90%以上。1997年银行间证券交易市场成立后，一部分国债交易从证交所场内挪到这一市场进行。目前国债流通市场已形成三分天下的格局：场内交易、银行间证券市场交易和场外柜台交易，并以前两者为主。

在现货市场发展的同时，我国国债的派生市场也有了一定的起色。1991年国债回购市场初步建立。国债回购是在国债交易形式下的一种融券兼融资活动，具有金融衍生工具的性质。它为国债持有者、投资者提供融资，是投资者获得短期资金的主要渠道，也为公开市场操作提供工具，因而对国债市场的发展具有重要的推动作用。但我国国债回购市场在运行中出现了一些问题，如严重的买空卖空现象，回购业务无实际债券作保证，回购资金来源混乱以及资金使用不当等，冲击了正常的金融秩序。1995年政府对国债回购市场进行了整顿，并使其逐步走向正规。1992年10月，上海证交所推出了国债期货市场。由于不熟悉期货交易工具，最初投资者反应冷淡。随着证券市场的发展以及人们金融意识的增强，上海证交所在1993年10月正式推出规范式的国债期货合同。此后国债期货日益为广大投资者认同，成交量也不断上升。但是，由于我国发展国债期货市场的条件还不成熟，加之法规建设滞后，在1994年下半年至1995年上半年之间，曾发生多起严重违规事件，于是国务院于1995年5月宣告国债期货的试点暂停。

9.5　国债的发行

国债的发行指国债由政府售出或被投资者认购的过程。它是国债运行的起点和基础环节，其核心是确定国债的发行条件和国债的发行方式。

9.5.1　国债的发行条件

国债的发行条件是指国家对所发行的国债及其与发行有关的诸方面以法律形式所作的明确规定。不同的国债发行条件直接影响政府的偿债能力和投资者的收益大小，从而关系国债能否顺利发行，政府能否如期筹集到所需资金等一系列问题。国债的发行条件主要包括：国债面值、国债利率和国债发行价格等。

1. 国债面值

国债面值，即国债票面金额的简称，它是指由政府核定的一张国家债券所代表的价值。

国债面值的大小，一般是根据国债发行的对象、国家经济发展水平和国民富裕程度、日常交易习惯及国债发行的数额等情况加以确定的。为了顺利推销国债，各国政府在国债面值的设计上越来越趋向于多样化，使国债面值的大小能适应认购者的不同要求，既有为资金实力雄厚的企业、财团等设计的大面值的国债券，也有为小额投资者设计的小面值的国债券，还有为中等收入者设计的面值适中的国债券。

2. 国债利率

国债利率就是政府举借国债所应支付的利息额与借入本金数额的比例。国债利率的高低，通常受金融市场利率水平、国家的信用状况、社会资金的供应量以及国债的期限长短和付息方式等因素影响。

确定国债利率时，首先要参照金融市场利率，也就是说国债利率必须与金融市场的利率水平相一致。如果国债利率水平定得过高，不但会增加国家财政的负担，而且还可能引起市场利率的上扬，抑制经济发展；如果国债利率水平定得较低，则会使国债难以找到投资者。

国债利率的确定还必须充分考虑国家的信用程度。如果国家信用很好，意味着国债风险小、收益稳定可靠，则国债利率可以定得较低些；如果国家信用较差，意味着国债风险比较大，则国债利率必须定得高一些，因为只有这样才有可能吸引到国债投资者。

从社会资金的供应状况来看，如果资金供应量充足，国债利率可以定得低一些；如果资金供应量缺乏，则国债利率必须定得高一些。

从国债期限来看，由于国债期限的长短对国债投资者的收益及资金的流动性和安全性有重大影响，所以决定着国债的利率水平。如果国债期限较长，意味着投资的风险较大，因而必须将国债的利率定得高一些，才能吸引投资者；如果国债期限较短，意味着资金的流动性好，而且风险小，所以可以将国债的利率定得低一些。

从国债的付息方式来看，国债的利率水平也受到影响。国债的付息方式一般分为一次性付息和分次付息两种。一次性付息又分为单利计息和复利计息，单利计息指国债到期还本时一次支付所有应付的利息，利息按本金计算，到期前应付的利息不加入本金计算。复利计息指国债到期还本时，将国债未偿还前按年所生利息加入本金计算，逐期增加计息基数。由于单利计息和复利计息对国债投资者的影响不同，所以，在实际收益率相等的情况下，单利计息国债的票面利率一般会高于复利计息的票面利率。分次计息一般有按年付息、按半年付息和按季付息等形式。分次计息对于国债投资者来说有现金流动性和相当于复利计息的好处，但对国债发行者来说则较为烦琐。

3. 国债发行价格

国债发行价格是指国债券的出售价格或购买价格。国债发行价格不一定就是面值，在国债市场上，受供求关系的影响，国债发行价格围绕着票面价值上下波动，可能高于面值，也可能低于面值。根据国债发行价格与面值的关系，国债发行价格分为三类，即平价发行、折价发行和溢价发行。

平价发行是指国债按面值出售。这种情况下，国债发行收入与到期偿还本金的支出相等。

折价发行是指国债按低于面值的价格出售。国债到期时，按面值偿还本金。这种情况下，国债投资者除得到利息外，还会得到发行价格与面值之差的额外收益。采取这种形式发行国债，主要是因为国债的票面利率低于实际的市场利率，政府必须降低发行价格，使发行价格低于票面价格的部分，可以补偿国债投资者因票面利率低于市场利率的损失，才可能吸引国债投资者。

溢价发行是指国债按高于面值的价格出售。国债到期时，按面值偿还本金。这种情况下，国债的发行收入高于偿还本金的支出。出现这种情况，主要是因为国债的票面利率高于市场利率，投资者愿意把资金投向这种国债，导致这种国债供不应求，从而使得国债发行者能够以高于面值的价格出售国债。

9.5.2 国债的发行方式

国债的发行必须采取一定的方式进行。恰当的发行方式是保证国债发行任务完成的重要一环。从世界各国的情况来看，国债发行方式主要有五种，即固定收益出售方式、公募拍卖方式、连续经销方式、直接销售方式和组合方式。

1. 固定收益出售方式

这是一种在金融市场上按预先确定的发行条件销售国债的方式。其特点主要有以下几个。

① 认购期限较短。从国债开盘发售到收盘，一般必须在几天（最长为两周内）的时间内完成。

② 发行条件固定。国债的利率与票面价格固定不变，按既定的发行条件出售。而这一既定的发行条件，往往是由财政部门通过事先与有关包销财团谈判或按照金融市场行情确定的。

③ 销售机构不限。金融机构、邮政储蓄系统、中央银行和财政部或其所属的国债局（署、司）等均可以此方式销售和代理销售国债，但通常以前两种机构为主。

④ 主要适用于可转让的中长期国债的推销。

在金融市场利率稳定的情况下，这种方式的采用是比较有利的。国家既可据此预测市场容量，确定国债的收益条件和发行数量，也可灵活选择有利的推销时间。但在金融市场利率易变和不稳定的情况下，采用这种方式就会遇到一定问题。其突出表现是政府不易把握金融市场行情，并据此确定国债的收益条件和发行数量。即使勉强确定，也会因为金融市场行情在国债销售期间发生变动而与市场需要不相适应。因此难以保证预定国债发行任务的完成。为了解决这个问题，采用这种方式发行国债的国家大都辅之以"销售担保"措施，即采用辛迪加财团包销和中央银行包销。

2. 公募拍卖方式

这是一种在金融市场上通过公开招标推销国债的方式。其特点主要有以下几个。

① 发行条件通过投标决定。认购者对准备发行的国债的收益和价格进行投标，销售机构根据预定发行量，通过决定中标者名单被动接受投标决定的收益和价格条件。

② 拍卖过程由财政部、国债局（署、司）或中央银行直接负责组织，即以它们为销售机构。一般的银行、信贷机构、证券商及邮政储蓄系统等不能作为以拍卖方式销

售国债的机构。

③ 主要适用于中短期国债，特别是国库券的销售。

这种发行方式的优点在于可避免因市场利率不稳定、国债发行条件可能与市场行情脱钩，从而预定发行任务不能顺利完成的情况。但国家却在发行条件上处于被动地位，尤其是可能出现投标利率过高或投标价格过低。因此，各国往往在采用这种发行方式时附加某些限制条件。

3. 连续经销方式

这是一种销售机构（包括经纪人）受托在金融市场上设专门柜台经销并拥有较大灵活性的国债发行方式。其特点主要有以下几个。

① 经销期限不定，即不规定销售国债的具体期限，销售机构可无限地连续经销，直到预定发售任务完成。一种特定债券的销售可持续一个相当长的时期，几个星期或几个月，甚至几年（实际上除特殊情况外，一般开盘几天就能全部售完）。

② 发行条件不定，即不预先规定债券的利率和出售价格，而由财政部和国债局（署、司）或其代销机构根据推销中的市场行情相机确定，且可随时进行调整。如丹麦以此方式销售的国债券，就是由丹麦国家银行（中央银行）代表财政部确定发行条件，并随市场行情的变动每天做出调整。

③ 主要通过金融机构和中央银行以及证券经纪人经销。认购者直接或通过证券交易所向经销机构递交申请，后者或是直接或是通过证券交易所予以出售。

④ 主要适用于不可转让债券，特别是对居民个人发行的储蓄债券的销售。

与前两种方式相比较，它的主要优点是可灵活确定国债的发行条件及销售时间，从而确保国债发行任务的完成。这是因为金融市场行情往往瞬息万变，国债发行条件与其不相适应的情况是经常发生的。只有随时进行相应的调整，并灵活选择有利销售时机，才能提高国债的吸引力，吸引社会资金投资。连续经销方式恰恰具备这样的条件。然而，连续经销方式的优点也正是其缺点的根源，这就是它会与工商企业争投资，排挤工商企业的筹资活动，从而妨碍企业投资和经济的长期增长。正因为如此，目前也只有少数国家采用这种国债发行方式。

4. 直接销售方式

这是一种由财政部门直接与认购者谈判出售国债的销售方式。其特点主要有以下几个。

① 销售机构只限于政府财政部门，如财政部或国债局（署、司），即由它们直接与认购者进行交易，而不通过任何中介或代理机构。

② 认购者主要限于有组织的集体投资者，其中主要是商业银行、储蓄银行、保险公司、养老基金和政府信托基金等。个人投资者不能以此种方式认购国债。

③ 发行条件通过直接谈判确定，由财政部、国债局召集各个有组织的集体投资者分别就预备发行国债的利率、出售价格、偿还方式、期限等条件进行谈判，协商确定。有些国家也采用一些条件由财政部预先确定，其余条件则通过谈判解决的办法。至于具体谈判时间，往往随发行随召集。

④ 主要适用于某些特殊类型的国债的销售。如比利时和瑞士的专门用于吸收商业银行资金的特殊国债券，卢森堡的专供有组织的集体投资者认购的特殊可转让债券，以及有些国家对特定金融机构发行的专用债券等，就是通过此种方式销售的。

这种方式的优点在于它可充分挖掘各方面的社会资金潜力。因为国债的发行条件通过与各个投资者直接谈判确定，为财政部门提供了了解、掌握认购者投资意向的机会。可据此向各类认购者设计发行不同条件的国债。不过，这种方式只能在有限的范围内采用，否则，会因工作量巨大、繁重而陷于困境。

5. 组合方式

这是一种综合上述各种方式的特点而加以结合使用的国债销售方式。

在某些国家的国债销售过程中，有时并不单纯使用上述的任何一种方式，而是将这些方式的一些特点综合起来，取其所长，结合运用。在英国，国债券的销售往往采取先拍卖后连续经销的方式，即最初先将国债券以公募拍卖方式出售，由于拍卖期限较短，且附有最低标价规定，难以避免投标数量不足。拍卖余额就由英格兰银行（中央银行）负责购入，其后再以连续经销方式继续出售，直到完成预定的销售任务。除英国外，采用类似方式的还有意大利、新西兰、德国等。

除了以上几种主要发行方式外，还有一种行政摊派的发行方式，即国债不是自愿认购的而是依靠行政指令强制认购的。这种方式在市场经济、金融市场不发达的国家较为普遍地存在。

9.6 国债的偿还

国债的偿还指国家依照国债的发行条件，对到期国债支付本金和利息以终止债权债务关系的过程，它是国债运行的终点。国债的偿还主要涉及三个方面的问题，即偿还制度、偿还方式和偿还资金的来源。

9.6.1 国债的偿还制度

国债的偿还制度是指国债的偿还所必须遵循的规程，它可分为强制偿还制度和自由偿还制度两大类。

所谓强制偿还制度，是指有关国债的偿还时间、数额、场所、方式及其他各种偿债条件，均按国债发行时所颁布的法令和契约规定而执行，政府不得任意变更。

所谓自由偿还制度，是指政府对于国债的偿还时间、数额、方式、场所等条件，可以不受法规或契约的约束，均能自由选择和决定。

国债的强制偿还和自由偿还各有利弊。强制偿还可以使政府对国债还本付息的时间、数额和方法等方面规范化，有利于维护政府的债信，也有利于迫使政府按时足额地偿还债务，避免形成过多的债务累积。但是政府缺乏必要的了结债务的机动性，因而不利于通过国债偿还过程贯彻实施政府的宏观经济政策。自由偿还可以弥补上述缺陷，具有随时了结债务的机动性。政府可根据自身财力的状况及国民经济运行情况自主选择偿还的时间、数额和方法，以贯彻宏观经济政策。但这种制度由于缺乏必要的约束，政府有可能拖延对国债的偿还时间，进而导致债务累积，不利于维护政府的债信。

现代市场经济国家普遍实行自由偿还制度，但同时也附加了必要的约束。

9.6.2 国债的偿还方式

国债偿还时，虽然偿还的本金和利息都是固定的，但作为政府来讲，何时偿还，采用何种方式为好，是有选择余地的。各国国债的偿还方式主要包括以下几种。

1. 一次偿还法

一次偿还法是指政府对发行的国债实行到期后按票面额一次全部兑付本息的方法。

这是一种传统的偿还方式，其优点是国债偿还管理工作简单易行。缺点是在缺乏保值措施的情况下，债券持有人容易受到通货膨胀的影响，并且集中一次还本付息，有可能造成财政支出的急剧上升，给预算平衡造成压力。

我国自1985年以后向个人发行的国库券及政府的其他债券（如国家重点建设债券、保值公债、特种国债等）大部分都是采用这种方式办理还本付息的。

2. 市场购销法

市场购销法是指政府根据国债市场行情，适时购进某种国债券，以此在该债券到期之前逐步清偿的一种偿付方式。

这种方式的优点是给投资者提供了中途变现的可能性，并有利于维护国债市场的价格。其缺点是政府需为市场购销进行大量繁杂的工作，业务成本较大。

在西方国家，市场购销法是一种重要的国债偿还办法。政府通过中央银行的公开市场业务在证券市场上陆续收购国债券。当某种国债期满时，绝大部分已被政府所持有，债券的偿还只不过是政府内部的账目处理问题。这是西方国家国债偿还的重要方式，在我国尚未尝试。

需要说明的是，该种方法只适用于各种期限的上市国债，并以短期国债为主。

3. 分次偿还法

分次偿还法是指政府对所发行的国债，采取分期分批的方式偿还本息。依据对偿还时间的决定方式不同，分次偿还法可分为以下两种。

① 分期偿还法，即对一种国债券分几期偿还，每期偿还一定比例，直到债券到期时本息全部偿清。这种偿还方式可分散国债偿还对财政的压力，但手续繁杂、工作量大，债务管理费用过高。

② 抽签偿还法，即在国债偿还期内，采取定期专门抽签的方法确定各次偿还债券

的号码，是如约偿还的一种方法。抽签又可分为一次性抽签和分次抽签两种。前者是指对政府发行的某期国债，在它到期前的某个时间举行抽签仪式，集中把各年度每次还本债券的号码全部抽出，予以公告。后者是对政府发行的某期国债按分批还本的次数定期抽签，以确定还本债券的号码，分几批还本就分几次抽签，这种偿还方式的利弊与分期偿还法类似。

我国1981—1984年发行的四期国库券，就采用了一次抽签法；1954—1958年发行的国家经济建设公债，采用了分次抽签法。

4. 以新替旧法

以新替旧法是指政府通过发行新债券来兑付到期的旧债券，以达到偿还国债目的的一种方法。

这种方法既延长了投资人持有国债的时间，又使到期的政府债务后延。其优点从财政的角度来看，增加了筹措还债资金的灵活性，因为未来到期国债既可用一般预算资金来偿还，又可通过发行新债券来偿还。从债券持有者的角度来看，只要其认为有利，便可拥有继续持有政府债券的优先权。缺点是如果经常使用这种偿还方式，很可能会损坏政府信誉。

以上各种国债的偿还方式各有利弊，应当运用哪种，要看理财者的理财水平和运用是否得当。如果能因时制宜地灵活运用，则可获得较好的结果；如果仅拘泥于某一种方式，则产生的结果可能就较差了。

9.6.3　国债的偿还资金来源

国债无论采用哪种偿还方式，都必须有一定的资金来源。这些资金来源一般包括如下几种。

1. 经常性预算收入

经常性预算收入是指在经常性预算中用经常性预算收入安排当年应偿债务支出。由于税收是经常性预算收入的主要来源，以前发行的到期国债，要用现在的税收来偿还；现在发行的国债，需用以后征收的税收来偿还。因此，国债资金的实质是变相的税收，即延期的税收。偿债资金以经常性预算收入为来源，虽能在一定程度上确保国债按期偿还，但因各年应偿债务量不同，甚至会出现骤增骤减的情况，很有可能影响经常性支出的稳定性，从而打破经常性预算的收支平衡，这对政府的社会管理职能的稳定履行不利。

2. 预算盈余

预算盈余是指政府用上年预算收支的结余部分来偿还国债的本息。结余多，则偿债也多；结余少，则偿债也少；如果预算执行无结余只好不偿还。可见，这种偿债资金来源很难保证国债偿还计划的顺利完成。上年预算是否有盈余事先是不能确定的，且盈余数与国债偿还数也不一定一致。因此，用预算盈余偿还国债一般只适用于通过购销法偿还永久国债。况且从各国实际情况来看，由于政府职能的不断扩大，预算支出不断增加，预算有盈余者不多，即使有些盈余，也难以偿还规模不断扩大的国债数量。所以从根本上说，预算盈余充其量只能作为偿还国债的一部分资金来源，而不能成为主要来源。

3. 举借新债

举借新债是指政府通过发行新的国债来替换旧的国债。以新债收入作为偿还旧债的资金来源，往往是在政府财政拮据时使用。采用这种方法，能够推迟政府实际偿还时间，还有可能增加债务余额，延缓偿债负担，暂时渡过偿债高峰。但是，它很难减轻债务，同时需要有良好的债信和比较发达的金融市场等社会经济环境。假如债信不高，则要以较高的利息支付作为以新换旧的代价，从而加重未来财政负担。

4. 偿债基金

偿债基金是指指政府预算设置的一种专项基金，专门用以偿还国债，即每年从财政收入中拨出一笔专款设立基金，交由特定机关管理，专作偿债之用，而且在国债未还清之前，每年的预算拨款不能减少，以期逐年减少债务。

设置偿债基金偿还国债，虽然操作程序复杂，但却为偿还债务提供了一个稳定的资金来源，可以平衡各年度还债负担，使还债带有计划性和节奏性。从表面上看，设置偿债基金可能减少一定时期国家预算可以直接支配的收入，但是如果把国债发行当作一个较长时期的财政政策，从长远的角度来看，偿还国债每年都会发生，偿债基金可以起到均衡偿还的作用。如果偿债基金有结余，国家可以在短期内暂时有偿使用它们而不会使之闲置，从而建立起一种"以债养债"机制。随着我国国债运用的长期化和债务累计额的逐年增长，以及复式预算制度的不断完善，建立偿债基金制度将成为必要和可能。

第 10 章

财政政策与财政监督

10.1 财政平衡与财政赤字

10.1.1 财政平衡的含义

财政平衡是财政收支平衡的简称，通常是指年度财政收入与年度财政支出在总量对比上的相等或者平衡。现在世界上大多数国家的财政收支都是通过政府预算实现的，所以财政收支之间的平衡程度也就表现为国家预算收支在量上的对比关系。由于现实中的财政收入和财政支出是相对独立的，在一个预算年度内，财政收入和财政支出很难是恰好完全相等的。因此，对财政平衡就不能做绝对化的理解。一般认为，当财政收支差额不大时，都可以视为实现财政平衡。换句话说，不论是收大于支，略有结余；还是支大于收，略有赤字，只要财政结余或赤字不超过一定的数量界限都应视为财政平衡。在我国传统的财政理论中，曾经以结余或赤字占财政收入的3%为数量界限：把当年财政结余占财政收入的3%以内的略有结余的状态，称为稳固平衡；把当年财政赤字占财政收入的3%以内的略有赤字的状态，称为基本平衡；把当年财政收入与支出完全相等的状态，称为完全平衡，并认为上述三种状态都属于财政平衡的表现形式。

既然财政平衡或赤字是一个财政收支数量对比的关系问题，那么就有一个财政收支口径的确定问题，而这一口径的确定，实际上就意味着财政赤字（结余）口径的确定，也就是财政平衡公式的确定。正是由于财政收支有不同的口径，相应地就形成了不同的财政平衡公式。

不同的财政平衡公式的主要差异在于两个方面：一是公债收支是否列为财政收支；二是公债付息支出是否列入财政支出。从这两个差异出发，结合我国财政实践的变化，大体上有以下三种财政平衡公式。

① 财政收支口径中包括公债收支。按这种口径，所有的公债收入都计入财政收入；相应地，所有公债支出（包括还本和付息）都计入财政支出。因此，财政平衡公式为：

年度财政盈余或赤字=（经常收入+公债收入）-（经常支出+投资支出+公债还本付息支出）

② 财政收支口径中不包括公债收支。按这种口径，所有的公债收入都不计入财政收入；相应地，所有公债支出（包括还本和付息）都不计入财政支出。因此，财政平衡公式为：

年度财政盈余或赤字=经常收入-（经常支出+投资支出）

③ 财政收支口径中包括公债付息支出。这种口径是市场经济国家通行的做法和国际惯例，即当年公债收入和公债还本支出都不列入财政收支，但当年发生的公债付息支出列入财政支出。其财政平衡公式为：

年度财政盈余或赤字=经常收入-（经常支出+投资支出+公债付息支出）

从2000年开始，为了完全与国际惯例接轨，更为恰当地反映赤字规模，我国开始实行了这一口径的财政平衡公式和赤字计算口径。

10.1.2 财政收支矛盾与平衡的转化

财政收入与支出是财政的两个基本内容。在财政收支不停息的运动过程中，财政收入与支出经常处于既对立又统一的关系之中，即构成一对矛盾，其矛盾的表现形态就是平衡与不平衡。因此，我们应该从认识财政收支矛盾的客观性入手，揭示财政收支矛盾与平衡转化的规律性。

1. 财政收支矛盾的客观性

由于财政内部与外界众多因素的影响，财政收支之间经常出现矛盾。其主要原因有以下几方面。

① 社会需要与资源供给不平衡的矛盾在财政领域中经常反复出现，这是财政收支不平衡的最主要原因。

② 财政决策的失误、计划与实际的不一致也会引起财政收支的不平衡。由于人们的认识往往落后于客观实际，在制定与执行政策时，不容易做到与客观经济规律完全符合，以致既定的财政收支计划虽然是平衡的，但执行的结果往往有较大出入。这往往发生于以下两种情况：一是计划制订不够科学。虽然制订的财政收支计划是平衡的，但如果出现与客观实际偏离较大，不但失去计划的作用，甚至容易误导财政执行结果。二是对计划执行不认真。既没有根据客观情况的变化及时修改、调整计划，也

没有积极地落实计划。

③ 生产力发展水平与经济管理水平的变化对财政收支产生的影响，也会造成财政收支矛盾。编制计划时，总是按一定的经济技术指标以及生产、经营条件来确定。如果经营管理不善，劳动生产率下降，成本上升，或者存在财政收支虚假的现象，都可能发生因收入减少、支出增加而形成支大于收的差额。

④ 财政收入与财政支出在时间上的错位。一般来说，财政收入具有均衡性，而有些财政支出具有集中性。这样即使整个财政年度预算收支平衡，在收支过程中也会出现支多收少或收多支少的情况。

⑤ 某些意外事故甚至突发事件的出现，如严重的自然灾害带来的破坏等，都会影响财政收支的平衡关系，使矛盾显性化。

2. 财政收支矛盾与统一的规律性

财政收支矛盾的客观性决定了不平衡是财政收支运动的基本形态，但财政收支又是彼此依存、互相统一的，财政收支矛盾双方这种既对立又统一的辩证关系，是财政收支矛盾向平衡转化的根本原因。具体原因体现在以下几个方面。

① 相同的财政收入与财政支出都代表相等价值的资源，其运行目的都是更好地满足国家公共物品的需要，推动社会经济建设和各项事业的发展。

② 财政收入是财政支出的来源，财政支出是财政收入的使用。

③ 财政支出促进和影响着财政收入，合理的财政支出是增加财政收入的条件和基础。财政支出的规模、结构与增长速度，直接影响经济增长与经济效益，从而决定财政收入的规模和增长速度。由此可见，财政收入与财政支出不仅在性质上表现为相互制约、相互促进，而且在数量上也存在着一定的规律性，使得财政收支之间出现的偏离有可能在一定时期内得到纠正，从矛盾的对立不平衡状态向相对统一的平衡状态转化。

3. 实现财政收支矛盾与统一的条件和要求

社会主义市场经济的建立为有效地调节财政收支，促进财政收支矛盾向财政收支平衡转化创造了客观条件。同时，财政平衡又是政府实行宏观调控的一种形式，促进财政收支平衡是完善社会主义市场经济宏观调控的要求。财政的首要任务就是要在全面认识财政收支之间内在联系的基础上，经常分析造成财政收支矛盾的各种因素，把握时机，采取各种调节措施，促进财政收支矛盾向财政收支平衡转化，实现国民经济的稳定发展。

10.1.3 财政赤字及其影响

1. 财政赤字的含义

财政平衡是具有相对性的，在预算年度中，经常会存在财政结余或赤字。其中，财政赤字已经成为一种世界性的经济现象而广泛存在。但是，财政赤字不能简单地等同于财政支出大于收入的差额，不同的赤字概念具有不同的经济含义。

1）硬赤字和软赤字

由于人们对财政赤字的计算口径和方法不同，得出的财政收支所处的状态也会有所差别，财政赤字有硬赤字和软赤字之分。

硬赤字是将债务收入与经常性收入一起计入正常的财政收入，同时也将债务支出与经常性支出一道计入正常的财政支出当中。按照这样的口径，实际上是将一部分财政赤字用债务收入弥补上了。在这种前提下，如果再出现赤字，就是净赤字或者硬赤字了。其公式表示为：

$$硬赤字=（经常性收入+债务收入）-（经常性支出+债务支出）$$

软赤字是指在统计和计算财政收支时，不把债务收入计入正常的财政收入，同时也不把债务支出计入正常的财政支出。在这种情况下，如果财政收支相抵后出现的赤字，就是软赤字。其公式表示为：

$$软赤字=经常性收入-经常性支出$$

2）预算赤字、决算赤字和赤字政策

财政平衡是具有相对性的，在预算年度中，经常会存在结余或赤字。其中，财政赤字已经成为一种世界性的经济现象而广泛存在。但是，财政赤字不能简单地等同于财政支出大于收入的差额，不同的赤字概念具有不同的经济含义。

从赤字出现的时间先后来看，有预算赤字和决算赤字之分。所谓预算赤字是指在编制预算时在收支安排上就有赤字，但这并不意味着最后预算执行的结果也一定有赤字，因为政府在预算执行过程中可以采取增收节支的措施，实现收支平衡。而决算赤字是指预算执行的结果出现支出大于收入导致的赤字。决算有赤字可能是因为在预算编制时就有赤字，也可能是因为预算编制是平衡的，但在预算执行过程中出现新的增收增支的因素而导致赤字。

3）年度性赤字和周期性赤字

年度性赤字就是在预算年度当中形成的财政赤字。周期性赤字是指政府基于经济周期性波动而安排的财政赤字。它是依据经济周期理论以及经济运行周期性特征提出来的。从理论和许多发达国家的实践上来看，在经济高涨时期，由于企业和个人的经济收入增加，一般情况下政府财政收入也必然会相应增加，所以一般不会形成赤字，反而可能出现财政结余；但在经济衰退时期，企业和个人的经济收入都会减少，尤其是衰退到最低（谷底）时，企业和个人的收入水平也有可能降到了最低点。而在此时的政府财政收入难以正常增长，却可能因失业率增高等因素而导致财政支出大量增加。如果这种经济衰退是有效供求不足引起的，政府还需要增加投资等手段刺激和扩大社会经济需求，这些都会促使政府财政支出加大，形成财政赤字。一般从理论上讲，在一个经济运行周期过程中，经济高涨阶段和经济运行的谷底阶段是对称性的，在经济运行的谷底阶段所形成的财政赤字可以被经济高涨阶段所形成的财政结余所抵消。

2. 财政赤字的弥补及其效应

从一般意义上讲，下列方式都可以作为政府弥补财政赤字的手段。但在现实中，财政赤字的成因及类型不同，每一种手段的适用范围要根据其对经济发展可能产生的影响和作用来选择。

1）发行货币

当一国财政赤字过大或财政形势严峻时，政府可以通过印刷一定数量钞票的形式弥补财政赤字。一方面，政府从扩大基础货币发行量而获得更多的归政府支配的实际资源量；另一方面，当货币发行量超过经济需要造成通货膨胀时，使货币持有者蒙受实际货币余额损失，并使政府所欠的国内债务价值降低。以这种形式的"征税"来增加财政收入要比直接增加税收隐蔽得多。但是这种形式极易产生通货膨胀预期，导致政府债务信誉下降，最终加剧经济波动，甚至产生恶性通货膨胀。在现代市场经济运行中，各国政府一般不采取发行货币的方式来弥补财政赤字。

2）向银行借款

利用财政透支弥补财政赤字曾经是政府最不得已所采取的手段。所谓财政透支是指府财政在其银行账户支取的款项超过其存款的数额。如果政府是在编制预算时通过财政与信贷的综合平衡有计划地安排财政透支，实际上是用银行的信贷资金弥补财政赤字，一般也不会引起通货膨胀。《中华人民共和国中国人民银行法》颁布后，财政不能向中央银行透支，财政透支从而转为财政借款。

向中央银行借款弥补财政赤字，一般是在动用结余和发行国债还不能弥补赤字的情况下被迫采取的措施。财政向银行借款时，实际操作方法是在财政借款账户的借方和国库存款账户的贷方各记上一笔相等的数额，借出的货币通过各种用途分别形成企业存款、居民储蓄或手持现金。

3）动用历年财政结余

累计的财政结余是政府执行预算收大于支的结果。如果在封闭经济体制下实行银行代理国库，财政结余在价值形态上表现为银行的财政性存款，在物质形态上表现为相应的未动用的物资。这时，如果所动用的财政结余是真实的，实际上等于将过去形成的经济需求投入到当前的市场上去，因而对本期的社会需求形成扩张性的影响。这种影响一般不会产生通货膨胀。由此看来，动用财政结余弥补财政赤字不失为一种可以选择的手段。然而，从过去的实际情况来看，由于世界上国际经济交往日益扩大，各个国家的经济很难在封闭的状态下运行，况且随着政府职能的扩展，大部分年份出现财政结余的情况很少。因此，靠动用财政结余弥补赤字缺乏基础。并且在动用财政结余弥补赤字时，也要考虑国际经济环境的影响。

4）发行公债

通过债务收入来弥补财政赤字，其实质是在现有的社会需求总量不变的前提下，使债权人将其货币购买力暂时有偿地让渡给政府。因此，如果不考虑政府的债务负担问题的话，若通过发行公债，以债务收入来弥补财政赤字，一般不会对社会总需求产生扩张性的冲击，也不会导致通货膨胀。但在现实操作中，必须要认真考虑到借债规模对弥补财政赤字的可能空间，以及发挥公债使用效率的问题。

3. 财政赤字的经济影响

财政赤字对经济的影响主要是通过不同弥补赤字手段的实施来体现的。分析其对经济发展的正反作用，必须根据赤字形成的不同原因，并针对一定的经济环境和条件，把赤字的动机和结果，置于一定的前提下进行考察。

1）财政赤字的挤出效应

财政赤字存在挤出效应，是指政府通过赤字而扩大的政府投资会引起非政府投资的相应减少，即增加的政府投资挤出了非政府部门的部分投资。理论界一般认为，在政府通过发行公债、运用债务收入来弥补财政赤字的时候，构成政府债务收入的资源实质上是民间可以用来投资的资源。在此情况下财政赤字挤出效应的发生，一方面是政府通过发行公债，将民间的这部分资源转为政府的债务收入，并用它来弥补政府的财政赤字，形成了对民间投资的直接"挤出"；另一方面，在整个经济运行的货币供应量不变的条件下，政府的财政赤字支出实质上是增加了市场上对货币的需求量，因而财政赤字支出的增加必然导致市场上利率水平的提高，相应地抑制了民间对资金的需求，从而进一步导致民间投资的减少。

2）财政赤字的拉动效应

财政赤字拉动效应是指政府的财政赤字支出形成的促使经济增长和私人投资增加的效果。它反映的是财政赤字支出对经济发展的正面的或积极的影响。财政赤字的拉动效应，主要可以从以下几种情况来分析。

第一，政府的财政赤字支出通过加大资本性支出，通常会带来国民收入增加，从而会使整个社会的投资支出增加。这时财政赤字拉动效应的原理是：当政府的财政赤字支出使国民收入的增加能够抵消利率提高对投资的负面影响时，政府的财政赤字支出就会使整个社会，尤其是私人投资开始增加，从而产生对经济的拉动效应。这种情况下，决定拉动效应的关键，是把握好赤字支出的方向和使用效率。

第二，当有些国家的利率管制制度使得利率水平对财政赤字的反应灵敏度很小的时候，或者在经济运行中民间投资利率变化缺乏弹性的状态下，财政赤字一般不会通过影响利率水平而挤出民间投资。

第三，在不同的宏观经济条件下，政府利用财政赤字的动机不同，会产生不同的结果。当经济中产生供过于求的情况，有支付能力的需求相对不足，时常出现萧条，政府必须实行扩张的财政政策，以校正经济发展中的波动。财政赤字有助于扩大购买力，增加有支付能力的社会需求，缓解供需总量矛盾，在一定限度内赋予经济发展新的活力，起到助推经济发展的作用。

第四，政府财政赤字支出引致的政府债券投资形式，为社会投资开拓了风险较小的选择空间，引导社会投资增加，带动整个经济增长。通常情况下，人们进行投资决策时表现为对各类资产的选择上，主要考虑收入和风险两种因素。一般认为，政府公债的风险是比较小的。这种由于政府的财政赤字引导出的替代功能，对整个社会经济产生拉动效应。

10.2 财政政策概述

10.2.1 财政政策的含义及分类

1. 财政政策的含义

政策是国家为实现其经济调控目标而制定的方针、策略和措施等手段的总称，是人的主观作用于客观的经济运行。对于何为财政政策，不同国家、不同时期、不同的学者有着不同的见解。1936年凯恩斯发表了《就业、利息与货币通论》，建立在凯恩斯宏观经济学基础之上的现代财政政策日趋成熟，其财政政策强调采取多种手段来实现政府干预经济的多重目标。20世纪60年代，财政学者 V. 阿盖迪认为，财政政策可以认为是税制、共同支出、举债等措施的整体，通过这些手段，作为整个国家支出组成部分的公共消费与投资在总量和配置上得以确定下来，而且私人投资的总量和配置受到直接或间接的影响。经济学家希克斯夫人认为，财政政策是指公共财政的所有不同要素在依然把履行其职责（税收的首要职责就是筹措收入）放在首位的同时，共同适应各项经济制裁目标的方式、方法。这些目标是在高就业水平基础上求得最大增长。在讨论财政政策时，需要考察所有的公共支出和收入类型：一方面是对现存商品、劳务、转让、固定资产形成以及存货购买等方面的支出，另一方面是税收收入和来自财产、举债的功能方面的公共收入以及公债管理，这两种观点都是从财政政策手段的角度来定义的。Zagler 和 Durnecker 认为，财政政策是一个短期问题，作为一种政策手段，财政政策主要被用来减轻短期内产出和就业的波动。通过改变政府支出或税收，财政政策改变总需求以使经济接近于潜在的产出水平。W.西奈尔认为，财政政策是利用政府预算（包括税率和支出率），来调节国家需求水平进而促进充分就业和控制通货膨胀。阿图·埃克斯坦认为，财政政策就是运用预算长期内促进经济效率和经济增长，短期内为了实现充分就业和稳定物价水平而实行的各种税收和财政支出的变化手段。这三种观点既指出了财政政策的主要手段，又强调了财政政策的作用。

我国著名的财政学家陈共教授认为，财政政策是指一国政府为实现一定的宏观经济目标，而调整财政收支规模和收支平衡的指导原则及其相应的措施。郭庆旺则认为，财政政策就是通过税收和公共支出等手段，达到发展、稳定、实现公平与效率，抑制通货膨胀等目标的长期财政战略和短期财政战略。这是我国国内关于财政政策比较有代表性的两种观点，尽管在表述方式上存在一定的差异，但是都是从财政政策手段和财政政策目标的角度来进行阐述的，它们的中心内容高度一致。

杨晓华综合以上这些观点，在其专著《中国财政政策效应的测度研究》中给出如下的财政政策的概念：财政政策是我国宏观经济政策的重要组成部分，政府以某种财政理论为依据，运用各种财政政策工具，以达到促进经济增长、充分就业和物价水平稳定的目标。

我们认为，政策是指政府（或国家）为达到一定目的而制定的具体行为准则，它是由政策目标、政策手段和政策传导组成的，即任何一项政策的制定和执行都有一系列的问题：为什么？怎么办？效果如何？等等。政策通常都是自上而下地进行的，因此也被认为属于上层建筑范畴，财政政策是人们在认识和掌握财政经济的客观规律的基础上，在一定的经济理论指导下制定并贯彻执行的财政行为准则。

财政政策作为一个有机的整体，与其他政策一样由三方面的内容组成，即政策目标、政策手段、政策传导。政策目标是指通过政策的实施所要达到或实现的目的，它构成政策的核心内容，使政策具有确定的方向和指导作用。政策手段是指为实现既定的政策目标所选择的组织方式和操作方式，包括所使用的财政手段、经济手段和法律手段。政策手段是为政策目标服务的，而没有政策手段，政策目标就无从实现；政策手段选择不当，则会导致政策目标的偏离。政策传导是指从运用政策手段到实现政策目标所经由的媒体及其运行过程。

2. 财政政策的分类

1）按财政收支活动与社会经济活动之间的关系分类，财政政策可分为总量财政政策和个量财政政策

（1）总量财政政策是指财政政策对宏观经济发生影响，引起经济总量变化的政策，通常也称为宏观财政政策。宏观财政政策又常被划分为三种类型：扩张性财政政策、紧缩性财政政策和中性财政政策。扩张性财政政策简称宽松的财政政策，是指通过降低财政收入或增加财政支出以刺激社会总需求增长的政策。由于减收增支的结果表现为财政赤字，往往又被称为赤字财政政策。紧缩性财政政策是指通过增加财政收入或减少财政支出以抑制社会总需求增长的政策。由于增收减支的结果集中表现为财政结余，也往往被称为结余性财政政策。中性财政政策是指通过保持财政收支平衡以不影响社会总供给与社会总需求平衡状态的财政政策。在一般情况下，中性财政政策要求财政收支平衡，这时的财政政策也可称为均衡财政政策，主要目的在于力求避免预算盈余或预算赤字可能带来的消极后果。由于中性财政政策对社会总供给与社会总需求并不发生调节作用，所以也有人把总量财政政策简略为扩张性财政政策和紧缩性财政政策两种。

（2）个量财政政策是对有关经济个量发生作用，只影响经济个量增减变化的政策，也称之为微观财政政策。如在财政支出中，在不改变财政支出总水平的情况下，对财政支出的结构进行调整，从而对相关微观经济主体发挥调节作用。

2）按财政政策的期限划分，财政政策可分为中长期财政政策和短期财政政策

中长期财政政策是为国民经济发展的战略目标服务的政策，具有长期稳定性的特点。短期财政政策属于战术性政策，适用于特定时期和特定范围。

3）按财政政策发挥作用的方式划分，财政政策可分为自动稳定政策和相机抉择政策

自动稳定政策是指通过财政制度中的"内在稳定器"，在经济波动时自动发挥调控作用的财政政策，而不再需要人为进行调节，包括诸如累进税、救济金等财政工具在内。相机抉择政策是指人们根据稳定经济和减少经济周期波动需要而采取的财政政

策，如改变公共工程和其他开支方案、改变转移支付开支方案、调整税率以及改变折旧政策等。

4）按财政政策所规范的活动内容划分，财政政策主要包括财政收入政策、财政支出政策和财政调控政策

财政收入政策是指通过调整财政收入总量水平、结构、方式及方法等实现对经济活动的调节。财政支出政策是指通过调整财政支出的总量水平、支出结构和方式来实现对经济的调节。财政调控政策是指根据一定时期的经济和社会发展要求，对中央政府和地方政府之间、政府与企业之间、预算资金和预算外资金之间关系进行调节和控制。这种分类又可以细分为税收政策、国债政策、政府投资政策、经费开支政策、政府预算政策、国有企业收益分配政策等。

10.2.2　财政政策的目标

一国财政政策目标的选择是随着该国经济的发展和社会政治状况的改变而发生变化的。古典的财政政策目标就是财政收支平衡，或以最少的费用满足国家行政职能的运转，如在自由资本主义竞争时期，政府只是作为"守夜人"出现在社会经济舞台。古典经济学家的代表人物亚当·斯密的财政政策基本思想是：政府不是生产单位，它应当尽量少从社会经济中取走财富，以利于民间投资的发展，促进国民财富的增长；政府不应当干预经济，市场这只"看不见的手"足以协调经济的发展。他竭力主张财政收支平衡，反对财政赤字，反对发行公债。而资本主义垄断时期的经济学家代表凯恩斯则认为，应放弃自由竞争、自动调节和自由放任的经济原则，建议通过政府的财政政策和货币政策，刺激消费需求和投资需求，从而实现充分就业的均衡。他还认为，与货币政策相比，财政政策可以直接刺激消费和投资，见效快、时滞短，因而更为重要。

可见，财政政策目标在不同的国家或同一国家的不同时期是不同的，它是由多方面的因素决定的。总体来说，财政政策的基本目标有：充分就业、物价稳定、经济增长和国际收支平衡。

1. 充分就业

充分就业是指有工作能力并且愿意工作的人，都能够按照现行工资水平得到工作。充分就业之所以被作为财政政策的首要目标，主要原因有两个：一是在社会物质生产资料有大量闲置的情况下，而不能使劳动者得到工作，这不仅给社会造成极大的浪费，而且也证明政府能够做的事没有做到，政府完全有可能凭借财政政策功能使劳动者和生产资料结合起来从事生产，为社会创造物质财富；二是高失业率造成了人们的许多苦难：家计的艰难、个人自尊心的丧失和犯罪的增加，高失业率给经济带来的损失是明显的。

虽然高失业率是件坏事，充分就业是一件好事，社会能否达到100%的就业即失业率为零的状态呢？当然是不可能的，因为经济生活中存在如下几种类型的失业。

（1）磨擦性失业。人们自愿决定暂时离开工作岗位去从事其他活动，如抚养子女、重返学校学习新的技能、旅游或希望寻找更适宜于自己的工作，当他们重新进入职业市场时是需要一定的时间才能找到合适的工作。

（2）季节性失业。在某些行业生产中由于季节性变化所造成的失业。

（3）结构性失业。随着新技术新产业不断出现，一些人难以适应社会经济的这种快速变化，而不能在合适的岗位上得到就业。

（4）周期性失业。指由于周期性经济危机而造成的失业。当经济处于萧条阶段，失业增加；当经济处于繁荣阶段，失业减少。这种失业才是财政政策力求加以解决的问题，而上述其他几种类型的失业，财政政策通常是无能为力的。

2. 经济增长

经济增长是指一个国家或一个地区在一定期间内（通常为一年）的国民生产总值或国民收入的实际总量增长。经济的实际增长有如下几层含义。

（1）经济增长是指总量增长，而不是指某单个指标如机器设备、某种家电的产量产值增长。

（2）经济增长是指扣除价格影响因素的实际增长，特别是在物价上涨幅度较大的年份，更需要扣除物价的影响因素。

（3）经济增长应该是扣除人为的浮夸虚增因素后的实际增长，特别是在形式主义严重、非理性行为盛行的国家或地区，更应注意这一点。

（4）经济增长应考虑人口增长速度，只有在人口增长速度低于经济总量增长速度时，才能说经济有了真正的增长。因而也有人提出应将人均国民生产总值的增长作为经济增长的标志，人均国民生产总值是表示该国人民生活水平高低的重要指标。

在现代社会人们越来越重视环境污染、社会不公等问题，认为经济增长速度快，并不表示人们的生活质量提高。如果环境污染加重了，社会分配更加不公平，那么这种经济增长是以牺牲人们的生活质量来获得的。因此越来越多的经济学家认为，应该考虑用更多的指标来衡量经济增长。

3. 物价稳定

通货膨胀的社会代价和经济代价已经越来越引人关注，因为持续上升的物价水平造成了经济中的不确定性。例如，当物价水平正在变动时，商品和劳务中所包含的信息就更加难以解释，从而消费者、企业和政府的决策可能变得更加困难。通货膨胀使得未来的计划发生困难，投资者难以确定投资方向、人们难以决定为子女接受大学教育所应储蓄的数额，在严重的通货膨胀时期，房地产投资都会有下降的趋势。通货膨胀的另一个明显的影响是对收入和财产的再分配，它危害放款者、退休者的利益而有利于借款人，如果工资增长落后于物价上涨幅度，它会降低工薪者的生活水平，可能引起一系列的社会冲突。总之通货膨胀不利于投资者有计划的投资，不利于收入的公平分配，也不利于社会安定。因此稳定物价被作为各国财政政策的重要目标之一。

4. 国际收支平衡

近年来，随着各国经济的发展，国家间实力对比发生变化，贸易逆差问题引起了各个国家的重视。国际收支会影响一国的经济稳定增长，也影响一国的物价水平，还间接地影响一国的就业水平。同样，财政政策也会有力的影响一国的国际收支。例如，财政政策促使一国经济稳定增长，就会为扩大商品输出打下基础。财政政策还能够间接影响一国利息率的变化，而利息率的高低对于吸引外资是有很大作用的。现在越来越多的国家把国际收支平衡作为一国财政政策的目标。

10.2.3 财政政策工具

了解财政政策工具要回答以下两个问题：财政政策通过哪些载体或工具来发挥作用的？这些政策工具各有哪些特点？现阶段我国的财政政策主要体现为财政收入、财政支出和财政收支不平衡三个方面，所以，财政政策工具主要包括税收政策、支出政策和公债政策。

（1）税收政策。税收是公共经济的重要内容，它是政府筹集财政收入进行资源配置的基本手段。利用市场的方法分析公共经济，税收被定义为公共产品的价格，是居民购买和消费公共产品支付的税价。因此，税收与个人、企业和整个经济具有普遍的联系，而且具有深远的影响。税收由于减少了私人经济主体的可支配收入，改变了商品的相对价格结构，影响理性经济人最优化行为，影响资本积累和劳动供给，从而最终会影响经济增长。

（2）支出政策。支出政策是政府为提供公共产品和服务，满足社会公共需要而进行的财政资金的支付。

（3）公债政策。公债是政府以债务人的身份，按照国家法律规定或合同的约定，同有关各方发生的特定权利和义务关系。无论中央政府的债还是地方政府的债，都属于公债。

10.2.4 财政政策的传导

财政政策目标的实现是由众多的财政工具借助于中介媒体的传导，最终作用于经济而完成的。传导财政政策的媒体主要有收入分配、货币供应和价格等。

（1）收入分配表现在各个方面，就财政政策传导分析而言，主要表现为对企业利润收入和个人收入分配的影响。政府支出政策特别是消耗性支出和公共工程支出，都会最终增加企业收入，税率的调整也会直接影响企业的税后利润水平。财政政策对个人收入分配的影响主要体现在会改变居民个人实际支配收入的变化上。调高或是调低税率最终会减少或增加个人实际支配收入；增加或减少补贴，则会增加或者减少居民可实际支配的收入。居民个人收入的变化会影响其消费行为和储蓄行为，以及劳动的积极性，在一定程度上可能导致人们在工作和休闲之间的重新选择。

（2）货币供应具体表现为：财政采取的扩张性政策通常都具有货币扩张效应，采取紧缩性政策则会引起货币紧缩的效应，从而最终对社会供求总量平衡和经济的发展产生影响。

（3）价格是在市场经济条件下引导资源配置的最为灵活的杠杆，财政支出政策所引起的某些商品价格变动，或是扩张性财政政策所产生的货币扩张效应最终都会引起价格的变动，从而对经济产生影响，实现财政政策目的。

10.3　财政政策与货币政策

10.3.1　货币政策概述

货币政策是国家为实现其宏观经济目标所采取的调节和控制货币供应量的一种金融工具。它也包括政策目标、政策手段和政策传导。

1. 货币政策的目标

与财政政策目标一样，货币政策目标也是多方面的，但一般来说主要有两个，一是保持货币币值稳定，二是促进经济增长。从根本上说，保持币值稳定可以为企业投资提供相对稳定的核算标准，为人们的未来计划提供一个可靠的计量尺度，为商品交易提供稳定的流通手段，为经济稳定和增长提供良好的环境秩序。货币币值稳定和经济增长之间是一致的，但二者有时会存在矛盾，例如，为了刺激经济增长和减少失业，政府常采取货币扩张政策，久而久之便会带来通货膨胀；反之为了抑制通货膨胀，政府常采取紧缩银根的政策，其结果往往以牺牲经济增长为代价。这就使得政府面临两难的选择——刺激经济增长还是稳定物价和币值。在处理这些矛盾中，经济学家们提出了一系列的选择方法。

（1）相机抉择。由于经济形势经常变化，只能根据当时具体情况选择一两个目标作为重点，或是以稳定物价为优先目标，或是以促进经济增长、减少失业为优先目标，同时也应掌握力度。

（2）逆风向行事。这是针对经济波动周期而提出的，主张在经济高涨阶段，为约束经济过热应采取偏紧的货币政策；而在经济停滞阶段，应采取扩张的货币政策，以刺激经济增长和减少失业。

（3）单一规则行事。为避免上述两种措施时而增长时而紧缩所可能带来的货币供应不稳定，引起经济大起大落的现象，提出了单一规则行事的选择方法，即主张根据一段时期经济发展的要求，确定某一货币供应增长率，在上下浮动不大的范围内具体掌握，从而把货币供应增长率控制在一定范围内，以促使经济增长。

上述选择方法各有特点，相机抉择和逆风向行事方法实行的最大难题是，由于人们对宏观事物认识的主客观因素制约，在经济发展过程中，很难确定当时的经济是处于经济周期的何种阶段。作为对过去经验的总结，人们可以判断出过去经济周期的大体概况，但就现当时的状况而言，是难以准确判别的。单一规则行事方法倒是可以避免上述两种方法所出现的问题，但在一段时期内以单一既定的货币增长率将货币供应量控制在一定范围以内的方法，会使经济错过好的发展机会，事实上它是以经济增长为代价的。

2. 货币政策的手段

在长期实施货币政策调节货币供应量方面，各国都总结出一套适合于自己国情的货币政策手段，其中最主要的是以下三种传统的手段：法定存款准备金，贴现率和公开市场业务。

1）法定存款准备金

法定存款准备金是指商业银行等金融机构按照规定的比率，将所吸收存款的一部分交存中央银行，自身不得使用。应交存的比率称为法定存款准备率。

中央银行可以通过调高或调低法定存款准备率，来增加或减少商业银行应交存到中央银行的存款准备金，从而影响商业银行的贷款能力和派生存款能力，以达到调节货币供应量的目的。如果中央银行调低法定存款准备率，商业银行可以减少其上交存款准备金的数量，相应增强其贷款能力扩大贷款规模，通过存款的倍数效应扩大货币供应量。反之，则会缩减货币供应量。法定存款准备率是一个指令性指标，比较严厉，它会直接影响商业银行的可用资金，因此一般不宜经常调整，特别是大幅度的调整和由较低的法定存款准备率向较高的法定存款准备率的调整。

2）贴现率

贴现率是指商业银行向中央银行办理商业票据再贴现时所使用的利率。中央银行可以通过调高或调低贴现率的办法来影响商业银行的贷款规模。如果中央银行调低贴现率，降低商业银行向中央银行借入资金的成本，这样商业银行也可以调低其贷款利率，从而起到刺激企业贷款需求、扩大商业银行贷款规模和扩大货币供应量的作用。反之，则会通过调高贴现率的办法缩减商业银行贷款规模，减少货币供应量。

贴现率作为一种比较灵活的手段，被广泛地使用，并且它还有平衡国际收支的功能，如当国际收支出现逆差，为吸引资本流入，往往采取提高贴现率的方法。

3）公开市场业务

公开市场业务是指中央银行通过其证券经纪人在金融市场上买进或卖出有价证券进而调节货币供应量的一种方式。例如，中央银行买进有价证券，实际上相应地向流通领域注入了货币，增加了流通中的货币供应量，增加商业银行的可贷资金来源，有利于企业投资。另外它还可以提高证券的价格，刺激对证券的需求。反之，政府卖出证券，则可以起到减少市场货币供应的作用。

与法定存款准备金和贴现率相比，公开市场业务具有如下优点：① 隐蔽性强，一般不会引起社会震荡。资金的价格就是利率，在金融市场发达的国家，政府不宜再对利率作出干预，甚至连指导性利率都不宜给出，在商业银行非常关注政府的政策意图的情况下，政府的一些举措都会引起相应的社会震荡，公开市场业务是政府通过证券经纪人来进行的，其政策意图不易被社会所觉察，具有一定的隐蔽性，避免不必要的社会震荡。② 传导过程短，更容易达到目的。调整法定存款准备率和贴现率是需要通过商业银行调整其行为来实现的，公开市场业务则不需要这个传导过程，它可以通过证券买卖，直接左右市场的货币供应量。③ 主动权掌握在中央银行手中，买进还是卖出，何时买进何时卖出，买进多少卖出多少，都是如此。因此公开市场业务成为现代西方社会所常采取的货币政策手段。

3. 货币政策的传导

货币政策从运用货币政策调节手段到实现政策最终目标之间，要经历一个传导过程，这种传导过程一般包括两个层次：第一个层次是中央银行运用各种调节手段，以影响商业银行的行为。商业银行对中央银行的行为作出反应，相应调整其对企业居民的贷款规模。第二个层次是企业居民对商业银行的行为作出反应，相应调整投资支出和消费支出，最终影响社会总需求，从而实现货币政策目标。

货币政策调节措施要经过一定时期后才能显示其政策目标能否实现，提高存款准备率后，经济增长率和物价水平不一定就能及时作出相应的反应。若检测政策手段能否实现政策目标以及能实现到何种程度，需要设置一些中间目标作为参照。由于不同时期、不同国家的背景及理论上的差异，各国或一国在不同时期往往会选择不同的指标作为中间目标。一般来说利率和货币供应量最为常用。

10.3.2 财政政策与货币政策的配合

要实现国民经济宏观调控的目标，仅靠财政政策或仅靠货币政策都是难以奏效的，这需要各种经济政策的相互配合，特别是需要财政政策与货币政策的相互配合。

1. 财政政策与货币政策相互配合的必要性

财政政策与货币政策相互配合的必要性是由财政与银行的密切联系，以及财政政策与货币政策的不同特点决定的。

1）财政与银行之间的密切联系

财政与银行之间的密切联系主要体现在财政资金向银行信贷资金的转化和银行信贷资金向财政资金的转化两个方面。

财政资金转化为银行信贷资金来源的项目主要有：① 在银行代理国家财政金库的情况下，财政资金是银行信贷资金的重要来源。由中央银行代理国家财政金库是世界各国的普遍做法，这样财政取得收入在未使用之前以及在库款的上解下拨过程中，都是银行信贷资金的重要来源，如果财政有结余资金，留存的结余资金则构成银行的长期性资金来源。② 财政向银行增拨信贷资金。财政向国有银行增拨信贷资金作为银行的资本金，是历来都有的做法，近年来，为增强银行金融机构的抗御风险能力，各国大多采用了由国家财政向银行拨付资金的做法。③ 财政向银行拨付由银行代管的专项贷款基金，也形成了银行的一项资金来源。

银行信贷资金转化为财政资金的项目主要有：① 银行向财政上缴税利。② 财政向银行借款。③ 财政发行国家债券。④ 有些财政该拨付的资金没有到位时，如向国有企业拨付的资金，会增加企业单位向银行要求贷款的压力。

财政与银行之间的资金往来关系非常密切，这也决定着财政收支与信贷收支必须综合平衡，通盘考虑。

2）财政政策与货币政策的功能差异

① 政策目标的侧重点不同。货币政策主要是调节货币供求总量，解决通货膨胀问题，而财政政策的侧重点则是解决财政赤字和结构性平衡问题。

② 透明度不同。财政政策的透明度高。因为财政的一收一支，是结余还是赤字，都是非常清楚的。而货币政策则不同，银行信贷的透明度差，这是指银行信贷收支和平衡的真实情况难以准确把握。

③ 可控性不同。财政政策可以由政府通过直接控制和调节来实现，如调整生产率，缩减政府支出等。而货币政策通常需要有一个传导过程，并且有可能在中间出现偏离目标的情况，政府纠正偏离目标问题的难度也较大。

④ 时滞性不同。时滞性是指在制定和执行政策的过程中所出现的时间滞后现象。政策的时滞有三种：认识时滞、决策时滞和执行时滞。财政政策的认识时滞短、决策时滞长而执行时滞较短。这是由于财政政策中存在的问题通常能够被人们尽快地把握，但决策却需要花费相当长的时间，如税率的调整、公共支出的增减等问题。财政政策一旦被决定下来，通常付诸执行实施的时间比较快，自上而下，传导过程中的漏损比较小。货币政策与财政政策正好相反，货币政策的认识时滞长、决策时滞短而执行时滞较长。货币现象的透明度较差，令人难以准确把握，一旦把握住实质，中央银行制定相应对策的时间较短，但是政策付诸行动后，传导过程较长、漏损也较大，可能会出现偏离目标现象，执行所需要的时间较长。

2. 财政政策和货币政策配合的不同方式

财政政策和货币政策如果都按"松""中""紧"三种类型来划分，它们的组合方式就有九种。但九种组合方式在实践中的运用，一般被认为是三类四种：①"双松"政策，即"松"的财政政策与"松"的货币政策的配合；②"双紧"政策，即"紧"的财政政策和"紧"的货币政策；③"一松一紧"政策，分为"松"的财政政策与"紧"的货币政策，以及"紧"的财政政策与"松"的货币政策相配合两种方式。

"双松"的财政政策与货币政策，通常是在经济衰退时期所采用的。降低税率、增加政府支出、降低利率、扩大货币供应都可以起到刺激社会总需求，刺激经济发展的效果，但结果往往会导致通货膨胀。

"双紧"的财政政策与货币政策，通常是在经济过热、通货膨胀压力较大的时期所采用的对策。提高税率、减少政府开支、提高利率、紧缩银根的结果往往会达到平抑物价、压缩投资、降低经济增长的速度，但结果可能导致经济萎缩。

"双松"和"双紧"的财政政策与货币政策，都是在社会供求总量失衡严重的情况下所采取的措施，对经济的稳定发展极为不利，会带来经济的大起大落，引起社会震荡。在一般情况下，应采取"一松一紧"的政策，即要尽量保持财政政策与货币政策的统一平衡。如果财政出了赤字，银行就不应再过多地扩大货币供应，应以紧缩银根为主；反之，如果银行信贷规模过大，出现信贷差额，财政应给予必要的支持，增加收入，缩减开支，力争有结余。采取"松""紧"搭配的政策，有利于在保持通货基本稳定的同时，通过调整政府与企业单位之间的投资比例和产业结构，促进经济的稳定增长。

10.3.3　公债政策与财政政策、货币政策的配合

可以说，公债政策是将财政政策与货币政策连结起来的重要纽带。公债发行是财政部门的重要事项，但发行公债会对金融状况造成一定的影响甚至是重大的冲击。政府财政赤字一般要靠发行公债来弥补，但发行公债的工作又要通过银行和其他金融机构完成，公债又是中央银行运用公开市场业务政策手段对经济进行调节的主要对象。在公债的如何发行、何时发行、发行条件等问题上，需要财政一方面要考虑财政部门对资金的需要和社会资金供求状况，另一方面也要考虑金融状况、金融市场的完善程度，以及信贷规模、利率等情况。这就要求财政和银行之间密切配合。

1. 公债政策与财政政策

公债政策目标有两个：一是协助财政政策实现充分就业、稳定物价、经济增长等目标；二是降低公债成本，维持金融市场稳定。这都与财政政策目标是一致的，但也有不一致的地方。从静态来看，政府发行公债使民间可支配资金减少，引起社会总需求下降，在社会总需求不足的时候，加剧供需矛盾；从动态来看，只有当政府将公债收入转化为财政支出时，财政才能形成扩张性的政策，才能刺激社会总需求。所以在经济萧条年份，尽管赤字扩大，一般也不宜发行公债用以弥补这种赤字，否则财政的扩张作用将被公债的紧缩作用所抵消。而在经济繁荣的年份，财政赤字相对减小，财政为了防止通货膨胀的到来，可以通过发行公债来实行紧缩性政策，不过，由于人们对物价上涨的预期作用影响，公债的成本可能会增加，造成政府的巨额偿债负担。

2. 公债政策与货币政策

公债政策与货币政策的关系是多方面、多渠道的，主要表现为：首先，公债总量政策与货币政策的公开市场业务之间的关系。公债的适度规模是公开市场业务赖以开展的条件，就公开市场业务操作对象来说，政府公债券是其重要的，甚至是主要的内容，只有适度的公债规模才能保证公开市场业务的正常顺利进行。其次，公债总量政策、结构政策与中央银行再贴现的关系。贴现、再贴现的对象是商业票据，公债券本身也属于票据的一种，构成银行贴现、再贴现业务的重要内容，公债的期限、利率等内容都要对货币政策这一重要政策工具产生影响。再次，在西方某些国家，政府的某些债券也可以作为一种准备金，这使得公债与货币政策的另一政策工具——法定存款准备金发生了连系。最后，公债的期限结构、利率结构、币种结构等，都会对货币政策、金融市场产生重大影响。

3. 公债政策与财政政策、货币政策的相互配合

公债是由于财政出现赤字引起的，因此我们的分析也将从公债弥补财政赤字时可能出现的几种情况入手。假定一开始预算是平衡的，政府增加支出或减少税收导致了财政赤字发行公债成为政府的选择，现在政府所面临的难题是发行多大比例的公债和向谁发行这些公债，如何防止货币扩张引起通货膨胀危机。可供选择的方案有很多，但大致有三种情况：一是全部赤字由公债弥补；二是全部赤字由货币发行弥补；三是部分赤字由公债弥补，部分由扩大货币发行弥补。

（1）用公债弥补全部的财政赤字，在货币供应量保持不变的前提下，利率将提高。利率提高，一方面是公债发行引起整个社会对货币的需求增加，需求大于供给引起的资金价格提高；另一方面，引起财政赤字的扩张性财政政策可增加居民可支配收入，收入增加的一个结果是人们用于交易的货币需求增多，相对地要减少可以用于投资的资金来源，投资需求较难获得满足，从而导致利率提高。

利率提高将增加投资者的筹资成本，抑制对利率敏感的私人投资，这会抵消一部分财政政策的扩张效应，并使财政政策效力下降，乘数效应得不到完全实现。这一方案适用于政府不希望它的政策扩张效应太大，希望将其限制在最低程度的情况。然而事实上往往是政府如果采取扩张性财政政策，其目的就是扩大需求，就不希望它的政策由于货币供应量保持不变导致利率提高的效应所抵消，更不希望被全部抵消掉。

（2）由中央银行承购财政发行的债券，再以创造和发行基础货币的方法支持这些债券，以弥补全部财政赤字。这实质是以货币扩张的方法来弥补全部政府财政赤字，而增发的货币在货币乘数的作用下会成倍地扩张，在需求一定的情况下，货币供给增加，利率将会下降，并刺激私人投资。在公债政策与财政政策、货币政策的配合方案中，这是扩张效应最大的一种方案，但它适宜于处于萧条之中的经济，如果经济已经处于充分就业或接近于充分就业状态的时候，这种做法将是非常危险的，它会引起严重的通货膨胀危机。

（3）财政赤字部分用向社会发行公债券的方法弥补，部分由中央银行承购公债再以创造和发行基础货币的方法支持这些债券，但货币供应量只能扩大到防止利率出现任何上升的程度，即保持利率稳定。这实质是用扩张性的货币政策来抵消因发行公债引起的利率上升压力，从而将其对私人投资的影响限制在最低限度，同时又可使财政的扩张乘数得以实现。

10.4 财政监督

10.4.1 财政监督概述

1. 财政监督的含义

财政监督是指各类财政监督主体依据相关法律、法规的规定对财政运行全过程的

合法性和有效性实施的监察和督导。它是财政部门转变工作职能的客观需要，也是政府财政在市场经济条件下健康、有序运行的有力保障。

财政监督是一个全方位、多领域、多环节、多层次的监督网络体系，包括由财政部驻各地的财政监察专员办事机构为主组成的中央财政监督系统，由地方财政、税务等组成的地方财税监督系统，由各地审计部门组成的政府监督系统，以及由社会中介机构组成的社会监督系统。这四个方面在财政监督上侧重点不同，既有分工，又有交叉，互相依存，互相渗透。

1）财政监督与审计监督的关系

财政监督与审计监督都是政府序列的监督形式，都具有维护政府财经纪律的规章制度，促进经济正常运转的职能。但是审计监督是直接对政府负责，其目标是维持整个国民经济运行秩序。财政监督则直接对财政部门负责，其直接目的是维护财政分配秩序，提高财政运行效率，它对政府的责任是间接的。所以，审计监督的内容和范围比财政监督的内容和范围更广泛一些。它包括对国务院各部门和地方各级人民政府的财政收支、财政金融机构、企业事业单位以及其他同国家财政有关的单位的财务收支及其经济效益进行审计监督。作为审计监督主体的审计机关，要依照法律规定，独立行使审计监督权，不受其他行政机关、社会团体和个人的干涉。对违法违纪情况，审计机关有权作出处置，有关部门、单位和个人应遵照执行。

一般而言，审计监督在财政领域的重点是对财政监督实施再监督，而对财政分配过程具体的、日常的监督，则应由财政监督来承担。另一方面，财政监督部门是社会审计机构的再监督部门。按照目前管理体制，社会审计机构与财政部门脱钩后，将由社会行业协会代行对其管理的职责。对其管理必然包含着对其监督，但是这种监督只属于行业内部监督，财政监督部门代表国家财政部门行使监督权，是一种外部的再监督。它比行业内部监督更有力度和效果，或者说，只有实施财政部门的外部再监督才能真正保证社会审计机构依法执业。

2）财政监督与税务监督的关系

财政监督和税务监督属于不同层次的监督系统。财政监督既是国民经济监督系统中的一个子系统，又是国家预算监督、税务监督、国有资产监督、预算外监督和国债监督等子系统的总系统。财政监督的实施，既是对社会经济运行的监督，也是对其子系统的全面监督。财政监督从整体上负责财政政策法规的制定和执行，财政预算收入的征收情况和本级国库收纳、划分、留解、退库以及预算支出情况；税务监督是在财政收入环节的监督，相对财政监督而言是一种局部监督。它是税务部门根据有关的财政监督法律法规，按照新的税收征管模式，专门负责监督税收收入的征缴情况，目的是确保税法的完整执行和国家下达的税收任务的圆满完成。财政对税收的监督实际上是财政部门对税务部门组织税收情况所进行的监督，它是对税务监督实施的再监督。

3）财政监督与社会监督的关系

社会监督主要是指各种社会中介机构，如会计师事务所和税务事务所实施的监督，其直接目标是谋求自身利益的最大化，但其业务的性质决定着它们又具有维护经济秩序和财经纪律的作用。在社会主义市场经济体制下，社会监督的职责范围应定位于对微观经济的监督，即大量复杂的、基础性的微观经济监督由社会监督去完成，特别是对企业财务的审计监督，将主要由社会监督来承担。财政监督应有的职责是对这些机构执业的合法性、客观性和公正性以及执业质量进行监督检查，同时对企业执行财务会计法规情况进行监督。财政监督和社会监督的这种分工，将宏观层面的财政监督与其他微观层面的监督区分开来，一方面有利于加强对企业微观经济的监督，另一方面有利于加强政府宏观调控，提高财政监督的层次性，真正做到财政监督由直接监督为主转向间接监督为主，由微观监督为主转向宏观监督为主。

从上述的各个监督系统的关系中可以看出，财政监督是审计监督、税务监督和社会监督无法替代的，审计、税务、社会监督是对被检查单位的监督，是外部监督，财政监督既有外部监督，又有自身内部监督。审计监督和社会监督主要是事后监督，而财税监督主要是在财政管理过程中形成的同步监督，突出表现为事前、事中的监督，而且与财政收支活动紧密相连，有助于提高监督效益。

2. 财政监督的基本要素

财政监督作为财政管理的重要内容，作为经济监督的组成部分，具有其独特的构成要素。概括来讲，其基本要素有三，即财政监督的主体、财政监督的客体和财政监督的依据。

1）财政监督的主体

政府财政的根本目的在于满足社会公共需要，所以从本质上说，财政监督是社会公众对政府财政活动的监督，即财政监督的主体应该是社会公众。但具体的监督职能毕竟要赋予一些有形的机构和组织，所以，财政监督的主体是指国家立法机关、司法机关、政府相关机构和各类社会组织。

结合我国的现实国情，行使财政监督的各类主体主要包括各级人民代表大会及其常务委员会，各级法院和检察院，各级政府的财政、税务和审计部门以及社会团体、中介机构和社会舆论。

2）财政监督的客体

财政监督的客体即财政监督的对象，从不同的角度可以有狭义和广义的理解。狭义的财政监督客体仅仅是指各级政府财税部门，而广义的财政监督客体既包括各级政府财税部门，还包括财务收支列入政府预算的政府非财税部门、社会团体、企事业单位等。

3）财政监督的依据

财政监督的依据也就是各类财政监督的主体在实施财政监督过程中所执行的标准，是指国家颁布的相关法律、法规和规章等。具体说来，主要包括以下三个层次的内容：① 立法机关制定的有关法律，如《中华人民共和国预算法》《中华人民共和国会计法》《中华人民共和国税收征收管理法》等。② 国务院颁布的行政法规，如《国有企业财产监督管理办法》《事业单位财务规则》《国务院关于违反财政法规处罚的暂行规定》等。③ 国务院财税主管部门颁布的规章，如财政部颁布的《关于行政性收费、罚没收入实行预算管理的规定》《财政监察专员办事机构工作暂行规定》等。

3. 财政监督的必要性

市场经济与财政监督存在着内在和必然的联系，市场经济制约着财政监督的内容和形式，财政监督影响着市场经济的效率和公平。建立有效的财政监督机制，强化财政监督的职能作用，是发展和完善社会主义市场经济的内在要求。

（1）市场经济资源高效合理配置的客观要求。

市场经济是以市场为中心配置资源和组织社会经济活动，以市场机制为基础调节社会经济的运行。虽然市场机制在提高资源配置效率方面存在着客观上的优越性，但其同时也存在着偏重于短期性、微观经济的调节，难以有效反映国民经济的长远结构和战略目标的局限性。因此，必须建立健全财政监督体系，通过发挥财政宏观调控的重要作用，正确引导、决定和影响资源配置的数量和方向，从而纠正市场的盲目性。

（2）市场经济法制化的内在要求。

市场经济作为法制经济，要求把各种经济活动纳入法制轨道。在市场经济下，经营主体从自身利益出发，往往容易偏离正当竞争的轨道，这就需要运用法律来规范和引导市场主体、市场行为和分配秩序。作为经济监督的重要方式，财政监督通过实施财政监督检查，促进财政政策法规的顺利实施，约束和规范经营实体的经营行为，引导市场主体之间的自由公平竞争，避免垄断和纠正不正当竞争，确保国家对市场的必要干预，使等价交换、平等竞争在体制公平、政策公平、制度公平中得到有效贯彻。

（3）市场经济中实现政府理财目标的要求。

市场经济条件下政府理财的一条主线就是实现公平与效率的相对统一和兼融。公平和效率分别从收入分配和资源配置两个方面对社会经济运行产生影响，并且成为政府理财的基本目标。在这种条件下，监督收入的公平分配和监督资源配置效率的不断提高就成为财政监督的核心。通过财政监督，保证国民收入在政府、企业、居民之间形成合理的分配格局，促使经济增长从粗放型向集约型即效益型转变。

（4）市场经济中强化财政职能的必然要求。

财政监督职能是指财政在分配和调节社会产品和国民收入的过程中，对国民经济各个方面活动进行综合反映与规范制约的客观功能。它是国家管理经济、实行经济监督的一个主要方面。财政的各项职能，如果没有监督职能作保证，都不可能得到应有的发挥，所以说财政的监督职能是一项保障职能。在市场经济条件下，财政监督职能的方向将日益侧重于宏观经济运行这一层面，通过运用经济杠杆、行政约束和法律手段，发挥财政政策工具的应有作用，保证财政政策与财政宏观调控的有效实施。

4. 财政监督的原则

（1）依法监督原则。

加强财政监督是为了维护社会主义市场经济运行的正常秩序，确保财政活动的合法性和有效性，而市场秩序和财政分配秩序都是通过法律、法规予以规范的。同时，人们对本地区、本单位的行为是否符合市场经济秩序和财政规范的要求，在认识上和行动上也有差异。因此，必须根据国家的财政法规和相关法规进行检查监督和处理。

（2）以事实为依据的原则。

财政监督涉及面广、内容复杂、政策性强。所以，财政监督主体必须深入实际，调查研究，掌握第一手材料，以事实为依据。

（3）监督与服务相结合的原则。

财政监督的根本目的是为我国社会主义市场经济和社会发展服务。财政监督和服务是财政管理工作中相辅相成的两个方面，二者是对立统一的辨证关系，服务离不开监督，监督是为了有效地服务。这就要求在开展财政监督工作中，正确认识和处理监督与服务的关系，把财政监督与服务有机地结合起来，提高财政监督的质量和效果。

（4）专业监督与群众监督相结合的原则。

财政专职监督机构进行的检查、审计和监督是财政监督的基本方面，在财政监督中起主导作用。群众监督主要指各部门、各单位及广大职工群众对财政及相关的经济活动进行的监督，它是财政监督的基础。把专业监督与群众监督结合起来，在专业监督的指导下，广泛地开展群众监督；在群众监督的基础上，进一步加强专业监督。两者相互补充、相互促进。片面强调任何一方，都会影响财政监督的效果。

（5）一般监督与重点监督相结合的原则。

一般监督指在一般情况下，通过对书面报告和统计资料的综合分析对比，判别存在的问题中哪些是客观原因造成的，哪些是主观原因造成的，针对普遍存在的问题，采取有效措施进行纠正。对在通过一般监督措施而发现的问题作出正确判断后，进一步找出主攻方向，抓住影响全局的或带有普遍性重点地区、部门的问题，深入调查研究，以提出切实可行的解决办法和措施，这就是重点监督。一般监督解决的是财政监督的广度问题，重点监督解决的是财政监督的深度问题。二者相辅相成，才能取得良好的监督效果。

（6）道德教育与法纪制裁相结合的原则。

对通过检举、调查、检查、审计所发现的证据确凿的违纪违法事件，必须严格依法予以处理，触犯刑律的应提请司法机关依法惩处，以维护财经法纪的严肃性。同时要通过财政法纪宣传教育，努力提高全体公民的财政法制观念，加强财政工作人员的职业道德教育，为依法理财创造良好的外部环境，从而真正实现财政监督的根本目的。

10.4.2 财政监督的方法与内容

1. 财政监督的方法

财政监督的基本方法是审核、检查、分析对比、反映、建议和督促处理等。在实际工作中，这些方法互相融合、交叉进行。不论采用哪种方法进行监督，最重要的是结合检查、深入实际、调查研究，掌握第一手资料。从不同的角度，我们可以对财政监督的方法做不同的分类。归纳起来，主要有以下几种财政监督的方法。

1）事前监督、事中监督和事后监督

从财政预算控制的过程和程序看，财政监督的方法分为事前监督、事中监督和事后监督三种。

（1）事前监督。

事前监督就是在各级政府预算和单位预算成立之前，对预算编制、审核和批准的过程进行的检查监督。其目的在于防患于未然，确保预算编制的合法性、科学性、真实性和可靠性。事前监督是损失最小、效益最大的监督。其方法主要是通过对预算收支指标的预测、分析和核算，审核各部门的单位预算和财务计划，看其是否与国民经济和社会发展计划指标协调同步，能否避免出现执行中超出预算、造成浪费等现象。

（2）事中监督。

事中监督是指在财政总预算、单位预算和各项财务计划执行过程中的监督，它是从预算正式成立交付执行起到预算年度结束止每天都要进行的经常性的监督工作。财政这种监督贯穿在日常的财政收支业务工作中。其任务是检查监督各项收入是否按政策及时、足额上缴，制止少缴、欠缴、挪用、截留的现象；监督、检查财政资金的供应进度和使用情况。其目的在于及时分析和监督检查预算执行中存在的问题，及时采取措施，确保预算目标和各项预算收支任务的顺利完成。其方法主要是通过审查、分析财政收支月报和会计报表等，深入实际调查研究，现场检查，交流信息等，防止和杜绝挪用、少缴或截留国家财政收入的现象，监督和帮助各支出单位严格按照国家计划和预算使用资金等。

（3）事后监督。

事后监督是指政府预算和单位财务收支事项发生后，对执行结果所进行的一种定期和不定期的检查分析，其目的在于发现问题，揭露矛盾，总结财政管理中的经验教训，纠正预算和财务收支计划执行中的偏差，处罚违法违纪行为，不断改进和加强财政监督工作。其方法主要是检查各地区、各部门和各单位在预算和财务收支活动中是否正确贯彻执行了有关财经方针政策和法律制度，检查预算收入的征管情况和预算支出的安排情况，审查节约原则贯彻情况及其实际效果，并要审查财务手续是否完备，财务会计核算是否正确等。

2）日常监督、专项监督与个案监督

按照财政监督活动范围的大小，可以将财政监督的方法分为日常监督、专项监督与个案监督。

（1）日常监督。

所谓日常监督，是对财政管理中的诸多事项进行的经常性监督。这种监督方式主要是结合预算编制与执行的程序来进行的。对财政资金分配进行事前的审查、评估，对资金拨付使用进行事中的审核、控制，对资金的去向和使用效果进行事后的审查等。

（2）专项监督。

所谓专项监督，是针对财政管理中的某一方面进行的专门性监督。它是强化财政管理、制定相关政策、加强法治的重要手段，同时也是日常监督的有益和必要的补充。

（3）个案监督。

所谓个案监督，是根据上级批示的群众举报案件，以及日常监督、专项监督中发现的线索，组织力量针对某一事件进行检查核实。检查结束要向上级和有关部门报告查处情况，并对查处的违法违纪问题进行严肃处理。

3）直接监督与间接监督

按照监督工作与财政资金的联系程度，可以将财政监督的方法分为直接监督与间接监督。

（1）直接监督。

直接监督包括对财政资金自身运动的监督和对预算活动有直接关系的资金监督两部分。

① 对财政资金自身运动的监督，如税收收入财政监督、国有资产收益财政监督、债务收入财政监督，以及财政投资、财政补贴、社会事业经费、行政管理费和国防费的监督等。这些都属于对财政资金诸要素的监督，有一定的运行规则，且每一要素在各级各地区的运行中，法规和政策都必须保持统一性，必须强化其直接监督。否则，不仅达不到财政分配和控制的目的，还会造成财政分配秩序的混乱。

② 对预算活动有直接关系的资金监督，包括财政专项基金的监督，如财政扶贫基金的监督、财政支农资金的监督、支援不发达地区发展基金的监督、城市维护建设基金的监督、边境建设资金的监督、劳动就业经费的监督等，还包括通过国家财政预算的国际金融组织和外国政府贷款的监督、国有土地和国家海域有偿转让收入的监督、房产资金监督、社会保障资金监督、社会优抚救济资金监督、行政事业性收费监督、罚没和没收收入监督、社会集团购买力的监督等。这些大都是财政拨付的资金，或者由财政预算担保融通的资金，或者代表政府行政必须加以监管的资金，其政策性和目的性很强，有特定的收入来源和支出用途，或者有很强的政治影响和社会效应，财政预算部门有责任统一规范，并对其筹集和使用状况跟踪监督和管理，因而必须进行直接监督。

（2）间接监督。

① 对市场运行和企业经营行为的引导、调节和监管，如通过建立健全财税预算法规，理顺中央政府和地方政府纵向之间以及政府与企业、个人和社会中介组织之间的责权关系和预算分配关系，规范财务会计制度，硬化预算约束，有效发挥财政杠杆的调控作用，为市场公平竞争和企业自主生产经营创造良好的外部环境。

② 对参与宏观经济运行方面的监管和决策，包括参与同财政预算有关的各项经济体制改革的决策和监管；参与现代企业制度的建立、国有产权制度改革，以及促进企业科技进步等方面的决策和监管；参与价格政策和防止通货膨胀措施的监管；参与社会消费基金宏观管理和工资、补贴、奖金、津贴政策及社会保险事业发展政策的决策和监管；参与行政机构设置和人员编制的决策和监管等。财政之所以要参与同宏观经济运行和社会发展有关的决策和监管，是因为财政是国家宏观调控经济和社会发展的重要手段之一，财政部门是政府的重要综合职能部门，参与上述事务的监管是财政部门应尽的职责。同时，上述事务与财政资金的运行有着极其密切的关系，一方面，这些经济与社会事务的决策是否科学合理、实施是否有效，会直接或间接地影响财政规模、结构和效果；另一方面，其决策及其实施也离不开财政的支持和配合。

2. 财政监督的内容

财政监督的内容实际上就是监督客体，即监督对象的外延。财政分配和调节的宏观性、综合性，决定了财政监督内容的复杂性、广泛性。

1）政府预算监督

政府预算监督应该紧紧围绕预算编制、预算执行、预算调整和决算的合法性、合理性和有效性来进行。

（1）预算编制的监督。

预算编制的监督要注意以下四个方面：第一，对于预算科目，按照公共财政和投资预算管理要求细化，增强预算透明度，切实改变现行预算科目过于笼统的局面，减少随意性；第二，在预算编制的每一个环节制定具体的操作规程或办法，再按法定程序报经审核或审议，加强规范性。预算一经人大批准通过，应具有法律效力，不得随意追加和更改；第三，对于收入预算，不能隐瞒或少列；第四，对于支出预算，要据实测算和安排支出基数，增强科学性。

（2）预算执行的监督。

预算执行的监督重点应放在预算支出上。对财政资金分配、使用、效益情况进行跟踪检查。要构造对预算支出的申报、拨付和使用的事前、事中和事后监督全过程的有效监督机制，并结合实际情况，有针对性地选择同深化改革及宏观经济调控关系密切的项目，开展专项检查。具体表现在：第一，建立统一的预算账户，实施国库集中支付制度，保证资金的及时到位和合法有效使用，最大限度地发挥财政资金使用效益。第二，在财力分配中，采取适度的财政政策，科学、合理地安排财政支出，并在政府和部门的基建项目和大宗采购中推广政府采购制度，建立起突出保障重点、分配规范、预算约束有力、监督严格的财政支出监管机制。第三，建立资金拨付的法定核对和签名制度。办理任何一笔资金拨付，从经办人员到主管领导都必须审核签名。第四，建立跟踪问效制度，随时掌握预算单位账户资金增减变动情况，对资金的去向及使用实行有效的监督检查。特别是重大项目或工程，要借鉴国外先进的管理经验，财政监督专职机构要会同有关部门贯穿到资金运用的每一个环节，切实履行好财政监督职责。尤其要注意加强各种财政专项支出的监督检查，要对项目立项、资金拨付和资金使用进行全过程跟踪监督，防止专项资金被挤占挪用和低效使用。第五，建立预算支出使用效果或效益评价制度，以利于调整政策，改进工作，提高财政工作的时效性和针对性。

2）财政收入监督

按照《中华人民共和国预算法》《中华人民共和国预算法实施条例》等法律、法规的要求，对财政收入的解缴、征管、入库、退付实行全过程、全方位的监督，把工作重点逐步转移到对本级财政收入征收机关征收情况和本级国库收纳、划分、留解、退付本级财政收入监督检查上来，以确保收入的完整。并通过对有关企业和单位的预算外资金及收费收入情况进行监督检查，实现对财政收入的全方位监控。

3）财政支出监督

财政支出应该建立统一的预算账户，实施国库集中支付制度，保证资金的及时到位和合法有效使用，在此基础上，还应对支出范围和支出效益进行充分有效的监督。

4）国有资产运营监督

国家财政是国有资产的主管部门，负有管理国有资产、促使其保值和增值的责任，并拥有国有资产的收益权。因此，确保国有资产的完整与增值是对国有资产实施监督的最终目标。

（1）建立完善的国有资产产权界定制度，制定科学、合理的认定标准。

（2）要加强国有资产的产权登记管理，制定操作性强的国有资产申报、变动、注销等产权登记程序。

（3）建立国有资产评估体系。按照法定标准和程序，运用适当方法，对国有资产实体以至预期收益进行全面评价，并根据评价结果借助资产重组等形式对国有资产在一定范围内进行余缺调剂，切实发挥国有资产的营运效益，防止国有资产的流失，并敦促经营者提高效率，促进国有资产的不断增值。同时，财政还要对国有资产收益的分配进行监督，确保国有股"同股同权"。

10.4.3 财政监督的运行机制

1. 财政监督运行机制存在的主要问题

财政监督的运行机制是指各财政监督主体按照一定的组织方式和活动程序，围绕财政监督的目标，依据财政法规和制度政策，运用各种监督方法和信息技术手段，发挥财政监督作用的动态过程。

在社会主义市场经济体制下，我国财政监督运行机制在一定程度上存在着监督主体与客体的不适应、不对称、不到位现象，从监督的范围、监督的方法、监督的效果等方面来看，深度和广度还远远不够，并且缺乏权威性、及时性与有效性。

1）财政监督的范围有待拓宽

（1）财政监督的微观范围不适当。

在两权分离的背景下，随着国家与企业分配关系的变化和财政银行双方在企业资金管理职能上的分工位移变化，财政在相应调整其对企业财务收支活动的直接监督范围与深度时收缩过多、过猛、过急，由此带来两方面的后果：第一，在审计、银行等监督主体的分工监督职能没有相应到位的情况下，过多、过早地收缩微观财政监督，造成了企业监督的空白，诱发了企业财务管理的失控；第二，财政的微观监督收缩到仅仅与预算收支直接有关的财务活动，这样在国家已不再对企业直接拨款的条件下，所谓财政的微观监督只剩下有限的税收监督，而对国有资产保全和增值的监督及对预算外等其他企业各项基金的监督就被严重忽视了。

（2）地方财政监督的范围不明确。

在财税物价大检查取消以后，虽然中央对财政监督高度重视，但地方各级财政监督的范围因地方机构改革的滞后并未及时重新明确，造成了许多地方财政监督范围不清、职责不清。地方财政监督机构在此情况下，虽比照中央财政监督的工作范围在摸索前进，但是由于没有得到地方政府和社会各部门的广泛认同，实际监督面不宽。监督仍以直接检查为主，针对事后的财务会计结果进行处理，而对新的经济行为、交易方式如企业改制、资产重组等对税收的影响，以及政府采购、转移支付等的监督制约方面还未涉及。在监督对象上缺少针对性、科学性、超前性，大大降低了监督检查效率和效果。

2）财政监督方式不规范

长期以来，由于受财政监督职责权限及监督力量等因素的影响，财政监督工作主要是依靠国务院和各级政府的统一部署，针对财经领域的某些突出问题采取综合或专项治理的方式进行，方式方法比较单一。从方式上看，表现为一种突击性运动式；从时间上看，表现为集中性和非连续性，具体表现为开展每年一度的财税物价大检查，清查"小金库"和对预算外资金进行专项检查。监督方式可概括为：突击性、专项性检查多，日常监督少；事后监督检查多，事前、事中监督少；对财政收入检查多，对财政支出监督少；对某一事项和环节检查多，全方位跟踪监督少。

这种传统的监督方式，监督的面狭窄，监督的力度受到制约，难以适应变化了的社会主义市场经济体制的要求。由于财政监督往往偏重于事后监督，而对事前计划指标的控制，事中执行环节的控制还未形成经验，缺乏有效办法，特别是对事后监督的过分依赖，使很多违纪问题都在既成事实后才被发现，这既影响了执法的严肃性，也很难把财政监督的职能充分发挥出来，从而造成财政、税务等经济领域的违法、违规现象屡查屡犯，而且呈逐年上升的趋势。

3）财政监督的处理手段尚未转换

（1）财政监督处理的运用方式不当。

财政监督的权威性和震慑力来源其处理力度和实施效果。长期以来，监察机构所行使的监督职能极其有限，并形成了对事不对人的思维定势和习惯。有的只搞对内的政纪监督，而对执行财政政策、法令、制度的监督很少涉及；有的虽然也涉及到对财政系统以外人员行为的监督，但也仅限于受理和检查检举揭发出来的违法、违章、违纪案件；财政监督部门也只有对事的处理权，如按照法规处以罚款等，而没有对监督对象的处置权，甚至没有提出处理要求的建议权，因而从处理结果看，表现为治标的多，治本的少；给予经济处罚的多，处罚责任人的少；对违纪责任人的行政责任追究不力，经济处罚偏轻。

（2）对行政事业单位监督手段不力。

近年来，对小金库、预算外资金的检查已把财政监督的重点转向行政事业单位，但监督的思路、方式、手段、处理方法并未发生根本性的转变，仍以财务检查为主，在处理上仍以调账、罚款为主，而未考虑这些单位不以盈利为目的，资金来源主要为财政拨款或事业收入的特点。特别是随着预算外资金管理逐步纳入预算或专户，以及综合财政预算管理的实行，仍以单纯罚款为手段就难以发挥制约作用。另外，从行政事业单位违纪类型分析，真正属于财务会计处理上的问题属于少数，而违纪的实质在于部门、单位领导行政决策、行政行为的违纪，如擅自立项收取基金，滥发奖金，故意混库，越权减免税或越权制定优惠政策，以及挪用专项资金等。面对这种行政违纪，再采用经济处罚手段，不仅作用有限，而且是否具有合理性也值得探究。

4）财政监督组织体系不健全

（1）机构设置不规范。

有少数地方至今没有成立专门的财政监督机构，而在成立的财政监督机构中，也存在"四不统一"的问题，即职责不统一、名称不统一、级别不统一、归属不统一。

（2）人员配备空缺大。

财政监督机构普遍存在人手少、素质低的问题。

（3）财政监督与其他经济社会监督的职能分工与监督范围界定不明确。

我国的经济监督体系和监督网络主要是由财政监督、审计监督、税务稽查监督、社会监督等形成的。这些监督部门都是根据部门属性确定各自的监督职责，基本上都是以预算收支、财务收支及其他经济运行质量作为监督对象。虽然在日常工作中各自监督的侧重点不同，但由于没有从法律上严格规定各自的工作边界，因而存在相互扯皮的现象。加上在实际工作中执行一些不合理的政策规定，导致执法人员、执法单位片面追求经济利益，处罚尺度把握不严，使执法工作在一定程度上变味，甚至出现执法检查单位之间的严重内耗。

5）财政监督的法制保障严重滞后

财政监督的实质在很大程度上是一种监督的再监督，或者说是权力的再监督。如果财政监督地位没有法律保障，财政监督职责缺乏必要的法律手段，必然严重影响财政监督的权威和成效。健全的财政法制是财政监督工作开展的依据，它应包括三个方面：一是规范财政监督客体行为的财税法规以及相关的经济法规。二是规范财政监督主体自身行为的财政法律法规。三是规范财政监督主体处罚违法违纪行为的法规。

我国虽然初步形成了与社会主义市场经济发展要求相适应的财政法律体系框架，但从整体上看，财政立法特别是法制建设与社会主义市场经济发展的要求仍不相适应，突出表现在迄今尚无一部完整的、具有权威性的对财政监督职能、内容和手段等方面作出专门规定的法律，上述三个方面的法规建设都严重滞后，难以给地方财政监督工作的开展提供法律保障。主要体现在以下两点。

（1）财政监督的法律规范不完整。现有的财政立法中虽然包含了财政领域的主要方面，但毕竟有一些方面没有涉及，财政监督还存在许多执法空白，影响了财政监督工作的深入开展。

（2）各项财政监督法规缺乏协调性和连贯性。各单项立法制定财政监督条款的出发点都是从服务单项工作来考虑的，这种将财政监督划整为零的做法既不科学，又影响了财政监督的连贯性，造成部门与部门之间关系不顺，法与法之间不衔接、甚至相互冲突以及"以法压法"现象，从而加大了财政监督执法的难度。从规范财政监督客体行为的财税法规看，尽管我国陆续出台了《中华人民共和国预算法》《中华人民共和国税收征管法》《中华人民共和国会计法》《中华人民共和国注册会计师法》等重要法律法规，为财政监督提供了必要的、基础性的法律依据。但是由于这些法律法规有其自身独立的调整对象，对财政监督都只做了原则性的规定，因而在实际工作中难以操作。从规范财政监督主体自身行为的财政法律法规看，目前仅能适用的是财政部出台的《财政检查工作规则》等少数法规。从规范财政监督主体处罚违法违纪行为的法规看，目前除了各种财政法规中有关过于原则性的条文外，地方财政监督部门行使的主要依据是《国务院违反财政法规处罚的暂行规定》，而这一规定也因情况变化，许多条文已经老化，造成了地方财政监督部门在行使职责中难以有效使用。

（3）财政监督执法的尺度偏松、手段偏软。现有的财政立法大都相当于一种工作规范，财政监督检查尤其是执法处理在一定意义上说只是一种附加条款。由于立法的侧重点不同，财政监督检查也就不可能摆在重要的位置上。财政监督执法的尺度偏松，手段偏软既不利于维护法律的严肃性，又助长了违法者的侥幸心理，不利于财政监督工作的正常开展。

2. 完善财政监督运行机制

社会主义市场经济的发展，客观要求财政监督工作以加强和完善财政管理为中心，建立健全涵盖财政收支、体现财政管理特色、具有对财政运行进行监测、预警、分析、保障、规范功能的财政监督运行新机制。

1）建立规范、有效的财政监督方式

随着社会主义市场经济体制的建立和新财税体制的确立，财政监督方式也要相应进行转变，逐步由突击性监督检查转变到日常监督上来，由专项的、事后的监督检查方式向经常性的事前、事中与事后全过程的监督方式转变。尤其是对事前预警式监督和事中规范性监督的重视程度，要远远超过事后的被动式监督。具体体现在四个方面。

（1）彻底改变突击检查的监督方式。目前的财政收入征管质量专项检查，其监督的力度和效果都较为有限，因此，应在试点的基础上，尽快推开对财政收入征管质量进行事前、事中与事后的经常性检查，将日常监督与重点监督、专项检查结合起来，提高财政收入征管质量。

（2）采取直接的检查方法。目前专项检查采取的自查、互查和抽查方式，还带有财税物价大检查的痕迹。按照财政监督的要求，应直接由财政监督部门开展检查。这样既有助于避免重复检查，又能防止被检查单位在自查期间隐藏违规真相，从而提高监督效果。

（3）结合财政资金的运动规律和特点，充分发挥账户控制功能，也就是行政事业单位银行账户的审批权归财政，使用权归部门、单位，大额资金的拨付抄送监督部门备案，以便随时对部门单位资金使用情况进行监控，并通过对账户的检查，使财政资金的运动完全置于财政部门的监控之下。

（4）实行收入监督与支出监督并举。要立足财政管理，把财政监督贯穿于财政收支的全过程，形成对财政收支和财政政策，内部监督与外部检查，事前、事中与事后，上下级之间，日常监督与重点检查相互交叉、相互制约、有机结合的监督网络，使监督更好地服务于财政管理，为财政运行的良性循环创造必要的条件。

2）建立和完善财政监督的组织体系

（1）中央与地方政府要分别建立相对独立的财政监督机构。中央财政监督机构对地方监督机构具有业务指导权和再监督权，同时应逐步建立和完善中央财政监督与地方财政监督相结合的财政监督机制。在进一步划清事权与财权的基础上，明确职责分工，各司其职，各负其责，构建一个上下紧密结合，高效、统一的财政监督组织系统。

（2）合理设置财政内部监督机构。应在财政部门下设财政监督局，对内作为财政部门一个内设机构，对外成为相对独立的执法主体资格单位。至于财政监督机构内部的设置，应按照财政监督业务总体框架和"检查与处罚"相分离的原则，下设财政收入监督、公共支出监督、国有资本金监督、企业财务监督、财政内部监督、执法监督、处罚监督等业务处室。其中公共支出监督、国有资本金监督、企业财务监督职能部门主要通过对公共会计、财务监事、社会审计机构的督促检查和管理来开展业务工作。

（3）加强精干高效的财政监督队伍的建设。培养造就一批高素质的业务骨干充实监督检查队伍，逐步建立起一支政治坚定、公正清廉、纪律严明、业务精通、作风优良的专门监督检查队伍，使人员与机构能够真正与其承担的工作任务相适应，从而为有效开展财政监督工作提供强有力的组织保障。

3）完善财政法制，坚持依法治财

（1）要尽快出台统一、完备的财政监督法规以及完善各项财政、预算、税收和国有资产管理法律法规，初步建立起适应社会主义市场经济需要的财税法律框架和财政监督法律体系，把财政监督工作纳入法制化轨道。重点是用法律程序明确系统地规定财政监督的机构、地位、职权、责任、监督程序、监督方法、当事人的权利义务、违反财政法规的法律责任、财政监督与其他监督的关系等内容。

（2）在财政立法过程中，要认真研究和掌握各项政策法规的客观功能和政策法规之间的相互关系，避免政策法规在执行过程中碰撞掣肘，尽快建立相互配套、上下统一的财政监督法规体系。

（3）要强化各级人民代表大会及其常务委员会对财政的监督管理权，依此建立起对财政预算收支完成情况，财政重大项目收支活动中执行财政政策、财税纪律与财会制度的情况，财政经济运行状态与综合平衡状态等内容为主的宏观监督机制。

4）在财政监督中推行融监督、管理、调节、控制于一体的新型系统监督方法

（1）运用信息论、系统论和控制论的原理和方法，把指令与自动调节原理推广到财政监督中。这样不但赋予财政监督新的内容和方法、也使财政监督和管理、调节、控制相联系与融通。将财政监督、管理、调节、控制融为一体，可以更好地实现财政监督目标，确保国民经济均衡协调发展。

（2）采用现代化的先进信息技术手段。财政监督要及时收集、处理、传递和储存大量的财政经济信息，就必须普遍地采用电子计算机等先进的信息技术手段。从某种程度上说，没有现代化的信息技术手段，就没有现代财政管理。

（3）制定实施监督的标准规范。所谓监督标准，就是实施监督的技术规范。标准化监督具有定型化的优点，使监督行为规范化，克服由于缺乏经验而产生的主观主义和随意行为，因而能在很大程度上提高财政监督的质量。

下篇

税收篇

第11章

流转税

11.1 流转税概述

11.1.1 流转税的含义

流转税又称流转课税、流通税，是指以商品生产、流通环节的流转额或数量和非商品交易的营业额为征税对象的一类税收的统称。商品流转额是指在商品交换过程中，因购入或销售商品支出的数额；非商品交易的营业额是指一切不从事商品生产和商品交换活动的单位和个人，因从事其他经营活动所取得的劳务收入金额或为获得劳务而支付的金额。

各种流转税是政府财政收入的重要来源，因此流转税一直是我国的主要税种，在我国现行税制下，流转税主要包括增值税、消费税和关税。营业税曾经是我国流转税的重要税种，但是随着2017年12月1日，国务院废止《中华人民共和国营业税暂行条例》和修改《中华人民共和国增值税暂行条例》，至此，营业税正式退出历史舞台。

11.1.2 流转税的特点

1. 征税范围广泛

流转税以商品生产、流通和提供劳务为前提。征税对象既包括第一产业和第二产业的产品销售收入，也包括第三产业的营业收入；既对在国内生产销售的商品征税，也对进出口商品征税。广泛的征税范围也保证了流转税税源的充足，使其成为政府财政收入的重要来源。

2. 征税及时稳定

流转税以商品或劳务的流转额为征税依据，因此流转税一般不受生产和经营成本或费用的变化影响，从而保证了国家可以及时稳定地获得财政收入。

3. 计征简便易行

流转税的计税依据为流转额，征收时不受成本、利润的影响，计算税额时较其他税种更为简便。

4. 容易转嫁

流转税具有间接税的性质，纳税人与负税人不一定相一致，可以通过价格变化将税负转嫁给供应商或消费者。而且多数流转税从价计征，因此其与商品或劳务价格关系尤为密切。

11.1.3　流转税的作用

流转税的主要作用包括广泛筹集财政资金，保证国家及时稳定地获得财政收入，协助国家通过征税体现产业政策和消费政策。

11.2　增值税

11.2.1　增值税的含义

增值税是以商品（含应税劳务）在流转过程中产生的增值额作为计税依据而征收的一种流转税。从计税原理来说，增值税是对商品生产、流通、劳务服务中多个环节的新增价值或商品的附加值征收的一种流转税。

增值税是对销售货物或提供加工、修理修配劳务以及进口货物的单位和个人就其实现的增值额征收的一个税种。增值税已经成为中国最主要的税种之一，增值税的收入占中国全部税收的60%以上，是最大的税种。增值税由国家税务局负责征收，税收收入中50%为中央财政收入，50%为地方收入。进口环节的增值税由海关负责征收，税收收入全部为中央财政收入。

11.2.2 增值税的类型

根据对外购固定资产所含税金扣除方式的不同，增值税可以分为以下几种。

1. 生产型增值税

生产型增值税指在征收增值税时，只能扣除属于非固定资产项目的那部分生产资料的税款，不允许扣除固定资产价值中所含有的税款。该类型增值税的征税对象大体上相当于国民生产总值，因此称为生产型增值税。

2. 收入型增值税

收入型增值税指在征收增值税时，只允许扣除固定资产折旧部分所含的税款，未提折旧部分不得计入扣除项目金额。该类型增值税的征税对象大体上相当于国民收入，因此称为收入型增值税。

3. 消费型增值税

消费型增值税指在征收增值税时，允许将固定资产价值中所含的税款全部一次性扣除。这样，就整个社会而言，生产资料都排除在征税范围之外。该类型增值税的征税对象仅相当于社会消费资料的价值，因此称为消费型增值税。中国从2009年1月1日起，在全国所有地区实施消费型增值税。

11.2.3 增值税的优缺点

1. 增值税的优点

（1）有利于贯彻公平税负原则。
（2）有利于生产经营结构的合理化。
（3）有利于扩大国际贸易往来。
（4）有利于国家普遍、及时、稳定地获得财政收入。

2. 增值税的缺点

增值税是向最终消费者征收的，从而抑制了国内需求的增长，进而抑制经济的长期均衡收入，增加了个人的税收负担，减少了消费和投资，而增大了 GDP 中政府购买的部分，使政府购买在其中占有过大的比例，不利于经济运行。

在实际中，商品新增价值或附加值在生产和流通过程中是很难准确计算的。因此，中国也采用国际上普遍采用的税款抵扣的办法，即根据销售商品或劳务的销售额，按规定的税率计算出销售税额，然后扣除取得该商品或劳务时所支付的增值税款，也就是进项税额，其差额就是增值部分应交的税额，这种计算方法体现了按增值因素计税的原则。

11.2.4 增值税的征收范围

增值税的征税范围包括在境内发生应税销售行为以及进口货物等。根据《中华人民共和国增值税暂行条例》和"营改增通知"的规定，增值税的征税范围分为一般规定和特殊规定。

1. 征税范围的一般规定

增值税征税范围的一般规定包括以下几个方面。

1）销售或者进口的货物

货物是指有形动产，包括电力、热力、气体在内。销售货物，是指有偿转让货物的所有权。

2）销售劳务

劳务是指纳税人提供的加工、修理修配劳务。加工是指受托加工货物，即委托方提供原料及主要材料，受托方按照委托方的要求制造货物并收取加工费的业务；修理修配是指受托对损伤和丧失功能的货物进行修复，使其恢复原状和功能的业务。提供应税劳务，是指有偿提供劳务。单位或者个体工商户聘用的员工为本单位或者雇主提供劳务，不包括在内。

3）销售服务

服务包括交通运输服务、邮政服务、电信服务、建筑服务、金融服务、现代服务、生活服务。应税服务，是指陆路、水路、航空、管道等交通运输业，邮政储蓄业、金融保险业、电信业、服务业、文化创意服务等。

4）销售无形资产

无形资产，是指不具有实物形态，但能带来经济利益的资产，包括技术、商标、著作权、商誉、自然资源使用权和其他权益性无形资产。

5）销售不动产

不动产是指不能移动或者移动后会引起性质、形状该表的财产，包括建筑物、构筑物等。建筑物包括住宅、商业营业用房、办公楼等可供居住、工作或者进行其他活动的建造物。构筑物包括道路、桥梁、隧道、水坝等建造物。销售不动产是指转让不动产所有权的业务活动。

确定一项经济行为是否需要缴纳增值税，一般应同时具备四个条件：第一，应税行为是发生在中华人民共和国境内；第二，应税行为是属于《销售服务、无形资产、不动产注释》范围内的业务活动；第三，应税服务是为他人提供的；第四，应税行为是有偿的。

6）非经营活动的确认

销售服务、无形资产或者不动产，是指有偿提供服务、有偿转让无形资产或者不动产，但属于下列非经营活动的情形除外。

（1）行政单位收取的同时满足以下条件的政府性基金或者行政事业性收费。

①由国务院或者财政部批准设立的政府性基金，由国务院或者省级人民政府及其财政、价格主管部门批准设立的行政事业性收费。

② 收取时开具省级以上（含省级）财政部门监（印）制的财政票据。

③ 所收款项全额上缴财政。

（2）单位或者个体工商户聘用的员工为本单位或者雇主提供取得工资的服务。

（3）单位或者个体工商户为聘用的员工提供的服务。

（4）财政部和国家税务总局规定的其他情形。

（5）境内销售服务、无形资产或者不动产的含义。在境内销售服务、无形资产或者不动产，是指：

① 服务（租赁不动产除外）或者无形资产（自然资源使用权除外）的销售方或者购买方在境内；

② 所销售或者租赁的不动产在境内；

③ 所销售自然资源使用权的自然资源在境内；

④ 财政部和国家税务总局规定的其他情形。

2. 征税范围的特殊规定

增值税的征税范围除了上述的一般规定外，还对经济实务中某些特殊项目或行为是否属于增值税的征税范围，做出了具体界定。

1）属于征税范围的特殊项目。

（1）罚没物品征与不征增值税的处理。

（2）航空运输企业已售票但未提供航空运输服务取得的逾期票证收入，按照航空运输服务征收增值税。

（3）纳税人取得的中央财政补贴，不属于增值税应税收入，不征收增值税。

（4）融资性售后回租业务中，承租方出售资产的行为不属于增值税的征税范围，不征收增值税。

（5）药品生产企业销售自产创新药的销售额，为向购买方收取的全部价款和价外费用，其提供给患者后续免费使用的相同创新药，不属于增值税视同销售范围。

（6）根据国家指令无偿提供的铁路运输服务、航空运输服务，属于用于公益事业的服务。

（7）存款利息不征收增值税。

（8）被保险人获得的保险赔付不征收增值税。

（9）房地产主管部门或者其指定机构、公积金管理中心、开发企业以及物业管理单位代收的住宅专项维修资金不征收增值税。

（10）纳税人在资产重组过程中，通过合并、分立、出售、置换等方式，将全部或者部分实物资产以及与其相关联的债权、负债和劳动力一并转让给其他单位和个人，不属于增值税的征税范围，不征收增值税。

2）属于征税范围的特殊行为。

（1）视同发生销售行为。单位或个体经营者的下列行为，视同发生销售行为。

① 将货物交付他人代销。

② 销售代销货物。

③ 设有两个以上机构并实行统一核算的纳税人，将货物从一个机构移送至其他机构用于销售，但相关机构设在同一县（市）的除外。

④ 将自产或委托加工的货物用于非应税项目。

⑤ 将自产或委托加工或购买的货物作为投资，提供给其他单位或个体经营者。

⑥ 将自产或委托加工或购买的货物分配给股东或投资者。

⑦ 将自产或委托加工的货物用于集体福利或个人消费。

⑧ 将自产或委托加工或购买的货物无偿赠送他人。

⑨ 单位和个体工商户向其他单位或者个人无偿提供应税服务，但以公益活动为目的或者以社会公众为对象的除外。

⑩ 财政部和国家税务总局规定的其他情形。

上述10种行为确定为视同销售货物行为，均要征收增值税。

（2）混合销售。一项销售行为如果涉及货物又涉及服务，为混合销售。从事货物的生产、批发或者零售的单位和个体工商户的混合销售，按照销售货物缴纳增值税；其他单位和个体工商户的混合销售，按照销售服务缴纳增值税。

11.2.5　增值税的纳税对象

在中华人民共和国境内销售货物或者提供加工、修理修配劳务以及进口货物的单位和个人，为增值税的纳税人，应当依照本条例缴纳增值税。

外资企业1994年之前缴纳工商统一税，并不是增值税的纳税义务人，从1994年1月1日起成为增值税的纳税义务人。

由于增值税实行凭增值税专用发票抵扣税款的制度，因此对纳税人的会计核算水平要求较高，要求能够准确核算销项税额、进项税额和应纳税额。但实际情况是有众多的纳税人达不到这一要求，因此《中华人民共和国增值税暂行条例》将纳税人按其经营规模大小以及会计核算是否健全划分为一般纳税人和小规模纳税人。

1. 一般纳税人

（1）生产货物或者提供应税劳务的纳税人，以及以生产货物或者提供应税劳务为主（即纳税人的货物生产或者提供应税劳务的年销售额占应税销售额的比重在50%以上）并兼营货物批发或者零售的纳税人，年应税销售额超过50万元的。

（2）从事货物批发或者零售经营，年应税销售额超过80万元的。

2. 小规模纳税人

（1）从事货物生产或者提供应税劳务的纳税人，以及从事货物生产或者提供应税劳务为主（即纳税人的货物生产或者提供劳务的年销售额占年应税销售额的比重在50%以上），并兼营货物批发或者零售的纳税人，年应征增值税销售额（简称应税销售额）在50万元以下（含本数）的。

（2）除上述规定以外的纳税人，年应税销售额在80万元以下（含本数）。

11.2.6 增值税的税率

在我国，增值税实行比例税率。税率的调整由国务院决定。

（1）纳税人销售货物、劳务、有形动产租赁服务或者进口货物，除本条第2项、第4项、第5项另有规定外，税率为13%。

（2）纳税人销售交通运输、邮政、基础电信、建筑、不动产租赁服务，销售不动产，转让土地使用权，销售或者进口下列货物，税率为9%：

① 粮食等农产品、食用植物油、食用盐。

② 自来水、暖气、冷气、热水、煤气、石油液化气、天然气、二甲醚、沼气、居民用煤炭制品。

③ 图书、报纸、杂志、音像制品、电子出版物。

④ 饲料、化肥、农药、农机、农膜。

⑤ 国务院规定的其他货物。

（3）纳税人销售服务、无形资产，除本条第1项、第2项、第5项另有规定外，税率为6%。

（4）纳税人出口货物，税率为零；但是，国务院另有规定的除外。

（5）境内单位和个人跨境销售国务院规定范围内的服务、无形资产，税率为零。

11.2.7 增值税征收率

增值税征收率是指对特定的纳税人发生应税销售行为在某一生产流通环节应纳税额与销售额的比率。增值税征收率适用于两种情况：一是小规模纳税人；二是一般纳税人发生应税销售行为按规定可以选择简易计税方法计税的。

小规模纳税人简易计税适用增值税征收率；另一般纳税人发生财政部和国家税务总局规定的特定应税行为，可以选择适用简易计税方法计税，但一经选择，36个月内不得变更，适用增值税征收率。增值税征收率见表11-1。

（1）增值税征收率为3%和5%。

（2）适用征收率5%特殊情况。主要有销售不动产，不动产租赁，转让土地使用权，提供劳务派遣服务、安全保护服务选择差额纳税的。

（3）两种特殊情况：

① 个人出租住房，按照5%的征收率减按1.5%计算应纳税额。

② 销售自己使用过的固定资产、旧货，按照3%征收率减按2%征收。

表11-1 增值税征收率表

税目	征收率
陆路运输服务	3%
水路运输服务	3%
航空运输服务	3%
管道运输服务	3%
邮政普遍服务	3%
邮政特殊服务	3%
其他邮政服务	3%
基础电信服务	3%
增值电信服务	3%
工程服务	3%
安装服务	3%
修缮服务	3%
装饰服务	3%
其他建筑服务	3%
贷款服务	3%
直接收费金融服务	3%
保险服务	3%
金融商品转让	3%
研发和技术服务	3%
信息技术服务	3%
文化创意服务	3%
物流辅助服务	3%
有形动产租赁服务	3%
不动产租赁服务	5%
鉴证咨询服务	3%
广播影视服务	3%

续表

税目	征收率
商务辅助服务	3%
其他现代服务	3%
文化体育服务	3%
教育医疗服务	3%
旅游娱乐服务	3%
餐饮住宿服务	3%
居民日常服务	3%
其他生活服务	3%
销售无形资产	3%
转让土地使用权	5%
销售不动产	5%
销售或者进口货物	3%
粮食、食用植物油	3%
自来水、暖气、冷气、热水、煤气、石油液化气、天然气、沼气、居民用煤炭制品	3%
图书、报纸、杂志	3%
饲料、化肥、农药、农机、农膜	3%
农产品	3%
音像制品	3%
电子出版物	3%
二甲醚	3%
国务院规定的其他货物	3%
加工、修理修配劳务	3%
一般纳税人提供建筑服务选择适用简易计税办法的	3%
小规模纳税人转让其取得的不动产	5%
个人转让其购买的住房	5%

续表

税目	征收率
房地产开发企业中的一般纳税人，销售自行开发的房地产老项目，选择适用简易计税方法的	5%
房地产开发企业中的小规模纳税人，销售自行开发的房地产项目	5%
一般纳税人出租其2016年4月30日前取得的不动产，选择适用简易计税方法的	5%
单位和个体工商户出租不动产（个体工商户出租住房减按1.5%计算应纳税额）	5%
其他个人出租不动产（出租住房减按1.5%计算应纳税额）	5%
一般纳税人转让其2016年4月30日前取得的不动产，选择适用简易计税方法计税的	5%
车辆停放服务、高速公路以外的道路通行服务（包括过路费、过桥费、过闸费等）	5%

附：征收率特殊情况

1）一般纳税人可选择适用5%征收率

（1）出租、销售2016年4月30日前取得的不动产。

（2）一般纳税人将2016年4月30日之前租入的不动产对外转租的，可选择简易办法征税；将5月1日之后租入的不动产对外转租的，不能选择简易办法征税。

（3）提供劳务派遣服务、安全保护服务（含提供武装守护押运服务）选择差额纳税的。

（4）收取试点前开工的一级公路、二级公路、桥、闸通行费。

（5）提供人力资源外包服务。

（6）转让2016年4月30日前取得的土地使用权，以取得的全部价款和价外费用减去取得该土地使用权的原价后的余额为销售额。

（7）2016年4月30日前签订的不动产融资租赁合同。

（8）以2016年4月30日前取得的不动产提供的融资租赁服务。

（9）房地产开发企业出租、销售自行开发的房地产老项目。

（10）车辆停放服务、高速公路以外的道路通行服务（包括过路费、过桥费、过闸费等）

2）一般纳税人可选择3%征收率的有

（1）销售自产的用微生物、微生物代谢产物、动物毒素、人或动物的血液或组织制成的生物制品。

（2）寄售商店代销寄售物品（包括居民个人寄售的物品在内）。

（3）典当业销售死当物品。

（4）销售自产的县级及县级以下小型水力发电单位生产的电力。

（5）销售自产的自来水。

（6）销售自产的建筑用和生产建筑材料所用的砂、土、石料。

（7）销售自产的以自己采掘的砂、土、石料或其他矿物连续生产的砖、瓦、石灰（不含粘土实心砖、瓦）。

（8）销售自产的商品混凝土（仅限于以水泥为原料生产的水泥混凝土）。

（9）单采血浆站销售非临床用人体血液。

（10）药品经营企业销售生物制品，兽用药品经营企业销售兽用生物制品，销售抗癌罕见病药品。

（11）提供物业管理服务的纳税人，向服务接受方收取的自来水水费，以扣除其对外支付的自来水水费后的余额为销售额，按照简易计税方法依3%的征收率计算缴纳增值税。

除以上（1）～（11）项为销售货物，以下为销售服务。

（12）经认定的动漫企业为开发动漫产品提供的服务，以及在境内转让动漫版权。

（13）提供城市电影放映服务。

（14）公路经营企业收取试点前开工的高速公路的车辆通行费。

（15）提供非学历教育服务。

（16）提供教育辅助服务。

（17）公共交通运输服务。包括轮客渡、公交客运、地铁、城市轻轨、出租车、长途客运、班车。

（18）电影放映服务、仓储服务、装卸搬运服务、收派服务和文化体育服务（含纳税人在游览场所经营索道、摆渡车、电瓶车、游船等取得的收入）。

（19）以纳入营改增试点之日前取得的有形动产为标的物提供的经营租赁服务。

（20）纳入营改增试点之日前签订的尚未执行完毕的有形动产租赁合同。

（21）以清包工方式提供、为甲供工程提供的、为建筑工程老项目提供的建筑服务。

（22）建筑工程总承包单位为房屋建筑的地基与基础、主体结构提供工程服务，建设单位自行采购全部或部分钢材、混凝土、砌体材料、预制构件的，适用简易计税方法计税。

（23）一般纳税人销售电梯的同时提供安装服务，其安装服务可以按照甲供工程选择适用简易计税方法计税。

（24）一般纳税人销售自产机器设备的同时提供安装服务，应分别核算机器设备和安装服务的销售额，安装服务可以按照甲供工程选择适用简易计税方法计税。

（25）一般纳税人销售外购机器设备的同时提供安装服务，如果已经按照兼营的有关规定，分别核算机器设备和安装服务的销售额，安装服务可以按照甲供工程选择适用简易计税方法计税。

（26）对中国农业银行纳入"三农金融事业部"改革试点的各省、自治区、直辖市、计划单列市分行下辖的县域支行和新疆生产建设兵团分行下辖的县域支行（也称县事业部），提供农户贷款、农村企业和农村各类组织贷款取得的利息收入。

（27）资管产品管理人运营资管产品过程中发生的增值税应税行为，暂适用简易计税方法，按照3%的征收率缴纳增值税。

（28）非企业性单位中的一般纳税人提供的研发和技术服务、信息技术服务、鉴证咨询服务，以及销售技术、著作权等无形资产。

（29）非企业性单位中的一般纳税人提供技术转让、技术开发和与之相关的技术咨询、技术服务。

（30）中国农业发展银行总行及其各分支机构提供涉农贷款取得的利息收入。

（31）农村信用社、村镇银行、农村资金互助社、由银行业机构全资发起设立的贷款公司、法人机构在县（县级市、区、旗）及县以下地区的农村合作银行和农村商业银行提供金融服务收入。

3）按照3%征收率减按2%征收

（1）2008年12月31日以前未纳入扩大增值税抵扣范围试点的纳税人，销售自己使用过的2008年12月31日以前购进或者自制的固定资产。

（2）2008年12月31日以前已纳入扩大增值税抵扣范围试点的纳税人，销售自己使用过的在本地区扩大增值税抵扣范围试点以前购进或者自制的固定资产。

（3）销售自己使用过的属于条例第十条规定不得抵扣且未抵扣进项税额的固定资产。

（4）纳税人购进或者自制固定资产时为小规模纳税人，认定为一般纳税人后销售该固定资产。

（5）一般纳税人销售自己使用过的、纳入营改增试点之日前取得的固定资产。以上销售自己使用过的固定资产，适用简易办法依照3%征收率减按2%征收增值税政策的，可以放弃减税，按照简易办法依照3%征收率缴纳增值税，并可以开具增值税专用发票。

（6）纳税人销售旧货。

4）按照5%征收率减按1.5%征收

个体工商户和其他个人出租住房减按1.5%计算应纳税额。

11.2.8　增值税预征率

预征率，顾名思义就是"预征"适用的"税率"，如按照现行规定应在建筑服务发生地预缴增值税的项目，纳税人收到预收款时在建筑服务发生地预缴增值税。按照现行规定无需在建筑服务发生地预缴增值税的项目，纳税人收到预收款时在机构所在地预缴增值税。预征率见表11-2。

表 11-2 预征率

序号	税目		预征率	
一般计税	简易计税			
1	销售建筑服务		2%	3%
2	销售自行开发房地产		3%	3%
3	不动产经营租赁（其中个体工商户和其他个人出租住房按照 5%征收率减按 1.5%计算）		3%	5%
4	销售不动产		5%	5%

11.2.9 增值税适用扣除率

（1）纳税人购进农产品，适用9%扣除率。

（2）纳税人购进用于生产或者委托加工13%税率货物的农产品，按照10%的扣除率计算进项税额。增值税适用扣除率见表11-3。

表 11-3 增值税适用扣除率表

序号	税目	增值税扣除率
1	购进农产品（除以下第 2 项外）	9%的扣除率计算进项税额
2	购进用于生产销售或委托加工 16%税率货物的农产品	10%的扣除率计算进项税额

11.2.10 兼营行为的税率选择

试点纳税人发生应税销售行为适用不同税率或者征收率的，应当分别核算适用不同税率或者征收率。

（1）兼有不同税率的应税销售行为，从高适用税率。

（2）兼有不同征收率的应税销售行为，从高适用征收率。

（3）兼有不同税率和征收率的应税销售行为，从高适用税率。

（4）纳税人销售活动板房、机器设备、钢结构件等自产货物的同时提供建筑、安装服务，不属于"营改增通知"第四十条规定的混合销售，应分别核算货物和建筑服务的销售额，分别适用不同的税率或者征收率。

11.2.11 税收优惠

1.《中华人民共和国增值税暂行条例》规定的免税项目

（1）农业生产者销售的自产农产品。

（2）避孕药品和用具。

（3）古旧图书。

（4）直接用于科学研究、科学试验和教学的进口物资和设备。

（5）外国政府、国际组织无偿援助的进口物资和设备。

（6）由残疾人的组织直接进口供残疾人专用的物品。

（7）销售的自己使用过的物品。

2.“营改增通知”及有关部门规定的税收优惠政策

（1）下列项目免征增值税。

①托儿所、幼儿园提供的保育和教育。

②养老机构提供的养老服务。

③残疾人福利机构提供的育养服务。

④婚姻介绍服务。

⑤殡葬服务。

⑥残疾人员本人为社会提供的服务。

⑦医疗机构提供的医疗服务。

⑧从事学历教育的学校提供的教育服务。

⑨学生勤工俭学提供的服务。

⑩农业机耕、排灌、病虫害防治、植物保护、农牧保险以及相关技术培训业务、家禽、牲畜、水生动物的配种和疾病防治。

⑪纪念馆、博物馆、文化馆、文物保护单位管理机构、美术馆、展览馆、书画院、图书馆在自己的场所提供文化体育服务取得的第一道门票收入。

⑫寺院、宫观、清真寺和教堂举办文化、宗教活动的门票收入等。

（2）增值税即征即退。

①增值税一般纳税人销售其自行开发的软件产品，按16%税率征收增值税后，对其增值税实际税负超过3%的部分实行即征即退政策。

②增值税一般纳税人提供管道运输服务，对其增值税实际税负超过3%的部分实行即征即退政策。

③经人民银行、银保监会或者商务部批准从事融资租赁业务的试点纳税人中的一般纳税人提供有形动产融资租赁服务和有形动产融资性售后回租服务，对其增值税实际税负超过3%的部分实行即征即退政策。

④自2018年5月1日至2020年12月31日，对动漫企业增值税一般纳税人销售其自主开发生产的动漫软件，按16%税率征收增值税后，对其增值税实际税负超过3%的部分实行即征即退政策。

⑤纳税人安置残疾人应享受增值税即征即退优惠政策。

⑥ 增值税的退还。

纳税人本期已缴增值税额小于本期应退税额不足退还的，可在本年度内以前纳税期已缴增值税额扣除已退增值税额的余额中退还，仍不足退还的可结转本年度内以后纳税期退还。

年度已缴增值税额小于或等于年度应退税额的，退税额为年度已缴增值税额；年度已缴增值税额大于年度应退税额的，退税额为年度应退税额。年度已交增值税额不足退还的，不得结转以后年度退还。

（3）扣减增值税规定。

① 退役士兵创业就业。

② 重点群体创业就业。

（4）增值税先征后退政策。

自2018年1月1日起至2020年12月31日，对宣传文化执行下列增值税先征后退政策：

① 对某些特定的出版物在出版环节执行增值税100%先征后退政策；

② 对某些特定的出版物在出版环节执行增值税先征后退50%的政策。

（5）金融企业发放贷款后，自结息日起90天内发生的应收未收利息按现行规定缴纳增值税，自结息日起90天后发生的应收未收利息暂不缴纳增值税，待实际收到利息时按规定缴纳增值税。

（6）个人将购买不足2年的住房对外销售的，按照5%的征收率全额缴纳增值税；个人将购买2年以上（含2年）的住房对外销售的，免征增值税。

3. 财政部、国家税务总局规定的其他部分征免税项目

（1）资源综合利用产品和劳务增值税优惠政策。根据《财税〔2015〕78号》《关于印发〈资源综合利用产品和劳务增值税优惠目录〉的通知》的规定，纳税人销售自产的综合利用产品和提供资源综合利用劳务，可享受即征即退政策。

（2）免征蔬菜流通环节增值税。经国务院批准，自2012年1月1日起，免征蔬菜流通环节增值税。

（3）粕类产品征免增值税。豆粕属于征收增值税的饲料产品，除豆粕以外的其他粕类饲料产品，均免征增值税。

（4）制种行业免征增值税。制种企业在下列生产经营模式下生产销售种子，属于农业生产者销售自产农业产品，应根据《增值税暂行条例》有关规定免征增值税。

① 制种企业利用自有土地或承租土地，雇用农户或雇工进行种子繁育，再经烘干、脱粒、风筛等深加工后销售种子。

② 制种企业提供本种子委托农户繁育并从农户手中收回，再经烘干、脱粒、风筛等深加工后销售种子。

（5）有机肥产品免征增值税。自2008年6月1日起，纳税人生产销售和批发、零售有机肥产品免征增值税。

4. 增值税起征点的规定

纳税人销售额未达到国务院财政、税务主管部门规定的增值税起征点的，免征增

值税，达到起征点的，依照法律规定全额缴纳增值税。增值税的起征点的适用范围限于个人。

增值税起征点的幅度规定如下。

（1）销售货物：起征点为月销售额5000～20000元。

（2）销售应税劳务：起征点为月销售额5000～20000元。

（3）按次纳税：起征点为每次（日）销售额300～500元。

此处的销售额是指小规模纳税人的销售额，不包括其应纳税额。省、自治区、直辖市财政厅（局）和国家税务局应在规定的幅度内，根据实际情况确定本地区适用的起征点，并报财政部、国家税务总局备案。

5. 其他有关减免税规定

（1）纳税人兼营免税、减税项目的，应当分别核算免税、减税项目的销售额；未分别核算销售额的，不得免税、减税。

（2）纳税人发生应税销售行为适用免税规定的，可以放弃免税，依照《中华人民共和国增值税暂行条例》的规定缴纳增值税。放弃免税后，36个月内不得再申请免税。

（3）安置残疾人单位既符合促进残疾人就业增值税优惠政策条件，又符合其他增值税优惠政策条件的，可以同时享受多项增值税优惠政策，但年度申请退还增值税总额不得超过本年度内应纳增值税总额。

（4）纳税人既享受增值税即征即退、先征后退政策，又享受免抵退税政策。

① 纳税人既有增值税即征即退、先征后退项目，也有出口等其他增值税应税项目的，增值税即征即退、先征后退项目不参与出口项目免抵退税计算。纳税人应分别核算增值税即征即退、先征后退项目和出口等其他增值税应税项目，分别申请享受增值税即征即退、先征后退和免抵退税政策。

② 用于增值税即征即退或者先征后退项目的进项税额无法划分的，按照下列公式计算。

$$无法划分进项税额中用于增值税即征即退或者先征后退项目的部分$$
$$=（当月无法划分的全部进项税额/当月全部销售额、营业额合计）$$
$$×当月增值税即征即退或者先征后退项目销售额$$

11.3 消费税

11.3.1 消费税概述

1. 消费税的概念

消费税是指对特定的消费行为按流转额征收的一种商品税。广义上，消费税应对所有消费品包括生活必需品和日用品普遍课税；但从征收实践上看，消费税主要指对特定消费品或特定消费行为等课税。消费税主要以消费品为课税对象，属于间接税。税收随价格转嫁给消费者负担，消费者是税款的实际负担者。目前，世界上已有100多个国家开征该税种，我国现行消费税是1994年税制改革中新设置的一个税种。在对货物普遍征收增值税的基础上，选择少数消费品再征收一道消费税，其目的是调节产品结构，引导消费方向，保证国家财政收入。

2. 消费税的特征

消费税的特征主要表现在以下几个方面。

（1）征收范围具有选择性。我国消费税的征收范围虽然是消费品，但并不是对所有的消费品都征收，只是选择了一部分特殊消费品、奢侈品、高能耗消费品和不可再生的稀缺资源消费品等作为征收对象，而非人们生活的必需品。与国外消费税相比，我国的征收范围偏窄，没有包括对特殊消费行为的征税。

（2）征税环节具有单一性。消费税主要在生产和进口环节征收。

（3）征收方法具有灵活性。为适应不同应税消费品的情况和便于核算、计征的要求，消费税采取从价计征、从量计征以及复合计征3种方法进行征收。对一部分价格变化较大且便于按价格核算的应税消费品实行从价计征；对一部分价格变动较小，品种、规格比较单一的大宗应税消费品实行从量计征；对卷烟、白酒实行从价、从量相结合的复合计征办法。

（4）税收负担具有转嫁性。增值税实行价外计税，而消费税则是一种价内税。消费税款是含在消费品价格之中的，因此，消费税无论是在哪个环节征收，消费品价格中所含的消费税款，最终都是由购买应税消费品者所负担。生产销售应税消费品的企业和个人虽是纳税人，但其所缴纳的税款最终转嫁到了消费者身上。

3. 消费税的类型

消费税按照不同依据划分，可分为不同类型。

1）直接消费税与间接消费税

按消费税计税依据不同，消费税分为直接消费税与间接消费税。

（1）直接消费税。直接消费税是以消费支出额为计税依据的消费税。

（2）间接消费税。间接消费税是以消费品或者消费价格或数量为计税依据的消费税。

2）有限型消费税、中间型消费税、延伸型消费税

按消费税征收范围不同，消费税分为有限型消费税、中间型消费税、延伸型消费税。

（1）有限型消费税。有限型消费税征税范围比较狭窄，主要限于一些传统消费品目，如烟草制品、酒精饮料、石油制品、机动车辆、游艇、糖、盐、软饮料、钟表、首饰、化妆品、香水等。

（2）中间型消费税。中间型消费税的征税范围相对要宽一些，除了有限型消费税所涉及的品目外，将一些消费广泛的消费品，如纺织品、皮革、皮毛制品、鞋、药品、牛奶和谷类制品、咖啡、可可、家用电器、电子产品、摄影器材、打火机等也纳

入征税范围。

（3）延伸型消费税。延伸型消费税的征税范围比前两种都大，除了上述两种消费税所涉及的品目外，将一些生产资料，如水泥、建筑材料、钢材、铝制品、橡胶制品、木材制品、颜料、油漆等也纳入征税范围。

4. 消费税的作用

消费税的作用主要体现在以下几个方面。

1）体现消费政策，调整产业结构

消费税的立法要集中体现国家的产业政策和消费政策。例如，为了抑制对人体健康不利或者是过度消费会对人体有害的消费品的生产，将烟、酒、鞭炮、焰火列入征税范围；为了调节特殊消费，将游艇、摩托车、小汽车、高档手表、高尔夫球及球具、贵重首饰及珠宝玉石列入征税范围；为了节约一次性能源，限制过量消费，将木制一次性筷子、实木地板、成品油列入征税范围。

2）正确引导消费，抑制超前消费

目前，我国正处于社会主义初级阶段，总体财力还比较有限，个人的生活水平还不够宽裕，需要在政策上正确引导人们的消费方向。在消费税立法过程中，对人们日常消费的基本生活用品和企业正常的生产消费物品不征收消费税，只对目前属于奢侈品或超前消费的物品及其他非基本生产用品征收消费税，特别是对其中的某些消费品如烟、酒、高档汽车等适用较高的税率，加重调节，增加购买者（消费者）的负担，适当抑制高水平或超前消费。

3）稳定财政收入，保持原有负担

消费税是在原流转税制进行较大改革的背景下出台的，实行新的、规范化的增值税后，不可能设置多档次、相差悬殊的税率。所以，许多原高税率产品改征增值税后，基本税率为16%，税负下降过多，对财政收入的影响较大，为了确保税制改革后尽量不减少财政收入，同时不削弱税收对某些产品生产和消费的调控作用，需要通过征收消费税，把实行增值税后由于降低税负而可能减少的税收收入征收上来，基本保持原产品的税收负担，并随着应税消费品生产和消费的增长，使财政收入也保持稳定增长。

4）调节支付能力，缓解分配不公

个人生活水平或贫富状况很大程度体现在其支付能力上。显然，受多种因素制约，仅依靠个人所得税不可能完全实现税负的公平分配目标，也不可能有效缓解社会分配不公的问题。通过对某些奢侈品或特殊消费品征收消费税，立足于从调节个人支付能力的角度间接增加某些消费者的税收负担或增加消费支出的超额负担，使高收入者的高消费受到一定抑制，低收入者或消费基本生活用品的消费者则不负担消费税，支付能力不受影响。所以，开征消费税有利于配合个人所得税及其他税种进行调节，缓解目前存在的社会分配不公的矛盾。

11.3.2 征税范围与纳税人

1. 征税范围

我国实行有限型消费税，消费税应税产品共分为五类。

1）过度消费会对人类健康、社会秩序、生态环境等方面有害的消费品

此类产品包括烟、酒类、鞭炮、焰火、木制一次性筷子及实木地板、电池、涂料等消费品。其中，"烟"包括卷烟（甲类卷烟、乙类卷烟）、雪茄烟及烟丝。"酒类"包括白酒、黄酒、啤酒（甲类啤酒、乙类啤酒）、其他酒。

2）奢侈品和非生活必需品

奢侈品和非生活必需品包括化妆品、贵重首饰及珠宝玉石、高尔夫球及球具、高档手表、游艇。其中："贵重首饰及珠宝玉石"包括金银首饰、铂金首饰和钻石及钻石饰品，以及其他贵重首饰和珠宝玉石。

3）高能耗的高档消费品

高能耗的高档消费品包括小汽车及摩托车。其中，小汽车分为乘用车及中轻型商用客车。摩托车以汽缸容量250毫升为标准分为汽缸容量250毫升和250毫升以上两种。

4）不可再生和不可替代的石油类消费品

不可再生和不可替代的石油类消费品将成品油分为无铅汽油、柴油、航空煤油、石脑油、溶剂油、润滑油及燃料油。

5）具有财政意义的消费品

具有财政意义的消费品主要为护肤护发品。

2. 纳税人

在中华人民共和国境内生产、委托加工和进口消费税条例规定的单位和个人，以及国务院确定的销售《中华人民共和国消费税暂行条例》规定的消费品的其他单位和个人，为消费税的纳税人。单位，是指企业、事业单位、军事单位、社会团体及其他单位。个人，是指个体工商户及其他个人。

11.3.3 税目与税率

1. 税目

消费税的征收范围比较狭窄，同时也会根据经济发展、环境保护等国家大政方针进行修订，依据《中华人民共和国消费税暂行条例》及相关法规规定，目前消费税税目包括烟、酒类、化妆品等15种商品，部分税目还进一步划分了若干子目。

2. 税率

消费税税率主要是根据征税对象的具体情况，来确定定额税率和比例税率。纳税人兼营不同税率的应当缴纳消费税的消费品，应当分别核算不同税率应税消费品的销

售额、销售数量；未分别核算销售额、销售数量或者将不同税率的消费品组成成套消费品销售的，从高适用税率，纳税人兼营不同税率的应当缴纳消费税的消费品，是指纳税人生产销售两种税率以上的应税消费品。

1）比例税率

比例税率主要适用于价格差异较大、计量单位难以规范的应税消费品，包括烟（除卷烟）、酒（除白酒、黄酒、啤酒）、化妆品、贵重首饰及珠宝玉石，鞭炮、焰火、成品油、摩托车、小汽车、高尔夫球及球具、高档手表、游艇、木制一次性筷子，实木地板，电池、涂料。

2）定额税率

定额税率适用于供求基本平衡并且价格差异较小、计量单位规范的应税消费品，包括黄酒、啤酒和成品油等液体产品。

3）复合税率

卷烟：卷烟的适用税率为：

① 甲类卷烟：56%加0.003元/支。

② 乙类卷烟：36%加0.003元/支。

粮食、薯类白酒：20%加0.5元/500克（或者500毫升）

消费税的税目和税率如表11-4所示。

表11-4 消费税的税目和税率

税　　目	税　　率
一、烟 1. 卷烟 （1）甲类卷烟 （2）乙类卷烟 （3）批发环节 2. 雪茄烟 3. 烟丝	 56%加 0.003 元/支 36%加 0.003 元/支 11%加 0.005 元/支 36% 30%
二、酒 1. 白酒 2. 黄酒 3. 啤酒 （1）甲类啤酒 （2）乙类啤酒 4. 其他酒	 20%加 0.5 元/500 克（或者 500 毫升） 240 元/吨 250 元/吨 220 元/吨 10%
三、高档化妆品	15%
四、贵重首饰及珠宝玉石 1. 金银首饰、铂金首饰和钻石及钻石饰品 2. 其他贵重首饰和珠宝玉石	 5% 10%
五、鞭炮、焰火	15%

续表

税　　目	税　　率
六、成品油 1. 汽油 2. 柴油 3. 航空煤油 4. 石脑油 5. 溶剂油 6. 润滑油 7. 燃料油	1.52 1.20 1.20 1.52 1.52 1.52 1.20
七、摩托车 1. 汽缸容量（排气量，下同）为 250 毫升（含 250 毫升）的 2. 汽缸容量在 250 毫升以上的	3% 10%
八、小汽车 1. 乘用车 （1）汽缸容量（排气量，下同）在 1.0 升（含 1.0 升）以下的 （2）汽缸容量在 1.0 升以上至 1.5 升 （含 1.5 升）的 （3）汽缸容量在 1.5 升以上至 2.0 升 （含 2.0 升）的 （4）汽缸容量在 2.0 升以上至 2.5 升 （含 2.5 升）的 （5）汽缸容量在 2.5 升以上至 3.0 升 （含 3.0 升）的 （6）汽缸容量在 3.0 升以上至 4.0 升 （含 4.0 升）的 （7）汽缸容量在 4.0 升以上的 2. 中轻型商用客车	1% 3% 5% 9% 12% 25% 40% 5%
九、高尔夫球及球具	10%
十、高档手表	20%
十一、游艇	10%
十二、木制一次性筷子	5%
十三、实木地板	5%
十四、电池	4%
十五、涂料	4%

11.3.4 计税依据与应纳税额的计算

1. 计税依据

1）从价计征

在从价定率计算方法下，应纳税额等于应税消费品的销售额乘以适用税率。应纳税额的多少取决于应税消费品的销售额和适用税率两个因素。

（1）销售额的确定。销售额为纳税人销售应税消费品向购买方收取的全部价款和价外费用。销售是指有偿转让应税消费品的所有权。价外费用是指价外向购买方收取的手续费、补贴、基金、集资费、返还利润、奖励费、违约金、滞纳金、延期付款利息、赔偿金、代收款项、代垫款项、包装费、包装物租金、储备费、优质费、运输装卸费以及其他各种性质的价外收费。但下列项目不包括在内。

① 同时符合以下条件的代垫运输费用。一是，承运部门的运输费用发票开具给购买方的。二是，纳税人将该项发票转交给购买方的。

② 同时符合以下条件代为收取的政府性基金或者行政事业性收费。一是，由国务院或者财政部批准设立的政府性基金，由国务院或者省级人民政府及其财政、价格主管部门批准设立的行政事业性收费。二是，收取时开具省级以上财政部门印制的财政票据。三是，所收款项全额上缴财政。

（2）含增值税销售额的换算。应税消费品在缴纳消费税的同时，与一般货物一样，还应缴纳增值税。按照《消费税暂行条例实施细则》的规定，应税消费品的销售额，不包括应向购货方收取的增值税税款。如果纳税人应税消费品的销售额中未扣除增值税税款或者因不得开具增值税专用发票而发生价款和增值税税款合并收取的，在计算消费税时，应将含增值税的销售额换算为不含增值税税款的销售额。其换算公式为：

应税消费品的销售额＝含增值税的销售额/（1＋增值税税率或征收率）

在使用上述换算公式时，应根据纳税人的具体情况分别使用增值税税率或征收率。如果消费税的纳税人同时又是增值税一般纳税人的，应适用16%的增值税税率；如果消费税的纳税人是增值税小规模纳税人的，应适用3%的征收率。

2）从量计征

在从量定额计算方法下，应纳税额等于应税消费品的销售数量乘以单位税额。应纳税额的多少取决于应税消费品的销售数量和单位税额两个因素。

（1）销售数量的确定。

销售数量是指纳税人生产、加工和进口应税消费品的数量。具体规定如下。

① 销售应税消费品的，为应税消费品的销售数量；

② 自产自用应税消费品的，为应税消费品的移送使用数量；

③ 委托加工应税消费品的，为纳税人收回的应税消费品数量；

④ 进口的应税消费品，为海关核定的应税消费品进口征税数量。

（2）计量单位的换算标准。

《消费税暂行条例》规定，黄酒、啤酒是以吨为税额单位；汽油、柴油是以升为税额单位的。但是，考虑到在实际销售过程中，一些纳税人会把吨与升这两个计量单位混用，所以规范了不同产品的计量单位，以准确计算应纳税额，吨与升两个计量单位的换算标准如表11-5所示。

表 11-5　吨、升换算表

序号	名称	计量单位的换算标准
1	黄酒	1 吨=962 升
2	啤酒	1 吨=988 升
3	汽油	1 吨=1388 升
4	柴油	1 吨=1176 升
5	航空煤油	1 吨=1246 升
6	石脑油	1 吨=1385 升
7	溶剂油	1 吨=1282 升
8	润滑油	1 吨=1126 升
9	燃料油	1 吨=1015 升

3）从价从量复合计征

现行消费税的征税范围中，只有卷烟、白酒采用复合计征方法。应纳税额=应税销售数量乘以定额税率再加上应税销售额乘以比例税率。

生产销售卷烟、白酒从量定额计税依据为实际销售数量。进口、委托加工、自产自用卷烟、白酒从量定额计税依据分别为海关核定的进口征税数量、委托方收回数量、移送使用数量。

4）计税依据的特殊规定

（1）纳税人通过自设非独立核算门市部销售的自产应税消费品，应当按照门市部对外销售额或者销售数量征收消费税。

（2）纳税人用于换取生产资料和消费资料，投资入股和抵偿债务等方面的应税消费品，应当以纳税人同类应税消费品的最高销售价格作为计税依据计算消费税。

（3）卷烟计税价格的核定。卷烟消费税最低计税价格核定范围为卷烟生产企业在生产环节销售的所有牌号、规格的卷烟。计税价格由国家税务总局按照卷烟批发环节销售价格扣除卷烟批发环节批发毛利核定并发布。

（4）白酒最低计税价格的核定。① 核定范围。白酒生产企业销售给销售单位的白酒，生产企业消费税最低计税价格低于销售单位对外销售价格70%以下的，税务机关应核定消费税最低计税价格。② 核定标准。白酒生产企业销售给销售单位的白酒，生产企业消费税最低计税价格高于销售单位对外销售价格70%以上的，税务机关暂不核定消费税最低计税价格；生产企业消费税最低计税价格低于销售单位对外销售价格70%以下的，消费税最低计税价格由税务机关核定。③ 重新核定。已核定最低计税价格的白酒，销售单位对外销售价格持续上涨或下降时间达到3个月以上、累计上涨或下降幅度在20%（含）以上的白酒，税务机关重新核定最低计税价格。④ 计税价格的适用。已核定最低计税价格的白酒，生产企业实际销售价格高于消费税最低计税价格的，按实际销售价格申报纳税；实际销售价格低于消费税最低计税价格的，按最低计税价格申报纳税。

（5）金银首饰销售额的确定。对既销售金银首饰，又销售非金银首饰的生产、经营单位，应将两类商品划分清楚，分别核算销售额。凡划分不清楚或不能分别核算的，在生产环节销售的，一律从高适用税率征收消费税；在零售环节销售的，一律按金银首饰征收消费税。

2. 应纳税额的计算

1）生产销售环节应纳消费税的计算

纳税人在生产销售环节应缴纳的消费税，包括直接对外销售应税消费品应缴纳的消费税和自产自用应税消费品应缴纳的消费税。

（1）直接对外销售应纳消费税的计算。直接对外销售应税消费品涉及三种计算方法。

① 从价定率计算。在从价定率计算方法下，应纳消费税额等于销售额乘以适用税率。基本计算公式如下。

$$应纳税额 = 应税消费品的销售额 × 比例税率$$

【例11-1】 某化妆品生产企业为增值税一般纳税人。2019年6月5日向某大型商场销售高档化妆品一批，开具增值税专用发票，取得不含增值税销售额100万元，增值税税额13万元；6月10日向某单位销售化妆品一批，开具普通发票，取得含增值税销售额9.28万元。要求计算该高档化妆品生产企业上述业务应缴纳的消费税额。

解析：

高档化妆品适用消费税税率30%。

高档化妆品的应税销售额=100+9.28/（1+13%）=96.71（万元）

应缴纳的消费税额=96.71×30%=29.01（万元）

② 从量定额计算。在从量定额计算方法下，应纳消费税额等于销售数量乘以单位税额。基本计算公式如下。

$$应纳税额 = 应税消费品的销售数量 × 定额税率$$

【例11-2】 南方啤酒厂2019年3月销售甲类啤酒2000吨，取得不含增值税销售额590万元，增值税税额76.7万元，另收取包装物押金46.8万元，要求计算3月该啤酒厂应纳消费税税额。

（1）销售甲类啤酒适用定额税率每吨250元。

（2）应纳消费税税额=2000×250=500 000（元）

③ 从价定率与从量定额复合计算。现行消费税的征税范围中，只有卷烟、白酒采用复合计算方法。其基本计算公式为：应纳税额=应税消费品的销售数量×定额税率+应税销售额×比例税率

【例11-3】 洋河白酒厂为增值税一般纳税人，2019年3月销售白酒50吨，取得不含

增值税的销售额200万元，要求计算洋河白酒厂3月份应缴纳的消费税额。

白酒适用比例税率20%，定额税率为每500克0.5元。

$$应纳税额＝50×2000×0.00005＋200×20\%＝45（万元）$$

（3）自产自用应纳消费税的计算。自产自用是指纳税人生产应税消费品后，不是直接对外销售，而是用于自己连续生产应税消费品或用于其他方面。

① 用于连续生产应税消费品。纳税人自产自用的应税消费品，用于连续生产应税消费品的，不纳税。

② 用于其他方面的应税消费品。纳税人自产自用的应纳消费品，除用于连续生产应税消费品外，凡用于其他方面的于移送使用时纳税。用于其他方面是指纳税人用于生产非应税消费品、在建工程、管理部门、非生产机构、提供劳务，以及用于馈赠、赞助、集资、广告、样品、职工福利、奖励等方面。

③ 组成计税价格及税额的计算。纳税人自产自用的应纳消费品用于其他方面，应当纳税的。

按照纳税人生产的同类消费品的销售价格计算纳税；同类消费品的销售价格是指纳税人当月销售的同类消费品的销售价格，如果当月同类消费品的销售价格高低不同，应按销售数量加权平均计算。但销售的应税消费品有下列情况之一的，不得列入加权平均计算。

第一，销售价格明显偏低又无正当理由的。

第二，无销售价格的。

如果当月无销售或者当月未完结，应按照同类消费品上月或者最近月份的销售价格计算纳税。

没有同类消费品销售价格的，按照组成计税价格计算纳税。组成计税价格的计算公式如下。

第一，实行从价定率办法计算纳税的组成计税价格计算公式：

$$组成计税价格＝\frac{成本＋利润}{1－比例税率}$$

应纳税额＝组成计税价格×比例税率

第二，实行复合计税办法计算纳税的组成计税价格计算公式：

$$组成计税价格＝\frac{成本＋利润＋自产自用数量×定额税率}{1－比例税率}$$

$$应纳税额＝组成计税价格×比例税率＋自产自用数量×定额税率$$

上述公式中所说的"成本"，是指应税消费品的产品生产成本。上述公式中所说的"利润"，是指根据应税消费品的全国平均成本利润率计算的利润。应税消费品全国平均成本利润率由国家税务总局确定。

④ 应税消费品全国平均成本利润率。2006年3月，国家税务总局颁发的《消费税若

干具体问题的规定》，确定了应税消费品全国平均成本利润率表（见表11-6）。

表 11-6　平均成本利润率表　　　　　　　　　　　单位/%

货物名称	利润率	货物名称	利润率
1. 甲类卷烟	10	10. 贵重首饰及珠宝玉石	6
2. 乙类卷烟	5	11. 摩托车	6
3. 雪茄烟	5	12. 高尔夫球及球具	10
4. 烟丝	5	13. 高档手表	20
5. 粮食白酒	10	14. 游艇	10
6. 薯类白酒	5	15. 木制一次性筷子	5
7. 其他酒	5	16. 实木地板	5
8. 高档化妆品	5	17. 乘用车	8
9. 鞭炮、焰火	5	18. 中轻型商用客车	5

2）委托加工环节应税消费品应纳消费税的计算

（1）委托加工应税消费品的确定。　委托加工应税消费品是指委托方提供原材料和主要材料，受托方只收取加工费和代垫部分辅助材料加工的应税消费品。对于由受托方提供原材料生产的应税消费品，或者受托方先将原材料卖给委托方，然后再接受加工的应税消费品，以及由受托方以委托方名义购进原材料生产的应税消费品，不论纳税人在财务上是否作销售处理，都不得作为委托加工应税消费品，而应当按照销售自制应税消费品缴纳消费税。

（2）代收代缴税款的规定。对于确实属于委托方提供原材料和主要材料，受托方只收取加工费和代垫部分辅助材料加工的应税消费品。现行消费税法规定，由受托方在向委托方交货时代收代缴消费税。这样，受托方就是法定的代收代缴义务人。

（3）组成计税价格及应纳税额的计算。委托加工的应税消费品，按照受托方的同类消费品的销售价格计算纳税；同类消费品的销售价格是指受托方（即代收代缴义务人）当月销售的同类消费品的销售价格，如果当月同类消费品各期销售价格高低不同，应按销售数量加权平均计算。但销售的应税消费品有下列情况之一的，不得列入加权平均计算。

① 销售价格明显偏低又无正当理由的；

② 无销售价格的。

如果当月无销售或者当月未完结，应按照同类消费品上月或最近月份的销售价格计算纳税。

没有同类消费品销售价格的，按照组成计税价格计算纳税。组成计税价格的计算公式如下。

① 实行从价定率办法计算纳税的组成计税价格计算公式如下。

$$组成计税价格=\frac{材料成本+加工费}{1-比例税率}$$

② 实行复合计税办法计算纳税的组成计税价格计算公式如下。

$$组成计税价格=\frac{材料成本+加工费+委托加工数量×定额税率}{1-比例税率}$$

3）进口环节应纳消费税的计算

进口的应税消费品，于报关进口时缴纳消费税；进口的应税消费品的消费税由海关代征；进口的应税消费品，由进口人或者其代理人向报关地海关申报纳税；纳税人进口应税消费品，按照关税征收管理的相关规定，应当自海关填发海关进口消费税专用缴款书之日起15日内缴纳税款

纳税人进口应税消费品，按照组成计税价格和规定的税率计算应纳税额。计算方法如下。

（1）从价定率计征应纳税额的计算。实行从价定率办法计算纳税的组成计税价格计算公式如下。

$$组成计税价格=\frac{关税完税价格+关税}{1-消费税比例税率}$$

公式中的"关税完税价格"，是指海关核定的关税计税价格。

$$应纳税额=组成计税价格×消费税比例税率$$

（2）实行从量定额计征应纳税额的计算公式如下。

$$应纳税额=应税消费品数量×消费税定额税率$$

（3）实行复合计税办法计算应纳税额的计算公式如下。

$$组成计税价格=\frac{关税完税价格+关税+进口数量×消费税定额税率}{1-消费税比例税率}$$

$$应纳税额=组成计税价格×消费税税率+应税消费品进口数量×消费税定额税率$$

4）已纳消费税扣除的计算

为了避免重复征税，现行消费税规定，将外购应税消费品和委托加工收回的应税消费品继续生产应税消费品销售的，可以将外购应税消费品和委托加工收回的应税消费品已缴纳的消费税给予扣除。

（1）外购应税消费品已纳税额的扣除。

① 外购应税消费品连续生产应税消费品，由于某些应税消费品是用外购已缴纳消费税的应税消费品连续生产出来的，在对这些连续生产出来的应税消费品计算征税时，税法规定应按当期生产领用数量计算准予扣除外购的应税消费品已纳的消费税税款。

当期准予扣除的外购应税消费品已纳税款=当期准予扣除的外购应税消费品买价×

外购应税消费品适用税率

当期准予扣除的外购应税消费品买价期初库存的外购应税消费品的买价+当期购进的应税消费品的买价—期末库存的外购应税消费品的买价

② 外购应税消费品后销售。应当征收消费税，同时允许扣除外购应税消费品的已纳税款。

（2）委托加工收回的应税消费品已纳消费税款的扣除。

委托加工的应税消费品因为已由受托方代收代缴消费税，因此，委托方收回货物后用于连续生产应税消费品的，其已纳税款准予按照规定从连续生产的应税应纳消费税税额中抵扣。

当期准予扣除委托加工收回的应税消费品已纳消费税税款的计算公式为：

当期准予扣除委托加工收回的应税消费品已纳消费税税款=期初库存的委托加工应税消费品已纳税款+当期收回的委托加工应税消费品已纳税款–期末库存的委托加工应税消费品已纳税款

5）消费税出口退税的计算

对纳税人出口应税消费品，免征消费税；国务院另有规定的除外。

（1）出口免税并退税。

有出口经营权的外贸企业购进应税消费品直接出口，以及外贸企业受其他企业委托代理出口应税消费品，外贸企业只有受其他外贸企业委托，代理出口应税消费品才可办理退税，外贸企业受其他企业（主要是非生产性的商贸企业）委托，代理出口应税消费品是不予以退（免）税的。

（2）出口免税但不退税。

有出口经营权的生产性企业自营出口或委托外贸企业代理出口自产的应税消费品，依据其实际出口数量免征消费税，不予办理退还消费税。免征消费税是指对生产性企业按其实际出口数量免征生产环节的消费税。不予办理退还消费税，因已免征生产环节的消费税，该应税消费品出口时，已不含有消费税，所以无须再办理退还消费税。

（3）出口不免税也不退税。

除生产企业、外贸企业外的其他企业，具体是指一般商贸企业，这类企业委托外贸企业代理出口应税消费品一律不予退（免）税。出口货物的消费税应退税额的计税依据，按购进出口货物的消费税专用缴款书和海关进口消费税专用缴款书确定。

11.3.5　征收管理

1. 纳税义务发生时间

（1）纳税人销售的应税消费品，其纳税义务的发生时间，按不同的销售结算方式分为以下几类。

① 采取赊销和分期收款结算方式的，为书面合同约定的收款日期的当天，书面合同没有约定收款日期或者无书面合同的，为发出应税消费品的当天。

② 采取预收货款结算方式的，为发出应税消费品的当天。

③ 采取托收承付和委托银行收款方式的，为发出应税消费品并办妥托收手续的当天。

④ 采取其他结算方式的，为收讫销售款或者取得索取销售款凭据的当天。

（2）纳税人自产自用应税消费品的，为移送使用的当天。

（3）纳税人委托加工应税消费品的，为纳税人提货的当天。

（4）纳税人进口应税消费品的，为报关进口的当天。

2. 纳税期限

按照《中华人民共和国消费税暂行条例》规定，消费税的纳税期限分别为1日、3日、5日、10日、15日、1个月或者1个季度。纳税人的具体纳税期限，由主管税务机关根据纳税人应纳税额的大小分别核定；不能按照固定期限纳税的，可以按次纳税。

纳税人以1个月或者1个季度为1个纳税期的，自期满之日起15日内申报纳税；以1日、3日、5日、10日或者15日为1个纳税期的，自期满之日起5日内预缴税款，于次月1日起15日内申报纳税并结清上月应纳税款。

纳税人进口应税消费品，应当自海关填发海关进口消费税专用缴款书之日起15日内缴纳税款。

3. 纳税地点

消费税具体纳税地点有以下几种。

（1）纳税人销售的应税消费品，以及自产自用的应税消费品，除国务院财政、税务主管部门另有规定外，应当向纳税人机构所在地或者居住地的主管税务机关申报纳税。

（2）委托加工的应税消费品，除受托方为个人外，由受托方向机构所在地或者居住地的主管税务机关解缴消费税税额。

（3）进口的应税消费品，由进口人或者其代理人向报关地海关申报纳税。

（4）纳税人到外县（市）销售或者委托外县（市）代销自产应税消费品的，于应税消费品销售后，向机构所在地或者居住地的主管税务机关申报纳税。

（5）纳税人销售的应税消费品，因质量等原因发生退货的，其已缴纳的消费税税额可予以退还。

11.4　关　税

11.4.1　关税的含义

关税是海关对进出境货物、物品征收的一种税。所谓"境"是指关境，又称"海关境域"或"关税领域"。通常情况下，一国关境与国境是一致的，包括国家全部的领土、领海、领空。但当某一国家在国境内设立了自由港、自由贸易区等，这些区域就进出口关税而言处在关境之外，这时该国家的关境小于国境。根据《中华人民共和国海关法》《中华人民共和国进出口关税条例》《中华人民共和国海关进出口税则》《中华人民共和国海关入境旅客行李物品和个人邮递物品征收进口税办法》等规定，由海关依法对进出品的货物和物品代征关税。关税法是指国家制定的调整关税征收与缴纳权利义务关系的法律规范。现行关税法律规范以全国人民代表大会于2000年7月修正颁布的《中华人民共和国海关法》为法律依据。

11.4.2 征税对象与纳税人

1. 征税对象

关税的征税对象是进出我国国境或关境的货物和物品。货物是指贸易性商品。物品包括入境旅客随身携带的行李和物品、各种运输工具上服务人员携带进口的自用物品、个人邮递物品、馈赠物品及其他方式入境的个人物品。

2. 纳税人

关税的纳税人是指进口货物的收货人、出口货物的发货人、进出境物品的所有人。进出口货物的收、发货人是依法取得对外贸易经营权，并进口或出口货物的法人或其他社会团体。进出境物品的所有人包括该物品的所有人的推定为所有人的人。一般情况下，对于携带进的物品，推定其携带人为所有人，对分离运输的行李，推定相应的进出境旅客为所有人，对以邮递方式进境的物品，推定其收件人为所有人，以邮递或其他运输方式出境的物品，推定其寄件人或托运人为所有人。

11.4.3 税率

关税税率分为进口税率和出口税率两个部分。国务院制定《中华人民共和国进出口税则》和《中华人民共和国进境物品进口税税率表》规定关税的税目、税则号列和税率，作为进出口关税条例的组成部分。国务院设立关税税则委员会负责：进出口税则和进境物品进口税税率表的税目、税则号列和税率的调整和解释，报国务院批准后执行；决定实行暂定税率的货物、税率和期限；决定关税配额税率；决定征收反倾销税、反补贴税、保障措施关税、报复性关税和实施其他关税措施；决定特殊情况下税率的适用；履行国务院规定的其他职责。

1. 进口关税税率

（1）税率设置与适用。从2002年1月1日开始，我国进口税则设有最惠国税率、协定税率、特惠税率、普通税率等税率。对进口货物在一定期限内也可以实行暂定税率。

① 最惠国税率。最惠国税率适用原产于我国共同适用最惠国待遇条款的 WTO 成员或地区的进口货物，或原产于与我国签订有朴素给予最惠国待遇条款的双边贸易协定的国家或地区进口的货物，以及原产于我国境内的进口货物。

② 协定税率。协定税率适用于原产于我国参加的含有关税优惠条款的区域性贸易协定有关缔约方的进口货物，目前对原产于韩国、斯里兰卡和孟加拉国3个曼谷协定成员的739个科目进口商品实行协定税率（即曼谷协定税率）。

③ 特惠税率。特惠税率适用原产于与我国签订有特殊优惠关税协定的国家或地区的进口货物，目前对原产于孟加拉国的18个科目进口商品实行特惠税率（即曼谷协定特惠税率）。

④ 普通税率。普通税率适用于原产于上述国家或地区以外的其他国家或地区的进口货物。按照普通税率征税的进口货物，经国务院关税税则委员会特别批准，可以适用最惠国税率。

（2）税率种类。

按照征收关税的标准，可以分为从价税、从量税、复合税、选择税、滑准税。

① 从价税。从价税是一种最常用的关税计税标准。它是以货物的价格或者价值为征税标准，以应征税额占货物价格或者价值的百分比为税率，价格或者价值越高，税额越高。目前，我国海关计征关税标准主要是从价税。

② 从量税。从量税是以货物的数量、重量、体积、容量等计量单位为计税标准，以每计量单位货物的应征税额为税率。我国目前对原油、啤酒和胶卷等进口商品征收从量税。

③ 复合税。复合税又称混合税。即订立从价、从量两种税率，随着完税价格和进口数量而变化，征收时两种税率合并计征。它是对某种进口货物混合使用从价税和从量税的一种关税计税标准。我国目前仅对录像机、放像机、摄像机、数字照相机和摄录一体机等进口商品征收复合税。

④ 选择税。选择税是对一种进口商品同时定有从价税和从量税两种税率，但征税时选择其税额较高的一种征税。

⑤ 滑准税。滑准税是根据货物的不同价格适用不同税率的一类特殊的从价关税。它是一种关税税率随进口货物价格由高至低而由低至高设置计征关税的方法。简单地讲，就是进口货物的价格越高，其进口关税税率越低，进口货物的价格越低，其进口关税税率越高。滑准税的特点是可保持实行滑准税商品的国内市场价格的相对稳定，而不受国际市场价格波动的影响。

（3）暂定税率与关税配额税率。根据经济发展需要，国家对部分进口原材料、零部件、农药原药和中间体、乐器及生产设备实行暂定税率。《进出口关税条例》规定，适用最惠国税率的进口货物有暂定税率的，应当适用暂定税率；适用特惠税率、协定税率的进口货物有暂定税率的，应当从低适用税率；适用普通税率的进口货物，不适用暂定税率。同时，对部分进口农产品和化肥产品实行关税配额，即一定数量内的上述进口商品适用税率较低的配额内税率，超出该数量的进口商品适用税率较高的配额外税率。现行税则对700多个税目进口商品实行了暂定税率，对小麦、玉米和尿素等3种化肥产品实行关税配额管理。

2. 出口关税税率

我国出口税则为一栏税率，即出口税率。国家仅对少数资源性产品及易于竞相杀价、盲目进口、需要规范出口秩序的半制成品征收出口关税。1992年对47种商品计征出口关税，税率为20%～40%。

现行税则对36种商品计征出口关税，主要是鳗鱼苗、部分有色金属矿砂及其精矿、生锑、磷、氟钽酸钾、苯、山羊板皮、部分铁合金、钢铁废碎料、铜和铝原料及其制品、镍锭、锌锭、锑锭。出口商品税则税率一直未予调整。但对上述范围内的22种商品-20%的暂定税率，其中16种商品为零关税，6种商品税率为10%及以下。与进口暂定税率一样，出口暂定税率优先适用于出口税则中规定的出口税率。因此，我国真正征收出口关税的商品只有20种，税率也较低。

3. 反倾销税、反补贴税、保障措施关税和报复性关税税率

按照有关法律、行政法规的规定对进口货物采取反倾销税、反补贴税和保障措施的，其税率的适用按照国务院发布的《中华人民共和国反倾销条例》《中华人民共和国反补贴条例》《中华人民共和国保障措施条例》的有关规定执行。

4. 原产地的规定

确定进境货物原产地的主要原因之一是便于运用进口税则的各栏税率，对产自不同国家或地区的进口货物适用不同的关税税率。我国基本上采用了"全部产地生产标准"和"实质性加工标准"两种种国际上通用的原产地标准。

（1）全部产地生产标准。全部产地生产标准是指进口货物"完全在一个国家内生产或制造"，生产或制造国即为该货物的原产地。完全在一个国家内生产或制造的进口货物包括：① 在该国领土或领海内开采的矿产品；② 在该国领土上收获或采集的植物产品；③ 在该国领土上出生或由该国饲养的活动物及从其所得产品；④ 在该国领土上狩猎或捕捞所得的产品；⑤ 在该国的船只上卸下的海洋捕捞物，以及由该国船只在海上取得的其他产品；⑥ 在该国加工船加工上述5项所列物品所得的产品；⑦ 在该国收集的只适用做再加工制造的废碎料和废旧物品；⑧ 在该国完全使用上述①～⑦项所列产品加工成的制成品。

（2）实质性加工标准。实质性加工标准是适用于确定有两个或两个以上国家参与生产的产品的原产国的标准，其基本含义是：经过几个国家加工、制造的进口货物，以最后一个对货物进行经济上可以视为实质性加工的国家作为有关货物的原产国。

"实质性加工"是指产品加工后，在进出口税则中4位数税号一级的税则归类已经有了改变，或者加工增值部分所占新产品总值的比例已超过30%及以上。

（3）其他。其他对机器、仪器、器材或车辆所用零件、配件、备件及工具，如与主件同时进口且数量合理的，其原产地按主件的原产地确定，分别进口的则按各自的原产地确定。

11.4.4　税收优惠

我国海关法规定，减免进口关税的权限属于中央政府；在未经中央人民政府许可的情况下各地海关不得擅处决定关免，以保证国家关税政策的统一。关税减免主要可分法定减免、特定减免和临时减免三种类型。

1. 法定减免

法定减免是依照关税基本法规的规定，对列举的课税对象给予的减免，包括：关税税额在人民币10元以下；无商业价值的广告品和货样；外国政府、国际组织无偿赠送的物资；进出境运输工具装载的途中必需的燃料、物料和饮食用品。中华人民共和国缔结或者参加的国际条约规定减征、免征关税的货物、物品。

海关可以酌情减免关税的包括：在境外运输途中或者起卸时，受损坏或者损失的；起卸后海关放行前，因不可抗力受损坏或者损失的；海关查验时已经破漏、损坏或者腐烂，经证明不是保管不慎造成的。为境外厂商加工、装配成品和为制造外销产品而进口的原材料、辅料、零件、部件、配套件和包装物料，海关按照实际加工出口的成品数量免征进口关税；或者对进口料、件先征进口关税，再按照实际加工出口的成品数量予以退税。经海关核准暂时进境或者暂时出境并在6个月内复运出境或者复运进境的货样、展览品、施工机械、工程车辆、工程船舶、供安装设备时使用的仪器和工具、电视或者电影摄制器械、盛装货物的容器以及剧团服装道具，在货物收发货人向海关缴纳相当于税款的保证金或者提供担保后，准予暂时免纳关税等。

2. 特定减免

特定减免是指在关税基本法规确定的法定减免以外，由国务院或国务院授权的机关颁布法规、规章特别规定的减免。包括对特定地区、特定企业和特定用途的货物的减免等。

3. 临时减免

临时减免是指在以上两项减免税以外，对某个纳税人由于特殊原因临时给予的减免。适用临时减免的纳税人必须在货物进出口前，向所在地海关提出书面申请，并随附必要的证明资料，经所在地海关审核后，转报海关总署或海关总署或海关总署会同国家税务总局、财政部审核批准。

11.4.5　应纳税额的计算

1. 进口关税的计算

（1）一般进口货物完税价格的确定。《中华人民共和国进出口关税条例》第十条规定：进口货物以海关审定的成交价格为基础的到岸价格作为完税价格。因此完税价格的确认基础是进口货物的实际成交价格。但不一定与成交价格一致。实际成交价格是一般贸易项下进口货物的买方为购买该项货物对卖方实际支付或应当支付的价格。成交价格为运抵我国境内口岸的货价加运费价格，也应另加保险费。完税价格必须是经过海关审核并接受的申报价格。对于不真实或不准确的申报价格，海关有权不予接受，并可依照税法规定对有关进口货物的申报价格进行调整或另行估定完税价格。进口货物成交价格不同，海关审核的标准不同，因此完税价格的确定有以下方式：

① 以到岸价格为进口货物的完税价格。到岸价格是指包括货价、加上货物运抵我国关境内输入地点起卸前的包装费、运费、保险费和其他劳务费等费用组成的一种价格。其计算公式如下。

$$完税价格 = 到岸价格 + 国外运费 + 国外保险费 + 其他费用$$

买价中还包括了在境内生产制造、使用或出版、发行的目的，而向境外支付的与该进口货物有关的专利、商标、著作权，以及专有技术、计算机软件或者资料等费用。该货物在成交过程中，如有我方在成交价格外另行支付卖方的佣金，也就计入成交价格。因而进口货物的到岸价格包括下列费用。

第一，进口人为在国内生产、制造、出版、发行或使用该项货物而向国外支付的软件费。

第二，该项货物成交过程中，进口人向卖方支付的佣金。

第三，货物运抵我国关境内输入地点起卸前的包装费、运输费和其他劳务费用。

第四，保险费。

但下列费用如单独计价，且已包括在进口货物的成交价格中，经海关审查属实的，可以从完税价格中扣除：进口人向其境外采购代理人支付的买方佣金；卖方付给买方的正常回扣；工业设施、机械设备类货物进口后基建、安装、装配、调试或技术指导的费用。

② 进口货物由海关估价确定。如果进口货物的价格不符合成交条件或成交价格不能确定的，海关应当依次以相同货物成交价格方法、类似货物成交价格方法、倒扣价格方法、计算价格方法及其他合理方法确定的价格为基础，估定完税价格。

（2）特殊进口货物的完税价格。

① 运往境外加工的货物。运往境外加工的货物，出境时已向海关报明，并在海关规定期限内复运进境的，应当以加工后货物进境时的到岸价格与原出境货物或者相同、类似货物在进境时的到岸价格之间的差额，作为完税价格。如上述原出境货物在进境时的到岸价格无法得到时，可用原出境货物申报出境时的离岸价格替代。如上述两种方法的到岸价格都无法得到时，可用该出境货物在境外加工时支付的工缴费加上运抵我国关境输入地点起卸前的包装费、运费、保险费、其他劳务费等一切费用作为完税价格。

② 运往境外修理的机器、工具等。运往境外修理的机械器具、运输工具或者其他货物，出境时已向海关报明并在海关规定期限内复运进境的，应当以海关审查确定的正常的修理费和料件费，作为完税价格。

③ 租赁、租借方式进境的货物。租赁和租借方式进境的货物，以海关审查确定的

该项进口货物的成交价格作为完税价格。如租赁进境货物是一次性支付租金，则可以海关审定的该项进口货物的成交价格确定完税价格。

④ 准予暂时进口的施工机械等。准予暂时进口的施工机械、工程车辆、供安装使用的仪器和工具、电视或电影摄制机械，以及盛装货物的容器，如超过半年仍留在国内使用的，应自第7个月起，按月征收进口关税，其完税价格按原货进口时的到岸价格确定，货物每月的税额计算公式如下。

$$关税税额 = 货物原到岸价格 \times 关税税率 \times 1/48$$

⑤ 留购的进口货样等。国内单位留购的进口货样、展览品和广告陈列品，以留购价格作为完税价格。但是，买方留购货样、展览品和广告陈列品后，除按留购价格付款外，又直接或间接给卖方一定利益的，海关可以另行确定上述货物的完税价格。

（3）进口货物运保费的确认。进口货物的到岸价格中应包括的运费、保险费，简称运保费。在计算时，海运进口货物计算至该项货物运抵我国境内的卸货口岸，如该货物的卸货口岸是内河（江）口岸，则应计算至内河口岸；陆运进口货物，计算至该货物运抵关境的第一口岸为止，如成交价格中所包括的运、保、杂费计算至内地到达口岸的，关境的第一口岸至内地一段的运、保、杂费不予扣除；空运进口货物，计算至进入关境的第一个口岸外的其他口岸，则计算至目的地口岸。进口货物以境外口岸离岸价格成交的，应加上该项货物从境外发货或交货口岸运到我国境内以前所实际支付的各段的运费和保险费。如实际支付数无法确定时，可按有关主管机构规定的运费率（额）、保险费率计算。陆、空、邮运进口货物的保险费无法确定时，都可按"货价加运费"两者总额的千分之三计算保险费。

2. 进口货物应纳关税的计算

进口关税的应纳税额是依据完税价格和适用的税率计量的，其计算公式如下。

$$纳进口关税 = 完税价格 \times 适用税率$$

【例11-4】新欣公司2019年12月1日从英国进口高档美容修饰类化妆品一批，该批货物在国外的买价120万元，货物运抵我国入关前发生的运输费、保险费和其他费用分别为10万元、6万元、4万元。货物报关后，该公司按规定缴纳了进口环节的增值税和消费税，将化妆品从海关运往公司所在地取得增值税专用发票，注明运输费用5万元、增值税进项税额0.5万元，该批化妆品当月在国内全部销售，取得不含税销售额520万元，化妆品进口关税税率为20%，增值税税率13%，消费税税率为15%，要求：计算该批化妆品进口环节应缴纳的关税、增值税、消费税和国内销售环节应缴纳的增值税。

（1）关税完税价格=120+10+6+4 =140（万元）

（2）应缴纳进口关税=140×20%=28（万元）

（3）进口环节的组成计税价格=（140-28）/（1-15%）=197.65（万元）

（4）进口环节应缴纳增值税=197.65×13%=25.69（万元）

（5）进口环节应缴纳消费税=197.65×15%=29.65（万元）

3. 出口关税的计算

（1）出口货物完税价格的确定。

出口货物以海关审定的成交价格为基础的离岸价格作为完税价格。离岸价格是离开我国关境口岸的价格。具体地说应以该项货物运离关境前的最后一个口岸的离岸价格为实际离岸价格。如该项货物从内地起运，即从内地口岸至最后出境口岸所支付的国内段运输费用应予扣除。出口货物成交价格如为境外口岸的到岸价格或货价加运费价格时，应先扣除运费、保险费后，再按法定公式计算完税价格。出口货物以海关审定的成交价格为基础的售予境外的离岸价格，扣除出口关税后作为完税价格。其计算公式为：完税价格=离岸价格/1+出口税率。

如果出口货物成交价格中含有支付给国外的佣金，并与货物的离岸价格分列，应予以扣除；未单独列明的，不予扣除。出口货物在离岸以外，买方还另行支付货物包装费的，应将其计入完税价格。

为防止出口商品低价竞销，维护正常的对外贸易秩序，保护正当经营者的合法权益，海关自1995年2月1日起实施《中华人民共和国对出口商品审价暂行办法》。该办法规定，出口商品的发货人或其代理人应如实向海关申报出口商品售与境外的价格，对不符合海关审价依据的出口商品，海关将依次序按下列价格予以审定。

①同一时期内向同一国家或者地区销售出口的相同商品的成交价格。

②同一时期内向同一国家或者地区销售出口的类似商品的成交价格。

③根据境内生产相同或者类似商品的成本、储运和保险费用、利润及其他杂费计算所得的价格。

④如果按照以上方法仍不能确定的，由海关用其他合理方法审定价格。

出口关税的税率是根据促进和保护国内生产，调节对外经济往来和为国家建设积累资金等项基本政策制定的。出口关税税率没有普通和优惠之分，是一种差别比例税率。出口设有10%、20%、30%、60%四级税率，对列举的少数几种出口商品缴纳出口关税。

（2）出口货物关税的计算。

①以我国口岸离岸价格成交的出口关税的计算。

$$应纳关税额 = \frac{离岸价格}{1+关税税率} \times 关税税率$$

②以国外口岸到岸价格成交的出口关税的计算。

$$应纳关税额 = [到岸价格 - 保险费 - 运费/(1+关税税率)] \times 关税税率$$

【例13-2】华扬企业2019年12月27日出口异型钢材一批，离岸价格为10 000 000元人民币，出口关税税率为30%。则应纳出口关税计算如下。

$$应纳出口关税 = 1\ 000\ 000 \times 30\% = 300\ 000（元）$$

11.4.6 申报缴纳

关税的纳税义务人或他们的代理人应在规定的报关期限内向货物进（出）境地海关申报，经海关对实际货物进行查验后，根据货物的税则归类和完税价格计算应纳关税和进口环节代征税费，填发税款缴纳证。纳税义务人或他们的代理人应在海关填发税款缴纳证的次日起7日内，向指定银行缴纳。进口货物在完税后方可进入国内市场流通，出口货物完税后方可装船出口。为了方便货主，经货物收货人申请，海关批准，也可在起运地海关办理申报纳税手续。

如果关税的纳税人缺乏纳税资金或由于其他原因而造成缴纳关税有困难，不能在关税缴纳期限内履行纳税义务等情况下，可以缓纳关税。缓纳关税中是海关批准纳税人将其部分或全部应缴税款的缴纳期限延长的一种制度。根据规定，申请缓税的纳税人应于有关货物申报进口前或于申报进口之日起7日内（星期日或法定节假日除外），向主管海关提出书面申请，并递交关税缴纳计划和由其开户银行或其上级主管机关出具的纳税担保函件。经海关审核批准关税缓纳的纳税人，应按海关批准的关税缴纳计划如期缴纳关税，并按月支付千分之十的利息。

《中华人民共和国进出口关税条例》规定：有下列情形之一的，进出口货物的收发货人或者他们的代理人，可以自缴纳税款之日起1年内书面声明理由，连同原纳税收据向海关申请退税，逾期不予受理：① 因海关误征，多纳税款的；② 海关核准免验进口的货物，在免税后，发现有短缺情况，经海关审查认可的；③ 已征出口关税的货物，因故未装运出口，申报退关，经海关查验属实的。退还关税是关税纳税人按海关核定的税额缴纳关税后，因上述原因的出现，海关将已缴税款的部分或全部退还给关税纳税义务人的一种规定。海关应当自受退税申请之日起30日内做出书面答复并通各纳税申请人。

按海关现行规事实上，进出口货物完税后，如发现少征或者漏征税款，海关应当自缴纳税款或者货物放行之日起1年内，向收发货人或者他们的代理人补征。因收发货人或者他们的代理人违反了海关规事实上的，称为关税的追征；非因纳税人违反海关规定造成的，称为关税补征。

根据《进出口关税条例》的规定，进出口货物的纳税人或他们的代理人，应当自海关填发税款缴纳证的次日起7日内缴纳税款，逾期缴纳而又未经批准缓税的，则由涨关征收一定比例的滞纳金。关税滞纳金的计算是，自缴纳期限期满之日的次日起，至缴清税款之日止，按日征收所欠税款的0.1%，其计算公式如下。

$$关税滞纳金=应纳税款额×0.1\%×滞纳天数$$

第12章

所得税

12.1 所得税概述

12.1.1 所得税的含义

税收是指国家为了向社会提供公共产品，满足社会共同需要，按照法律的规定参与社会产品的分配，强制、无偿取得财政收入的一种规范形式。税收是一种非常重要的政策工具。

所得税是税种的一类，以自然人、公司或者法人为课税单位。所得税又称所得课税、收益税，指国家对法人、自然人和其他经济组织在一定时期内的各种所得征收的一类税收。

12.1.2 所得税的分类

所得税分为个人所得税和企业所得税。

12.1.3　所得税的特点

1. 通常以纯所得为征税对象，税负相对公平

所得税的课税对象是纳税人的纯收入或净所得，而不是经营收入，一般实行多所得多征、少所得少征的累进征税办法，符合税收的量能负担原则，并且，所得税一般规定了起征点或免征额，可以在税收上照顾低收入者，不会影响纳税人的基本生活。同时，应纳税税额的计算涉及纳税人的成本、费用的各个方面，有利于加强税务监督，促使纳税人建立、健全财务会计制度和改善经营管理。

2. 税负不易转嫁

所得税的课税对象是纳税人的最终收益，纳税人一般就是负税人，因而可以直接调节纳税人的收入。特别是在采用累进税率的情况下，所得税在调节个人收入差距方面具有较明显的作用。对企业征收所得税，还可以发挥贯彻国家特定政策、调节经济的杠杆作用。

3. 税收具有中性特征

所得税的高低变化对生产不产生直接影响，只对不同企业、个人的收入水平产生调节作用。所得税一般不存在重复征税问题，对商品的相对价格没有影响，不会影响市场资源的优化配置。

4. 税制富有弹性，可满足财政需要

所得税来源于一国生产力资源的利用产生的剩余产品，随着资源利用效率的提高，剩余产品也会不断增长，因此所得税会随之稳定增长。同时，国家可根据需要对所得税的税率、减免等进行灵活调整，以适应政府支出的增减变化。

5. 计征复杂，征管难度大

主要表现为：计税依据——纯收入要经过一系列复杂的计算过程，比商品课税复杂得多；所得税累进税率的计算也要比商品税的比例税率或固定税率计算复杂。因此，征税成本较商品税高。

12.1.4　所得税的税制设计

1. 课征制度类型

（1）分类所得税，是指将所得按某种方式分成若干类别，对不同类别的所得分别计征，如将所得分为营业利润所得、利息所得、股息所得、工资薪金所得等，分别征收相应的所得税。这种分不同类别所得进行征收的优点是：可以根据不同类别的所得确定相应的税收政策和征税方法，大多适用于征管技术较低的发展中国家；其缺点是税制比较复杂，计征比较繁琐。

（2）综合所得税，是指将纳税人的全部所得汇总在一起，按统一规定的税率征税，如企业所得税。其优点是计征简便，比较适用累进税制，有利于公平税负；其缺点是征税时核算综合所得比较困难，进行综合扣除时也较繁琐，同时要求征管技术水平较高，因此，主要在发达国家采用。

（3）混合所得税，是指分类所得税和综合所得税的综合，是对某些所得按类别分别征税，而对其他所得合并综合征税。

2. 费用扣除的制度规定

（1）实报实销法，也称据实扣除法，完全根据纳税人的成本、费用支出或实际开支来确定税前扣除额。

（2）标准扣除法，是指对纳税人的必要成本、费用支出或基本生活费用，预先确定一个或多个标准，作为固定数额允许在税前先行扣除。

3. 税率形式的选择

（1）比例税率。采用比例税率，对纳税人的所得额无论多少均以相等的税率征税，纳税人负担水平始终保持一定的比例。

（2）累进税率。采用累进税率，是指依据纳税人的所得额多少而课以不同税率的税收。其税率随所得额的增减而升降，税制富有弹性，能充分体现量能负担、公平税负的原则。

4. 具体课征方法的确定

（1）源课法，是源泉课征法的简称，是指在所得额的发生地进行所得税的课征。一般适用于分类课征制，无法体现合理税负的原则。

（2）申报法，又称综合课征法，是指纳税人按税法规定自行申报其应税所得额，由税务机关调查核实后，再根据申报的应税所得依率计算应纳税额，由纳税人一次或分次缴纳。一般适用于综合课征制，符合量能负担和公平税负的原则。

5. 所得税的经济意义

所得课税具有税基广泛、税率累进的税制特征，所得税仅次于商品劳务税的征收，加上对各种宽免（宽指税基宽与容，免指税基范围的免除）与扣除项目的设置，可以有效的促进横向公平与纵向公平。

通过所得课税实现经济的有效性及提高资源配置效率。所得效率包括经济效率与行政效率。经济效率是指所得税是否能最有效的配置经济资源，给社会带来的负担最小或利益最大。行政效率是指税收的征纳成本是否减到最小税度，给国家带来的实际收入最大，给纳税人带来的额外负担最小。

12.2 个人所得税

12.2.1 个人所得税的含义及其税制模式

个人所得税是以自然人取得的各类应税所得为征税对象而征收的一种所得税，是政府利用税收对个人收入进行调节的一种手段。个人所得税在组织财政收入、提高公民纳税意识，尤其在调节个人收入分配差距方面具有重要作用。

从世界范围看，个人所得税的税制模式主要有以下几种。

① 分类征收制。分类征收制就是将纳税人不同来源、性质的所得项目，分别规定不同的税率征税。

② 综合征收制。综合征收制是对纳税人全年的各项所得加以汇总，就其总额进行征税。

③ 混合征收制。混合征收制是对纳税人不同来源、性质的所得先分别按照不同的税率征税，然后将全年的各项所得进行汇总征税。

目前，我国个人所得税的征收采用的是分类征收制，其改革方向是由分类征收制向分类与综合相结合的模式转变。

12.2.2 个人所得税的纳税义务人

个人所得税的纳税义务人及纳税对象为中国公民，个体工商户及在中国有所得的外籍人员和香港、澳门、台湾同胞。上述纳税人依据住所和居住时间两个标准，区分为居民个人和非居民个人，分别承担不同的纳税义务。居民个人有无限纳税义务。其取得的应纳税所得，无论是来源于中国境内还是中国境外的任何地方，都要在中国缴纳个人所得税。

1. 居民个人

居民个人是指在中国境内有住所，或者无住所而一个纳税年度内在中国境内居住累计满一百八十三天的个人。纳税年度，自公历一月一日起至十二月三十一日止。

2. 非居民个人

非居民个人是指在中国境内无住所又不居住，或者无住所而一个纳税年度内在中国境内居住不满一百八十三天的个人，非居民个人承担有限纳税义务，即仅应其来源于中国境内的所得，向中国缴纳个人所得税。

12.2.3　个人所得税的征税范围

下列各项个人所得，应当缴纳个人所得税：

（1）工资、薪金所得。

（2）劳务报酬所得。

（3）稿酬所得。

（4）特许权使用费所得。

（5）经营所得。

（6）利息、股息、红利所得。

（7）财产租赁所得。

（8）财产转让所得。

（9）偶然所得。

居民个人取得前款第一项至第四项所得（以下称综合所得），按纳税年度合并计算个人所得税；非居民个人取得前款第一项至第四项所得，按月或者按次分项计算个人所得税；纳税人取得前款第五项至第九项所得，依照个人所得税法规定分别计算个人所得税。

12.2.4　个人所得税的税率

（1）综合所得适用3%至45%的超额累进税率（如表12-1所示）。

表12-1　综合所得税率表

级　数	全年应纳税所得额	税率/%
1	不超过 36 000 元的	3
2	超过 36 000 元至 144 000 元的部分	10
3	超过 144 000 元至 300 000 元的部分	20
4	超过 300 000 元至 420 000 元的部分	25
5	超过 420 000 元至 660 000 元的部分	30
6	超过 660 000 元至 960 000 元的部分	35
7	超过 960 000 元的部分	45

注1：本表所称全年应纳税所得额是指依照本法第六条的规定，居民个人取得综合所得以每一纳税年度收入额减除费用六万元以及专项扣除、专项附加扣除和依法确定的其他扣除后的余额。

注2：非居民个人取得工资、薪金所得，劳务报酬所得，稿酬所得和特许权使用费所得，依照本表按月换算后计算应纳税额。

（2）经营所得适5%至35%的超额累进税率（如表12-2所示）。

表12-2 经营所得税率表

级数	全年应纳税所得额	税率/%
1	不超过 30 000 元的	5
2	超过 30 000 元至 90 000 元的部分	10
3	超过 90 000 元至 300 000 元的部分	20
4	超过 300 000 元至 500 000 元的部分	30
5	超过 500 000 元的部分	35

注：本表所称全年应纳税所得额是指依照本法第六条的规定，以每一纳税年度的收入总额减除成本、费用以及损失后的余额。

（3）利息、股息、红利所得，财产租赁所得，财产转让所得和偶然所得，适用比例税率，税率为20%。

12.2.5 个人所得税应纳税所得额的计算

（1）居民个人的综合所得，以每一纳税年度的收入额减除费用六万元以及专项扣除、专项附加扣除和依法确定的其他扣除后的余额，为应纳税所得额。

（2）非居民个人的工资、薪金所得，以每月收入额减除费用五千元后的余额为应纳税所得额；劳务报酬所得、稿酬所得、特许权使用费所得，以每次收入额为应纳税所得额。

（3）经营所得，以每一纳税年度的收入总额减除成本、费用以及损失后的余额，为应纳税所得额。

（4）财产租赁所得，每次收入不超过四千元的，减除费用八百元；四千元以上的，减除20%的费用，其余额为应纳税所得额。

（5）财产转让所得，以转让财产的收入额减除财产原值和合理费用后的余额，为应纳税所得额。

（6）利息、股息、红利所得和偶然所得，以每次收入额为应纳税所得额。

劳务报酬所得、稿酬所得、特许权使用费所得以收入减除百分之二十的费用后的余额为收入额。稿酬所得的收入额减按百分之七十计算。

个人将其所得对教育、扶贫、济困等公益慈善事业进行捐赠，捐赠额未超过纳税人申报的应纳税所得额百分之三十的部分，可以从其应纳税所得额中扣除；国务院规定对公益慈善事业捐赠实行全额税前扣除的，从其规定。

本条第一款第一项规定的专项扣除，包括居民个人按照国家规定的范围和标准缴纳的基本养老保险、基本医疗保险、失业保险等社会保险费和住房公积金等；专项附加扣除，包括子女教育、继续教育、大病医疗、住房贷款利息或者住房租金、赡养老人等支出，具体范围、标准和实施步骤由国务院确定，并报全国人民代表大会常务委员会备案。

居民个人从中国境外取得的所得，可以从其应纳税额中抵免已在境外缴纳的个人所得税税额，但抵免额不得超过该纳税人境外所得依照个人所得税法规定计算的应纳税额。

12.2.6 个人所得税的优惠政策

1. 免税项目

（1）省级人民政府、国务院部委和中国人民解放军军以上单位，以及外国组织、国际组织颁发的科学、教育、技术、文化、卫生、体育、环境保护等方面的奖金。

（2）国债和国家发行的金融债券利息。

国债利息是指个人持有中华人民共和国财政部发行的债券而取得的利息所得。国家发行的金融债券利息，是指个人持有经国务院批准发行的金融债券而取得的利息所得。

（3）按照国家统一规定发给的补贴、津贴，是指按照国务院规定发给的政府特殊津贴和国务院规定免纳个人所得税的其他补贴、津贴。

（4）福利费、抚恤金、救济金。

福利费是指根据国家有关规定，从企业、事业单位、国家机关、社会团体提留的福利费或者工会经费中支付给个人的生活补助费。救济金是指国家民政部门支付给个人的生活困难补助费。

（5）保险赔款。

（6）军人的转业费、复员费。

（7）按照国家统一规定发给干部、职工的安家费、退职费、退休工资、离休工资、 离休生活补助费。

（8）依照我国有关法律规定应予免税的各国驻华使馆、领事馆的外交代表、领事官员和其他人员的所得。

（9）中国政府参加的国际公约、签订的协议中规定免税的所得。

（10）企业和个人按照国家或地方政府规定的比例提取并向指定金融机构实际缴付的住房公积金、医疗保险金、基本养老保险金，不计入个人当期的工资、薪金收入，免予征收个人所得税。

（11）对个人取得的教育储蓄存款利息所得以及国务院财政部门确定的其他专项储蓄存款或储蓄专项基金存款的利息所得，免征个人所得税。

（12）发给的见义勇为奖金。

（13）经国务院财政部门批准免税的所得。

2. 减税项目

（1）残疾、孤老人员和烈属的所得。

（2）因严重自然灾害造成重大损失的。

（3）其他经国务院财政部门批准减税的。

上述减税项目的减征幅度和期限，由省、自治区、直辖市人民政府规定。

3. 暂免征税项目

（1）外籍个人以非现金形式或实报实销形式取得的住房补贴、伙食补贴、搬迁费、洗衣费。

（2）外籍个人按合理标准取得的境内、境外出差补贴。

（3）外籍个人取得的探亲费、语言训练费、子女教育费等，经当地税务机关审核批准为合理的部分。

（4）个人举报、协查各种违法、犯罪行为而获得的奖金。

（5）个人办理代扣代缴税款手续，按规定取得的扣缴手续费。

（6）个人转让自用达五年以上、并且是唯一的家庭生活用房取得的所得。

（7）对按《国务院关于高级专家离休退休若干问题的暂行规定》（国发〔1983〕141号）和《国务院办公厅关于杰出高级专家暂缓离退休审批问题的通知》（国办发〔1991〕40号）精神，达到离休、退休年龄，但确因工作需要，适当延长离休退休年龄的高级专家（指享受国家发放的政府特殊津贴的专家、学者），其在延长离休退休期间的工资、薪金所得，视同退休工资、离休工资免征个人所得税。

（8）外籍个人从外商投资企业取得的股息、红利所得。

（9）凡符合下列条件之一的外籍专家取得的工资、薪金所得可免征个人所得税：

① 根据世界银行专项贷款协议由世界银行直接派往我国工作的外国专家；

② 联合国组织直接派往我国工作的专家；

③ 为联合国援助项目来华工作的专家；

④ 援助国派往我国专为该国无偿援助项目工作的专家；

⑤ 根据两国政府签订文化交流项目来华工作两年以内的文教专家，其工资、薪金所得由该国负担的；

⑥ 根据我国大专院校国际交流项目来华工作两年以内的文教专家，其工资、薪金所得由该国负担的；

⑦ 通过民间科研协定来华工作的专家，其工资、薪金所得由该国政府机构负担的。

12.2.7 个人所得税的征收管理

个人所得税的纳税方法有自行申报纳税和代扣代缴纳税两种。

1. 自行申报纳税

自行申报纳税是由纳税人在税法规定的纳税期限内向税务机关申报取得的应税所得项目和数额，如实填写个人所得税纳税申报表，并按照税法规定计算应纳税额，据以缴纳个人所得税的一种方法。

1）自行申报纳税的纳税义务人

（1）年所得12万元以上的。

（2）从中国境内两处或者两处以上取得工资、薪金所得的。

（3）从中国境外取得所得的。

（4）取得应税所得，没有扣缴义务人的。

（5）国务院规定的其他情形。

2）自行申报纳税的内容

（1）年所得12万元以上的纳税人申报内容。

工资、薪金所得；个体工商户取得的生产、经营所得；对企事业单位的承包经营、承租经营所得；劳务报酬所得；稿酬所得；特许权使用费所得；利息、股息、红利所得；财产租赁所得；财产转让所得；偶然所得；经国务院财政部门确定征税的其他所得。

（2）不包含在12万元的所得。

① 免税所得，即省级人民政府、国务院部委、中国人民解放军军以上单位，以及外国组织、国际组织颁发的科学、教育、技术、文化、卫生、体育、环境保护等方面的奖金；国债和国家发行的金融债券利息；按照国家统一规定发给的补贴、津贴，即《中华人民共和国个人所得税法实施条例》第十三条规定的按照国务院规定发放的政府特殊津贴、院士津贴、资深院士津贴，以及国务院规定免征个人所得税的其他补贴、津贴；福利费、抚恤金、救济金；保险赔款；军人的转业费、复员费；按照国家统一规定发给干部、职工的安家费、退职费、退休工资、离休工资、离休生活补助费；按照我国有关法律规定应与免税的各国驻华使馆、领事馆的外交代表、领事官员和其他人员的所得；中国政府参加的国际公约、签订的协议中规定免税的所得；经国务院财政部门批准免税的所得。

②《中华人民共和国个人所得税法实施条例》第六条规定可以免税的来源于中国境外的所得。

③ 按照国家规定，单位为个人缴付的基本养老保险费、基本医疗保险费、失业保险费、住房公积金。

（3）各项所得的年所得计算方法。

① 工资、薪金所得，按照未减除费用及附加减除费用的收入额计算。

② 劳务报酬所得、特许权使用费所得，不得减除纳税人在提供劳务或让渡特许权使用权过程中缴纳的有关税费。

③ 财产租赁所得，不得减除纳税人在出租财产过程中缴纳的有关税费；对于纳税人一次取得跨年度财产租赁所得的，全部视为实际取得所得年度的所得。

④ 个人转让房屋所得，采取核定征收个人所得税的，按照实际征收率（1%、

2%、3%）分别换算为应税所得率（5%、10%、15%），据此计算年所得。

3）自行申报纳税的申报期限

① 年所得12万元以上的纳税人，在纳税年度终了后3个月内向主管税务机关办理纳税申报。

② 个体工商户和个人独资、合伙企业投资者取得的生产、经营所得应纳的税款，分月预缴的，纳税人在每月终了后15日内办理纳税申报；分季预缴的，纳税人在每个季度终了后15日内办理纳税申报；纳税年度终了后，纳税人在3个月内进行汇算清缴，多退少补。

③ 纳税人年终一次性取得对企事业单位的承包经营、承租经营所得的，自取得所得之日起30日内办理纳税申报；在1个纳税年度内分次取得对企事业单位的承包经营、承租经营所得的，在每次取得所得后的次月15日内申报预缴；纳税年度终了后3个月内汇算清缴，多退少补。

④ 从中国境外取得所得的纳税人，在纳税年度终了后30日内向中国境内主管税务机关办理纳税申报。

除以上规定的情形外，纳税人取得的其他各项所得须申报纳税的，在取得所得的次月15日内向主管税务机关办理纳税申报。

2. 代扣代缴纳税

代扣代缴是指按照税法规定负有扣缴税款义务的单位或者个人，在向个人支付应纳税所得时，应计算应纳税额，从其所得中扣除并缴入国库，同时向税务机关报送扣缴个人所得税报告表。这种方法有利于控制税源、防止漏税和逃税。

1）扣缴义务人和代扣代缴的范围

（1）扣缴义务人。

凡支付个人应纳税所得的企业（公司）、事业单位、机关、社团组织、军队、驻华机构、个体工商户等单位或者个人，为个人所得税的扣缴义务人。

（2）代扣代缴的范围。

扣缴义务人向个人支付下列所得，应代扣代缴个人所得税。

① 工资、薪金所得。

② 对企事业单位的承包经营、承租经营所得。

③ 劳务报酬所得。

④ 稿酬所得。

⑤ 特许权使用费所得。

⑥ 利息、股息、红利所得。

⑦ 财产租赁所得。

⑧ 财产转让所得。

⑨ 偶然所得。

⑩ 经国务院财政部门确定征税的其他所得。

2）扣缴义务人的义务及应承担的责任

① 扣缴义务人应指定支付应纳税所得的财务会计部门或其他有关部门的人员为办税人员，由办税人员具体办理个人所得税的代扣代缴工作。

② 扣缴义务人的法人代表（或单位主要负责人）、财会部门的负责人及具体办理代扣代缴税款的有关人员，共同对依法履行代扣代缴义务负法律责任。

③ 同一扣缴义务人的不同部门支付应纳税所得时，应报办税人员汇总。

④ 扣缴义务人在代扣税款时，必须向纳税人开具税务机关统一印制的代扣代缴税款凭证。

⑤ 扣缴义务人对纳税人的应扣未扣的税款，其应纳税款仍然由纳税人缴纳，扣缴义务人应承担应扣未扣税款50%以上至3倍的罚款。

⑥ 扣缴义务人应设立代扣代缴税款账簿，正确反映个人所得税的扣缴情况，并如实填写扣缴个人所得税报告表及其他有关资料。

3）代扣代缴期限

扣缴义务人每月所扣的税款，应当在次月15日内缴入国库，并向主管税务机关报送扣缴个人所得税报告表。

12.3　企业所得税

12.3.1　企业所得税的含义

企业所得税是对我国境内的企业和其他有收入的组织的生产经营所得和其他所得征收的一种税。其中，企业可以分为居民企业和非居民企业。居民企业是指依法在我国境内成立或依据外国法律成立但实际管理机构在我国境内的企业；非居民企业是指依据外国法律成立且实际管理机构不在我国境内，但在我国境内设立机构、场所，或没有设立机构、场所但有来源于我国境内所得的企业。

12.3.2　企业所得税的纳税人

企业所得税的纳税人是指在我国境内的企业和其他有收入的组织。根据《中华人民共和国企业所得税法》的规定，除个人独资企业和合伙企业以外的企业和有收入的组织均为我国企业所得税的纳税人。

《中华人民共和国企业所得税法》第三条：

居民企业应当就其来源于中国境内、境外的所得缴纳企业所得税。

非居民企业在中国境内设立机构、场所的，应当就其所设机构、场所取得的来源于中国境内的所得，以及发生在中国境外但与其所设机构、场所有实际联系的所得，缴纳企业所得税。

非居民企业在中国境内未设立机构、场所的，或者虽设立机构、场所但取得的所得与其所设机构、场所没有实际联系的，应当就其来源于中国境内的所得缴纳企业所得税。

12.3.3 企业所得税的税率

企业所得税的税率，即据以计算企业所得税应纳税额的法定比率。根据《中华人民共和国企业所得税法》的规定，我国企业所得税采用25%的比例税率，非居民企业取得本法第三条第三款规定的所得，适用税率为20%征收企业所得税。符合条件的小型微利企业，减按20%的税率征收企业所得税。国家需要重点扶持的高新技术企业，减按15%的税率征收企业所得税。

12.3.4 企业所得税的计算

1. 应纳税所得额

企业每一纳税年度的收入总额，减除不征税收入、免税收入、各项扣除以及允许弥补的以前年度亏损后的余额，为应纳税所得额。

应纳税所得额＝收入总额－不征税收入－免税收入－各项扣除－允许弥补的以前年度亏损

在计算应纳税所得额时，企业财务、会计处理办法与税收法律、行政法规的规定不一致的，应当依照税收法律、行政法规的规定计算。

2. 应纳税额

企业的应纳税所得额乘以适用税率，减除依照本法关于税收优惠的规定减免和抵免的税额后的余额，为应纳税额。

应纳税额＝应纳税所得额×适用税率－减免税额－抵免税额

其中的减免税额和抵免税额，是指依照企业所得税法和国务院的税收优惠规定减征、免征和抵免的应纳税额。

企业取得的下列所得已在境外缴纳的所得税税额，可以从其当期应纳税额中抵免，抵免限额为该项所得依照本法规定计算的应纳税额；超过抵免限额的部分，可以在以后五个年度内，用每年度抵免限额抵免当年应抵税额后的余额进行抵补：居民企业来源于中国境外的应税所得；非居民企业在中国境内设立机构、场所，取得发生在中国境外但与该机构、场所有实际联系的应税所得。

3. 收入总额

企业以货币形式和非货币形式从各种来源取得的收入为收入总额，包括：销售货物收入；提供劳务收入；转让财产收入；股息、红利等权益性投资收益；利息收入；租金收入；特许权使用费收入；接受捐赠收入；其他收入。

4. 不征税收入

税法规定的不征税收入包括：财政拨款；依法收取并纳入财政管理的行政事业性收费、政府性基金；国务院规定的其他不征税收入。

5. 扣除项目

企业所得税法定扣除项目是据以确定企业所得税应纳税所得额的项目。企业所得税条例规定，企业应纳税所得额的确定，是企业的收入总额减去成本、费用、损失以及准予扣除项目的金额。成本是纳税人为生产、经营商品和提供劳务等所发生的各项直接耗费和各项间接费用。费用是指纳税人为生产经营商品和提供劳务等所发生的销售费用、管理费用和财务费用。损失是指纳税人生产经营过程中的各项营业外支出、经营亏损和投资损失等。除此以外，在计算企业应纳税所得额时，对纳税人的财务会计处理和税收规定不一致的，应按照税收规定予以调整。企业所得税法定扣除项目除成本、费用和损失外，税收有关规定中还明确了一些需按税收规定进行纳税调整的扣除项目，主要包括以下内容：

① 利息支出的扣除。纳税人在生产、经营期间，向金融机构借款的利息支出，按照实际发生数扣除；向非金融机构借款的利息支出，不高于按照金融机构同类、同期贷款利率计算的数额以内的部分，准予扣除。

② 计税工资的扣除。计税工资是指按照税法规定，在计算纳税人的应纳税所得额时，允许扣除的工资标准。按现行税收规定，纳税人的计税工资人均月扣除最高限额为800元，具体扣除标准可由各省、自治区。直辖市人民政府根据当地不同行业情况，在限额内确定，并报财政部备案。个别经济发达地区确需高于该限额的，应在不高于20％的幅度内报财政部审定。纳税人发放工资在计税工资标准以内的，按实扣除；超过标准的部分，则不得扣除。国家将根据统计部门公布的物价指数以及国家财政状况，对计税工资进行适时调整。

③ 职工工会经费、职工福利费、职工教育经费的扣除。纳税人按照计税工资标准计提的职工工会经费、职工福利费、职工教育经费（提取比例分别为2%、14%、2.5%），可以在计算企业应纳税所得额时予以扣除。纳税人超过按计税工资标准计提的职工工会经费、职工福利费。职工教育经费，则不得扣除。纳税人发放工资低于计税工资标准的，按其实际发放数计提三项经费。

④ 捐赠的扣除。纳税人的公益、救济性捐赠，在年度会计利润的12%以内的，允许扣除。超过12%的部分则不得扣除。

⑤ 业务招待费的扣除。业务招待费，是指纳税人为生产、经营业务的合理需要而发生的交际应酬费用。税法规定，纳税人发生的与生产、经营业务有关的业务招待费，由纳税人提供确实记录或单据，分别在下列限度内准予扣除：全年营业收入在1 500万元以下的（不含1 500万元），不超过年营业收入的5‰；全年营业收入在1 500万元以上，但不足5 000万元的，不超过该部分营业收入的3‰；全年营业收入超过5 000

万元（含5 000万元），但不足1亿元的，不超过该部分营业收入的 2‰；全年营业收入在1亿元以上（含1亿元）的部分，不超过该部分营业收入的1‰。营业收入是指纳税人从事生产经营等活动所取得的各项收入，包括主营业务收入和其他业务收入。缴纳增值税的纳税人，其业务招待费的计提基数，是不含增值税的销售收入。

⑥ 职工养老基金和待业保险基金的扣除。职工养老基金和待业保险基金，在省级税务部门认可的上交比例和基数内，准予在计算应纳税所得额时扣除。

⑦ 残疾人保障基金的扣除。对纳税人按当地政府规定上交的残疾人保障基金，允许在计算应纳税所得额时扣除。

⑧ 财产、运输保险费的扣除。纳税人缴纳的财产。运输保险费，允许在计税时扣除。但保险公司给予纳税人的无赔款优待，则应计入企业的应纳税所得额。

⑨ 固定资产租赁费的扣除。纳税人以经营租赁方式租入固定资产的租赁费，可以直接在税前扣除；以融资租赁方式租入固定资产的租赁费，则不得直接在税前扣除，但租赁费中的利息支出。手续费可在支付时直接扣除。

⑩ 坏账准备金、呆账准备金和商品削价准备金的扣除。纳税人提取的坏账准备金、呆账准备金，在计算应纳税所得额时准予扣除。提取的标准暂按财务制度执行。纳税人提取的商品削价准备金准予在计税时扣除。

⑪ 转让固定资产支出的扣除。纳税人转让固定资产支出是指转让、变卖固定资产时所发生的清理费用等支出。纳税人转让固定资产支出准予在计税时扣除。

⑫ 固定资产、流动资产盘亏、流动资产毁损、报废净损失的扣除。纳税人发生的固定资产盘亏、毁损、报废的净损失，由纳税人提供清查、盘存资料，经主管税务机关审核后，准予扣除。这里所说的净损失，不包括企业固定资产的变价收入。纳税人发生的流动资产盘亏、毁损、报废净损失，由纳税人提供清查盘存资料，经主管税务机关审核后，可以在税前扣除。

⑬ 总机构管理费的扣除。纳税人支付给总机构的与本企业生产经营有关的管理费，应当提供总机构出具的管理费汇集范围、定额、分配依据和方法的证明文件，经主管税务机关审核后，准予扣除。

⑭ 国债利息收入的扣除。纳税人购买国债利息收入，不计入应纳税所得额。

⑮ 其他收入的扣除。包括各种财政补贴收入、减免或返还的流转税，除国务院、财政部和国家税务总局规定有指定用途者，可以不计入应纳税所得额外，其余则应并入企业应纳税所得额计算征税。

⑯ 亏损弥补的扣除。纳税人发生的年度亏损，可以用下一年度的所得弥补，下一纳税年度的所得不足弥补的，可以逐年延续弥补，但最长不得超过5年。

6. 不得扣除项目

① 资本性支出。是指纳税人购置、建造固定资产，以及对外投资的支出。企业的资本性支出，不得直接在税前扣除，应以提取折旧的方式逐步摊销。

② 无形资产受让、开发支出。是指纳税人购置无形资产以及自行开发无形资产的各项费用支出。无形资产受让、开发支出也不得直接扣除，应在其受益期内分期摊销。

③ 违法经营的罚款和被没收财物的损失。纳税人违反国家法律。法规和规章，被

有关部门处以的罚款以及被没收财物的损失，不得扣除。

④ 各项税收的滞纳金、罚金和罚款。纳税人违反国家税收法规，被税务部门处以的滞纳金和罚款、司法部门处以的罚金，以及上述以外的各项罚款，不得在税前扣除。

⑤ 自然灾害或者意外事故损失有赔偿的部分。纳税人遭受自然灾害或者意外事故，保险公司给予赔偿的部分，不得在税前扣除。

⑥ 超过国家允许扣除的公益、救济性捐赠，以及非公益、救济性捐赠。纳税人用于非公益、救济性捐赠，以及超过年度应纳税所得额3%的部分的捐赠，不允许扣除。

⑦ 各种赞助支出。

⑧ 与取得收入无关的其他各项支出。

12.3.5　企业所得税的税收优惠

1. 免税收入

（1）国债利息收入。

（2）符合条件的居民企业之间的股息、红利等权益性投资收益。

（3）在中国境内设立机构、场所的非居民企业从居民企业取得的与该机构场所有实际联系的股息、红利等权益性投资收益。

（4）符合条件的非营利组织的收人。

2. 免征企业所得税

① 蔬菜、谷物、薯类、油料、豆类、棉花、麻类、糖料、水果、坚果种植。

② 农作物新品种的选育。

③ 中药材的种植。

④ 林木的培育和种植。

⑤ 牲畜、家禽的饲养。

⑥ 林产品的采集。

⑦ 灌溉、农产品初加工、兽医、农技推广、农机作业和维修等农、林、牧、渔服务业项目。

⑧ 远洋捕捞。

⑨ 农户经营。

3. 减半征收企业所得税

① 花卉、茶以及其他饮料作物和香料作物的种植。

② 海水养殖、内陆养植。

4. 从事国家重点扶持的公共基础设施项目投资经营

企业从事国家重点扶持的公共基础设施项目投资经营的所得，自项目取得第一笔生产经营收人所属纳税年度起，第一年至第三年免征企业所得税，第四年至第六年减半征收企业所得税。

5. 从事符合条件的环境保护，节能节水项目

从事符合条件的环境保护，节能节水项目所得，自项目取得第一笔生产经营收人所属纳税年度起，第一年至第三年免征企业所得税，第四年至第六年减半征收企业所得税。

6. 符合条件的技术转让所得

企业获得的符合条件的技术转让所得，一个纳税年度内，居民企业技术转让所得不超过500万元的部分，免征企业所得税；超过500万元的部分，减半征收企业所得税。

7. 自治区

民族自治地方的自治机关对本民族自治地方的企业应缴纳的企业所得税中属于地方分享的部分，可以决定减征或者免征。自治州、自治县决定减征或者免征的，须报省、自治区、直辖市人民政府批准。

8. 费用加计扣除

企业为开发新技术、新产品、新工艺发生的研究开发费，未形成无形资产计人当期损益的，在按照规定据实扣除的基础上，按照研究开发费用的50%加计扣除；形成无形资产的，按照无形资产成本的150%摊销。

企业安置残疾人员的，在按照支付给残疾职工工资据实扣除的基础上，按照支付给残疾职工工资的100%加计扣除。残疾人员的范围适用《中华人民共和国残疾人保障法》的有关规定。

9. 投资额抵免应纳税所得额

创业投资企业采取股权投资方式投资于未上市的中小高新技术企业2年以上的，可以按照其投资额的70%在股权持有满2年的当年抵扣该创业投资企业的应纳税所得额；当年不足抵扣的，可以在以后纳税年度结转抵扣。

10. 快速折旧

企业的固定资产由于技术进步等原因，确需加速折旧的，可以缩短折旧年限或者采取加速折旧的方法(双信余额递减法或年数总和法)。可以采取缩短折旧年限或者采取加速折旧的方法的固定资产包括：由于技术进步，产品更新换代较快的固定资产；常年处于强震动、高腐蚀状态的固定资产。

11. 减计收入

企业综合利用资源，生产符合国家产业政策规定的产品所取得的收入，可以在计算应纳税所得额时，减按90%计入收入总额。

12. 税额抵免

企业购置用于环境保护、节能节水、安全生产等专用设备的投资额的10%可以从企业当年的应纳税额中抵免；当年不足抵免的，可以在以后5个纳税年度结转抵免。

12.3.6　企业所得税的特别纳税调整

（1）企业与其关联方共同开发、受让无形资产，或者共同提供、接受劳务发生的成本，在计算应纳税所得额时应当按照独立交易原则进行分摊。企业与其关联方之间的业务往来，不符合独立交易原则而减少企业或者其关联方应纳税收入或者所得额的，税务机关有权按照合理方法调整。

（2）企业可以向税务机关提出与其关联方之间业务往来的定价原则和计算方法，税务机关与企业协商、确认后，达成预约定价安排。

（3）企业向税务机关报送年度企业所得税纳税申报表时，应当就其与关联方之间的业务往来，附送年度关联业务往来报告表。

（4）税务机关在进行关联业务调查时，企业及其关联方，以及与关联业务调查有关的其他企业，应当按照规定提供相关资料。企业不提供与其关联方之间业务往来资料，或者提供虚假、不完整资料，未能真实反映其关联业务往来情况的，税务机关有权依法核定其应纳税所得额。

（5）由居民企业，或者由居民企业和中国居民控制的设立在实际税负明显低于本法第四条第一款规定税率水平的国家（地区）的企业，并非由于合理的经营需要而对利润不作分配或者减少分配的，上述利润中应归属于该居民企业的部分，应当计入该居民企业的当期收入。

（6）企业从其关联方接受的债权性投资与权益性投资的比例超过规定标准而发生的利息支出，不得在计算应纳税所得额时扣除。

（7）企业实施其他不具有合理商业目的的安排而减少其应纳税收入或者所得额的，税务机关有权按照合理方法调整。

（8）税务机关依照本章规定作出纳税调整，需要补征税款的，应当补征税款，并按照国务院规定加收利息。

12.3.7　企业所得税的纳税地点

（1）除税收法律、行政法规另有规定外，居民企业以企业登记注册地为纳税地点；但登记注册地在境外的，以实际管理机构所在地为纳税地点。企业注册登记地是指企业按照国家有关规定登记注册的住所地。

（2）居民企业在中国境内设立不具有法人资格的营业机构，应当汇总计算并缴纳企业所得税。企业汇总计算并缴纳企业所得税时应当统一核算应纳税所得额，具体方法由国务院财政、税务主管部门另行规定。

（3）非居民企业在中国境内设立机构、场所的，应当就其所设机构、场所取得的来源于中国境内的所得，以及发生在中国境外但与其所设机构、场所有实际联系的所得，以机构、场所所在地为纳税地点。非居民企业在中国境内设立两个或两个以上机构、场所的，经主管税务机关审核批准，可以选择由其主要机构、场所汇总缴纳企业所得税。非居民企业经批准汇总缴纳企业所得税后，需要增设、合并、迁移、关闭机构、场所或者停止机构、场所业务的，应当事先由负责汇总申报缴纳企业所得税的主要机构、场所向其所在地税务机关报告；需要变更汇总缴纳企业所得税的主要机构、场所的，依照前款规定办理。

（4）非居民企业在中国境内未设立机构、场所的，或者设立机构、场所但取得的所得与设立的机构、场所没有实际联系的所得，以扣缴义务人所在地为纳税地点。

12.3.8　企业所得税的纳税年度

纳税年度是从公历1月1日起至12月31日止。纳税人在一个纳税年度中间开业，或者由于合并、关闭等原因，使该纳税年度的实际经营期不足12个月的，应当以其实际经营期为一个纳税年度；纳税人清算时，应当以清算期间为一个纳税年度。

12.3.9　企业所得税的纳税期限

按月份或季度预缴税款的纳税人，应在月份或季度终了后15日内向主管税务机关进行纳税申报并预缴税款。其中，第四季度的税款也应于季度终了后15日内先进行预缴，然后在年度终了后45日内进行年度申报，税务机关在5个月内进行汇算清缴，多退少补。

第13章

财产税

13.1 财产税概述

财产税是对法人或自然人在某一时点占有或可支配财产课征的一类税收的统称。所谓财产，是指法人或自然人在某一时点所占有及可支配的经济资源，如房屋、土地、物资、有价证券等。作为古老的税种，财产税曾经是奴隶社会和封建社会时期国家财政收入的最主要来源。进入资本主义社会以后，其主体税种的地位逐步让位于流转税和所得税类。财产税类的衰落，是由其本身固定的局限性决定的：一是弹性小，不能适应社会经济发展的需要；二是课税对象有限；三是计税依据难以准确界定，税收征管难度大，税收成本较高。

闲置、不经营状态的资产的资金和财产也要交税。因此，财产课税可以刺激和鼓励资本积极发展生产经营而非坐吃利息、租金、和老本资产，而且资产税能捕捉所得税无法课及的税源，即无利润的企业和个人也要缴纳财产税（当然低于一定金额的资产是免税的，以便保护低收入阶层和降低征税成本）。这一税收学说又分为两种观点，一是以美国学者为代表所主张的以资本为课税标准，但资本仅以不动产为限；另一种则是以法国学者为代表所主张的应以一切有形的资本为课税对象。法国对资产税的价值观突出表现在法国大革命时期强烈要求和逼迫不交税的贵族和国王纳税。

财产税的功能和优点有以下几方面。

（1）财产税有利于对社会全部财产的控制权进行优胜劣汰，从而促使经营能力差的资产拥有人的财富逐步转移到经营能力强的人手里。因为如果没有财产税，社会福利需要的资金就只要其他税种如所得税承担。而所得税纳税人是经营能力强、利润高的人，反倒纳税重。如果实行财产税，则所得税可以大幅度下降，因为社会福利所需的资金可以由经营能力差的人承担一部分。这种过程在逻辑上等同于实现了资产从能力差的人手里转交到能力强的人手里。

（2）财产税有利于经济稳定，避免经济危机。如果没有财产税，有存款的富人不着急投资。等经济繁荣、商品需求变大的年份，又都一窝蜂进行投资。导致过几年市场产能和存量商品过剩。这时他们又一窝蜂停止投资，导致几年后经济萧条。这种情况下将导致经济不稳定，严重的甚至导致经济危机。而征收财产税是每年都连续地对各个富人征收的。富人如果不尽早投资发展产业和经济，财产就会逐年减少。因此就产生每年每月连续有富人投资稳健产业的现象，稳定了经济。

（3）财产税调节的重点是富人，有利于缩小贫富差距。

（4）财产税类税种的课税对象是财产的收益或财产所有人的收入，主要包括房产税、财产税、遗产和赠与税等税种。对财产课税，对于促进纳税人加强财产管理、提高财产使用效果具有特殊的作用。

13.2　房产税

13.2.1　房产税的含义

房产税又称房屋税，是以房屋为征税对象，按房屋的计税余值或租金收入为计税依据，向产权所有人征收的一种财产税。

房地产营业税是指针对企业出售和个人转让房地产的税收。自2009年1月1日起，采取预收款方式销售开发产品的，应当于收到预收款的当天缴纳营业税。所以，此种情形不是预缴，而是实际发生的营业税。

13.2.2　征收对象

房产税的征税对象是房产。所谓房产，是指有屋面和围护结构，能够遮风避雨，可供人们在其中生产、学习、工作、娱乐、居住或储藏物资的场所。但独立于房屋的建筑物如围墙、暖房、水塔、烟囱、室外游泳池等不属于房产。但室内游泳池属于房产。

由于房地产开发企业开发的商品房在出售前，对房地产开发企业而言是一种产品，因此，对房地产开发企业建造的商品房，在售出前，不征收房产税；但对售出前房地产开发企业已使用或出租、出借的商品房应按规定征收房产税。

负有缴纳房产税义务的单位与个人。房产税由产权所有人缴纳。产权属于全民所有的，由经营管理单位缴纳。产权出典的，由承典人缴纳。产权所有人、承典人不在房产所在地的，或者产权未确定及租典纠纷未解决的，由房产代管人或使用人缴纳。因此，上述产权所有人，经营管理单位、承典人、房产代管人或者使用人，统称房产税的纳税人。

① 产权属国家所有的，由经营管理单位纳税；产权属集体和个人所有的，由集体单位和个人纳税。

② 产权出典的，由承典人纳税。

③ 产权所有人、承典人不在房屋所在地的，由房产代管人或者使用人纳税。

④ 产权未确定及租典纠纷未解决的，亦由房产代管人或者使用人纳税。

⑤ 无租使用其他房产的问题。纳税单位和个人无租使用房产管理部门、免税单位及纳税单位的房产，应由使用人代为缴纳房产税。

⑥ 产权属于集体所有制的，由实际使用人纳税。

⑦ 外商投资企业和外国企业、外籍个人、海外华侨、港澳台同胞所拥有的房产不征收房产税。

13.3　车船税

13.3.1　车船税概述

1. 车船税的概念

车船税是以车船为征税对象，向拥有车船的单位和个人征收的一种税。

2. 征收车船税的作用

征收车船税的作用主要有以下三个方面。

① 有利于为地方政府筹集财政资金。

② 有利于车船的管理和合理配置。

③ 有利于调节财富差异。

2. 征税范围与纳税人

1）征税范围

车船税的征税范围为依法应当在车船管理部门登记的车船。但下列车船免征车船税。

（1）非机动车船（不包括非机动驳船）。

（2）拖拉机。

（3）捕捞、养殖渔船。

（4）军队、武警专用的车船。

（5）警用车船。

（6）按照有关规定已经缴纳船舶吨税的船舶。

（7）依照我国有关法律和我国缔结或者参加的国际条约的规定应当予以免税的外国驻华使馆、领事馆和国际组织驻华机构及其有关人员的车船。

2）纳税人

在中华人民共和国境内，车辆、船舶（以下简称车船）的所有人或者管理人为车船税的纳税人。

3. 税目与税率

车船税实行定额税率。定额税率是税率的一种特殊形式，车船税的适用税额，依照《车船税税目税额表》（见表13-1）执行。车辆的具体适用税额由省、自治区、直辖市人民政府在规定的子税目税额幅度内确定。

车船税采用定额税率，即对征税的车船规定单位固定税额。车船税确定税额总的原则是：非机动车船的税负轻于机动车船；人力车的税负轻于畜力车；小吨位船舶的税负轻于大船舶。

表13-1　车船税税目税额表

税目		计税单位	年基准税额	备　注
乘用车〔按发动机汽缸容量（排气量）分档〕	1.0 升（含）以下的	每辆	60 元至 360 元	核定载客人数 9 人（含）以下
	1.0 升以上至 1.6 升（含）的		300 元至 540 元	
	1.6 升以上至 2.0 升（含）的		360 元至 660 元	
	2.0 升以上至 2.5 升（含）的		660 元至 1200 元	
	2.5 升以上至 3.0 升（含）的		1200 元至 2400 元	
	3.0 升以上至 4.0 升（含）的		2400 元至 3600 元	
	4.0 升以上的		3600 元至 5400 元	
商用车	客　车	每辆	480 元至 1440 元	核定载客人数 9 人以上，包括电车
	货　车	整备质量每吨	16 元至 120 元	包括半挂牵引车、三轮汽车和低速载货汽车等
挂车		整备质量每吨	按照货车税额的 50% 计算	
其他车辆	专用作业车	整备质量每吨	16 元至 120 元	不包括拖拉机
	轮式专用机械车		16 元至 120 元	
摩托车		每辆	36 元至 180 元	
船舶	机动船舶	净吨位每吨	3 元至 6 元	拖船、非机动驳船分别按照机动船舶税额的 50% 计算
	游　艇	艇身长度每米	600 元至 2000 元	

1）机动船舶，具体适用税额如下

① 净吨位小于或者等于200吨的，每吨3元。

② 净吨位201～2000吨的，每吨4元。

③ 净吨位2001～10000吨的，每吨5元。

④ 净吨位10001吨及以上的，每吨6元。

拖船按照发动机功率每1千瓦折合净吨位0.67吨计算征收车船税。

2）游艇，具体适用税额如下

① 艇身长度不超过10米的游艇，每米600元。

② 艇身长度不超过10米但不超过18米的游艇，每米900元。

③ 艇身长度不超过18米但不超过30米的游艇，每米1300元。

④ 艇身长度超过3米的游艇，每米2000元。

⑤ 辅助动力帆艇，每米600元。

4. 应纳税额的计算与代缴纳

纳税人按照纳税地点所在的省、自治区、直辖市人民政府确定的具体适用税额缴纳车船税，车船税由地方税务局负责征收。

（1）购置的新车船，购置当年的应纳税额自纳税义务发生的当月起按月计算。计算公式如下。

$$应纳税额=（年应纳税额/12）×应纳税月份数$$

$$应纳税月份数=12-纳税义务发生时间（取月份）+1$$

（2）在一个纳税年度内，已完税的车船被盗抢、报废、灭失的，纳税人可以凭有关管理机关出具的证明和完税证明，向纳税所在地的主管税务机关申请退还自被盗抢、报废、灭失月份起至该纳税年度终了期间的税款。

（3）已办理退税的被盗抢车船，失而复得的，纳税人应当从公安机关出具相关证明的当月起计算缴纳车船税。

（4）在一个纳税年度内，纳税人在非车辆登记地由保险机构代收代缴机动车车船税，且能够提供合法有效完税证明的，纳税人不再向车辆登记地的地方税务机关缴纳车船税。

（5）已缴纳车船税的车船在同一纳税年度内办理转让过户的，不另纳税，也不退税。

车船税对于载额汽车、摩托车以"辆"为计税依据；对于载货汽车、三轮汽车低速货车以"自重每吨"为计税依据；对船舶以"按净吨位每吨"为计税依据。

载货汽车、三轮汽车低速货车的应纳税额=自重吨数×适用单位税额

$$船舶的应纳税额=净吨位数×适用单位税额$$

【例13-1】大昌汽车运输公司2019年共有卡车10辆，每辆自重3吨，当地核定的单位税额为80元/年；另有本单位职工接送车（大巴）一辆，当地核定的税额为600元/

年，计算该公司全年应纳的车船税。

（1）货车应纳税额=3×10×80=2 400（元）

（2）大巴应纳税额=600×1=600（元）

（3）大昌汽车运输公司全年应纳车船税=2400+600=3 000（元）

5. 税收优惠与征收管理

1）税收优惠

（1）法定减免。下列车船免征车船税，具体内容如下。

① 捕捞、养殖渔船。

② 军队、武装警察部队专用的车船。

③ 警用车船。

④ 依照法律规定应当予以免税的外国驻华使领馆、国际组织驻华代表机构及其有关人员的车船。

⑤ 对节约能源、使用新能源的车船可以减征或者免征车船税；对受严重自然灾害影响纳税困难以及有其他特殊原因确需减税、免税的，可以减征或者免征车船税。具体办法由国务院规定，并报全国人民代表大会常务委员会备案。

（2）特定减免。下列车船可享受车船税特定减免。

① 经批准临时入境的外国车船和香港特别行政区、澳门特别行政区、台湾地区的车船，不征收车船税。

② 按照规定缴纳船舶吨税的机动船舶，自车船税法实施之日起5年内免征车船税。

③ 依法不需要在车船登记管理部门登记的机场、港口、铁路站场内部行驶或作业的车船，自车船税法实施之日起5年内免征车船税。

2）征收管理

（1）纳税期限。车船税按年征收、分期（季度或半年）缴纳。具体的纳税期限由省、自治区、直辖市人民政府确立。

（2）纳税地点。车船税的纳税地点为纳税人所在地，即单位的经营地或机构所在地、个人的住所所在地。车船使用税实行源泉控制，一律由纳税人所在地的地方税务机关负责征收和管理，各地对外省、市来的车船不计查税款。

（3）纳税申报。船税的申报和城建税、教育费附加、资源税、房产税和城市房地产税、土地增值税和城镇土地使用税（预征部分）、车船使用牌照税、印花税（仅限汇总缴纳和核定征收两种方式）、文化事业建设费、水利建设专项资金的申报一起，统一通过填制《地方税（费）纳税综合申报表》进行申报。

第 14 章

资源税

14.1 资源税概述

14.1.1 资源税的概念

资源税是对在我国境内从事应税矿产品和生产盐的单位和个人课征的一种税，属于对自然资源占用课税的范畴。1984年我国开征资源税时，普遍认为征收资源税主要依据的是受益原则、公平原则和效率原则三方面。从受益方面考虑，资源属国家所有，开采者因开采国有资源而得益，有责任向所有者支付其地租；从公平角度来看，条件公平是有效竞争的前提，资源级差收入的存在影响资源开采者利润的真实性，所以级差收入以归政府支配为好；从效率角度分析，稀缺资源应由社会净效率高的企业来开采，对资源开采中出现的浪费等不当行为，国家有权采取经济手段促其转变。

14.1.2 征收资源税的作用

国家征收资源税的作用主要有以下三个方面。

1. 促进企业之间开展平等竞争

我国的资源税属于比较典型的级差资源税，它根据应税产品的品种、质量、存在形式、开采方式以及企业所处的地理位置和交通运输条件等客观因素的差异确定差别税率，从而使条件优越者税负较高，反之则税负较低。这种税率设计使资源税能够比较有效地调节由于自然资源条件差异等客观因素给企业带来的级差收入，减少或排除资源条件差异对企业盈利水平的影响，为企业之间开展平等竞争创造有利的外部条件。

2. 促进对自然资源的合理开发利用

通过对开发、利用应税资源的行为课征资源税，体现了国有自然资源有偿占用的原则，从而可以促使纳税人节约、合理地开发和利用自然资源，有利于我国经济的可持续发展。

3. 为国家筹集财政资金

随着资源税课征范围的逐渐扩展，资源税的收入规模及其在税收收入总额中所占的比重都相应增加，其财政意义也日渐明显，在为国家筹集财政资金方面发挥着不可忽视的作用。

14.2　资源税的主要内容

14.2.1　纳税人与扣缴义务人

1. 纳税人

资源税的纳税人是指在中华人民共和国领域及管辖海域开采应税资源的矿产品或者生产盐的单位和个人。单位是指国有企业、集体企业、私营企业、股份制企业、其他企业和行政单位、事业单位、军事单位、社会团体及其他单位；个人是指个体经营者和其他个人；其他单位和其他个人包括外商投资企业、外国企业及外籍人员。

2. 扣缴义务人

收购未税矿产品的单位为资源税的扣缴义务人。规定资源税的扣缴义务人，主要是针对零星、分散、不定期开采的情况，为了加强管理、避免漏税，由扣缴义务人在收购矿产品时代扣代缴资源税。

收购未税矿产品的单位是指独立矿山、联合企业和其他单位。独立矿山是指只有采矿或只有采矿和选矿，独立核算、自负盈亏的单位，其生产的原矿和精矿主要用于对外销售。联合企业是指采矿、选矿、冶炼（或加工）连续生产的企业或采矿、冶炼（或加工）连续生产的企业，其采矿单位一般是该企业的二级或二级以下核算单位。其他单位也包括收购未税矿产品的个体户在内。

扣缴义务具体包括以下内容。

（1）独立矿山、联合企业收购未税矿产品的单位，按照本单位应税产品税额、税率标准、依据收购的数量代扣代缴资源税。

（2）其他收购单位收购的未税矿产品，按税务机关核定的应税产品税额、税率标准、依据收购的数量代扣代缴资源税。

14.2.2 资源税税目与税率

1. 税目

资源税税目包括五大类，在5个税目下面又设有若干个子目。

（1）原油，是指开采的天然原油，不包括人造石油。

（2）天然气，是指专门开采或者与原油同时开采的天然气。

（3）煤炭，是指原煤，不包括洗煤、选煤及其他煤炭制品。

（4）金属矿，包括铁矿、金矿、铜矿、铝土矿、铅锌矿、镍矿、锡矿、钨、钼、未列举名称的其他金属矿产品原矿或精矿。

（5）其他非金属矿，包含石墨、硅藻土、高岭土、萤石、石灰石、硫铁矿、磷矿、氯化钾、硫酸钾、井矿盐、湖盐、提取地下卤水晒制的盐、煤层气、海盐、稀土、未列举名称的其他非金属矿产品。

纳税人在开采主矿产品的过程中伴采的其他应税矿产品，凡未单独规定适用税额的，一律按主矿产品税目征收资源税。

2. 税率

资源税税目税率表如表14-1所示。

表14-1 资源税税目税率幅度表

序号	税目		征税对象	税率幅度
1		铁矿	精矿	1%～6%
2		金矿	金锭	1%～4%
3		铜矿	精矿	2%～8%
4		铝土矿	原矿	3%～9%
5	金属矿	铅锌矿	精矿	2%～6%
6		镍矿	精矿	2%～6%
7		锡矿	精矿	2%～6%
8		未列举名称的其他金属矿产品	原矿或精矿	税率不超过20%
9		石墨	精矿	3%～10%
10	非金属矿	硅藻土	精矿	1%～6%
11		高岭土	原矿	1%～6%

续表

序号	税目		征税对象	税率幅度
12	非金属矿	萤石	精矿	1%～6%
13		石灰石	原矿	1%～6%
14		硫铁矿	精矿	1%～6%
15		磷矿	原矿	3%～8%
16		氯化钾	精矿	3%～8%
17		硫酸钾	精矿	6%～12%
18		井矿盐	氯化钾初级产品	1%～6%
19		湖盐	氯化钾初级产品	1%～6%
20		提取地下卤水晒制的盐	氯化钾初级产品	3%～15%
21		煤层气	原矿	1%～2%
22		黏土、砂石	原矿	每吨或立方米 0.1～5 元
23		未列举名称的其他非金属矿产品	原矿或精矿	从量税率每吨或立方米不超过 30 元；从价税率不超过 20%
24		海盐	氯化钾初级产品	1%～5%
25		原油		6%～10%
26		天然气		6%～10%
27		煤炭		2%～10%

14.3 计税依据与应纳税额的计算

14.3.1 计税依据

资源税的计税依据为应税产品的销售额或销售量，各税目的征税对象包括原矿、精矿、金锭、氯化钾初级产品，具体按照资源税税目税率幅度表相关规定执行。

1. 从价定率征收的计税依据

从价定率征收的计税依据为销售额。它是指纳税人销售应税产品向购买方收取的全部价款和价外费用，不包括增值税销项税额和运杂费用。

运杂费用是指应税产品从坑口或洗选（加工）地到车站、码头或购买方指定地点的运输费用、建设基金以及随运销产生的装卸、仓储、港杂费用。运杂费用应与销售额分别核算。凡未取得相应凭证或不能与销售额分别核算的，应当一并计征资源税。

2. 从量定额征收的计税依据

从量定额征收的计税依据为销售数量，销售数量的具体规定为：① 销售数量包括纳税人开采或者生产应税产品的实际销售数量和视同销售的自用数量；② 纳税人不能准确地提供应税产品销售数量的，以应税产品的产量或者主管税务机关确定的折算比换算成的数量为计征资源税的销售数量。

14.3.2　应纳税额的计算

资源税应纳税额，按照从价定率或者从量定额的办法，分别以应税产品的销售额乘以纳税人具体适用的比例税率或者以应税产品的销售数量乘以纳税人具体适用的定额税率计算。

1. 从价定率应纳税额的计算

实行从价定率征收的，根据应税产品的销售额乘以纳税人具体适用的比例税率计算应纳税额，具体计算公式如下。

$$应纳税额＝销售额×适用税率$$

【例14-1】某油田2019年3月销售原油40 000吨，开具增值税专用发票取得销售额20 000万元，增值税额2 600万元，按《资源税税目税率幅度表》的规定，其适用的税率为8%。要求计算该油田3月份应缴纳的资源税。

$$应纳税额＝销售额×适用税率＝20 000×8\%＝1 600（万元）$$

2. 从量定额应纳税额的计算

资源税实行从量定额方法征税，按照应税产品的课税数量和规定的单位税额计算。其计算的基本公式如下。

$$应纳税额＝课税数量×单位税额$$
$$代扣代缴应纳税额＝收购未税矿产品的数量×适用的单位税额$$

【例14-2】西北某油田2019年5月份共开采原油10万吨，其中已销售7.5万吨，自用0.5万吨，尚待销售2万吨。按规定该原油单价税额12元/吨，计算该油田5月份应纳税额。

$$应纳资源税税额＝销售原油应纳税额＋自用原油应纳税额$$
$$＝7.5×12+0.5×12$$
$$＝96（万元）$$

【例14-3】某企业用外购液体盐加工固体盐，平均每3.5吨液体盐加工1吨固体盐，该企业2019年1月份共销售固体盐20 000吨，按规定液体盐和固体盐应纳税额分别为6元/吨和25元/吨，计算该企业2017年1月份应纳税额。

应纳资源税税额=已销售固体盐数量×适用税额—固体盐所耗液体数量×适用税额

$$=20\,000 \times 25 - 20\,000 \times 3.5 \times 6$$

$$=80\,000（元）$$

14.4 税收优惠与征收管理

14.4.1 税收优惠

资源税贯彻普遍征收、级差调节的原则思想，因此规定的减免税项目比较少。

（1）开采原油过程中用于加热、修井的原油，免税。

（2）纳税人开采或者生产应税产品过程中，因意外事故或者自然灾害等原因遭受重大损失的，由省、自治区、直辖市人民政府酌情决定减税或者免税。

（3）铁矿石资源税减按40%征收资源税。

（4）对鼓励利用的低品位矿、废石、尾矿、废渣、废水、废气等提取的矿产品，由省级人民政府根据实际情况确定是否减税或免税。

（5）从2007年1月1日起，对地面抽采煤层气暂不征收资源税。

（6）自2010年6月1日起，纳税人在新疆开采的原油、天然气，自用于连续生产原油、天然气的，不缴纳资源税；自用于其他方面的，视同销售，需按规定计算缴纳资源税。

有下列情形之一的，免征或者减征资源税。

（1）油田范围内运输稠油过程中用于加热的原油、天然气，免征资源税。

（2）稠油、高凝油和高含硫天然气资源税减征40%。

（3）三次采油资源税减征30%。

（4）对低丰度油气田资源税暂减征20%。

（5）对深水油气田资源税暂减征30%。

（6）对实际开采年限在15年以上的衰竭期矿山开采的矿产资源，资源税减征30%。

（7）对依法在建筑物下、铁路下、水体下通过充填开采方式采出的矿产资源，资源税减征50%。

资源税规定仅对在中国境内开采或生产应税产品的单位和个人征收，进口的矿产品和盐不征收资源税。由于对进口应税产品不征收资源税，相应地，对出口应税产品也不免征或退还已纳资源税。

14.4.2 征收管理

1. 纳税义务发生时间

（1）纳税人销售应税产品，其纳税义务发生时间如下。

① 纳税人采取分期付款方式结算的，其纳税义务发生时间为销售合同规定的收款日期当天。

② 纳税人采取预收款规定方式结算的，其纳税义务发生时间为发出应税产品的当天。

③ 纳税人采购其他方式结算的，其纳税义务发生时间为收讫销售款或者取得索取销售款凭据的当天。

（2）扣缴义务人代扣、代缴税款的义务发生时间为支付货款的当天。

（3）纳税人自产自用应税产品的纳税义务发生时间为移送使用应税产品的当天。

2. 纳税期限

纳税期限是纳税人发生纳税义务的缴纳税款的期限。资源税的纳税期限为1日、3日、5日、10日、15日或者1个月，由主管税务机关根据实际情况具体核定。不能按固定期限计算纳税的，可以按次计算纳税。

纳税人以1个月为一期纳税的，自期满之日起10日内申报纳税，以1日、3日、5日、10日或者15日为一期纳税的，自期满之日起5日内预缴税款，于次月1日起的10日内申报纳税并结清上月税款。

3. 纳税地点

具体纳税地点包括以下几点。

（1）纳税人应当向应税产品的开采或者生产所在地主管税务机关缴纳。

（2）扣缴义务人代扣、代缴资源税，应当向收购地主管税务机关缴纳。

（3）纳税人在本省、自治区、直辖市范围内开采或者生产应税产品，纳税地点的调整由省、直辖市、自治区税务机关确立。

14.5　土地增值税

14.5.1　土地增值税概述

1. 土地增值税的含义

土地增值税是对有偿转让国有土地使用权及地上建筑物和其他附着物产权，取得增值收入的单位和个人征收的一种税。征收土地增值税增强了政府对房地产开发和交易市场的调控，有利于抑制炒买炒卖土地获取暴利的行为，也增加了国家财政收入。

2. 开征土地增值税的目的

（1）进一步改革和完善税制，增强国家对房地产开发和房地产市场的调控力度。

（2）抑制炒买炒卖土地获得暴利的行为。

（3）规范国家参与土地增值收益的分配方式，增加国家财政收入。

14.5.2 土地增值税的纳税义务人

土地增值税是对转让国有土地使用权、地上建筑物及其附着物并取得收入的单位和个人，就其转让房地产所取得的增值额征收的一种税。

土地增值税的纳税义务人是转让国有土地使用权、地上的建筑物及其附着物并取得收入的单位和个人。包括：各类企业单位、事业单位、国家机关、社会团体、个体经营者。根据《国务院关于外商投资企业和外国企业适用增值税、消费税、营业税等税收暂行条例的有关问题的通知》的规定，外商投资企业、外国企业、外籍个人、华侨、港澳台同胞等，只要有转让房地产行为并取得增值收入的，都是土地增值税的纳税义务人，都要按照规定缴纳土地增值税。

14.5.3 土地增值税的征税范围

转让国有土地使用权、地上的建筑物及其附着物，并取得收入的行为，都是土地增值税的征税范围。

① 对转让土地使用权的，只对转让国有土地使用权的行为征收，转让集体土地使用权的行为没有纳入征税范围。这是因为根据《中华人民共和国土地管理法》的规定，集体土地未经国家征用的不得转让。因此，转让集体土地是违法行为，所以不能纳入征税范围。

② 转让房地产的，只对转让后取得的增值收入征税，虽然发生转让房地产行为，但没有增值收入，如通过继承、赠与等无偿转让房地产的行为不在土地增值税的征税范围。

③ 只对转让房地产的征税，不转让的不征税。例如，出租房地产虽然取得了收入，但没有发生房地产产权的转让，所以，不属于土地增值税的征税范围。

14.5.4 土地增值税的税率

土地增值税规定了四级超率累进税率，它是以增值额与扣除项目金额的比率大小从低到高划分为四个级次。

① 增值额未超过扣除项目金额50%的部分，税率30%。

② 增值额超过扣除项目金额50%未超过100%的部分，税率40%。

③ 增值额超过扣除项目金额100%未超过200%的部分，税率50%。

④ 增值额超过扣除项目金额200%的部分，税率为60%。

四级超率累进税率每级增值额未超过扣除项目金额的比例，均包括本比例数。超率累进税率表如表14-2。

表 14-2　土地增值税四级超率累进税率表

级数	增值额与扣除项目金额的比率	税率/ %	速算扣除系数/ %
1	不超过 50%的部分	30	0
2	超过 50%~100%的部分	40	5
3	超过 100%~200%的部分	50	15
4	超过 200%的部分	60	35

14.5.5　土地增值税的计算

土地增值税的计税依据为纳税人转让土地所得的增值额，即纳税人转让土地取得的收入减除规定扣除项目金额后的余额。

1. 应税收入的确定

应税收入是指纳税人转让房产所取得的全部价款及有关的经济利益，包括货币收入、实物收入以及其他收入在内的全部收入。

2. 扣除项目的确定

转让房地产所取得的收入，允许从中扣除的项目，概括起来有以下几项：

① 取得土地使用权所支付的金额。包括纳税人为取得土地使用权所支付的地价款和按国家统一规定交纳的有关费用。具体为：以出让方式取得土地使用权的，为支付的土地出让金；以行政划拨方式取得土地使用权的，为转让土地使用权时按规定补交的出让金；以转让方式取得土地使用权的，为支付的地价款。

② 开发土地和新建房及配套设施的成本（简称房地产开发成本）。包括土地征用及拆迁补偿费、前期工程费、建筑安装工程费、基础设施费、公共设施配套费、开发间接费用。这些成本允许按发生额扣除。

③ 开发土地和新建房及配套设施的费用（简称房地产开发费用）。是指与房地产开发项目有关的销售费用、管理费用、财务费用。根据新会计制度的规定，与房地产开发有关的费用直接计入当年损益，不按房地产项目进行归集或分摊。

④ 旧房及建筑物的评估价格。是指转让已使用在一年以上的房屋及建筑物时，由市政府批准的房地产评估机构评定的重置成本价乘以成新度折扣率，并经地方主管税务机关确认的价格。

⑤ 与转让房地产有关的税金。这是指在转让房地产时交纳的营业税、城市维护建设税、印花税。因转让房地产交纳的教育费附加，也可视同税金予以扣除。

⑥ 加计扣除。对从事房地产开发的纳税人，可按取得土地使用权所支付的金额与房地产开发成本之和加计20%的扣除。其扣除方法采取项目年终结利和竣工清算税款时一并扣除的方法。

3. 应纳税额的计算

土地增值税按照纳税人转让房地产所取得的增值额和规定的税率计算征收。土地增值税的计算公式是：

$$应纳税额=\sum（每级距的土地增值税×适用税率）$$

在实际工作中，一般采取速算扣除法计算，公式如下：

$$应纳税额=增值额×适用税率－允许扣除项目金额×速算扣除系数$$

【例14-3】广厦公司转让一块已开发的土地使用权，取得转让收入1400万元，为取得土地使用权所支付金额320万元，开发土地成本65万元，开发土地费用21万元，应纳有关税费77万元。计算该企业应纳土地增值税额。

21／（320+65）=5%，未超过10%，允许据实扣除。

$$允许扣除项目金额=（320+65）×（1+20\%）+21+77=560（万元）$$
$$增值额=1\,400–560=840（万元）$$
$$增值额占允许扣除项目的比率=840÷560=150\%$$
$$应纳土地增值税额=840×50\%–560×15\%=336（万元）$$

14.5.6　土地增值税的税收优惠

1. 建造普通标准住宅的税收优惠

纳税人建造普通标准住宅出售，增值额未超过扣除项目金额20%的，免征土地增值税；增值额超过扣除项目金额20%的，应就其全部增值额按规定计税。

对于纳税人既建造普通标准住宅，又建造其他房地产开发的，应分别核算增值额。不分别核算增值额或不能准确核算增值额的，其建造的普通标准住宅不能适用这一免税规定。

2. 国家征用收回的房地产的税收优惠

因国家建设需要依法征用，收回的房地产，免征土地增值税。

3. 因城市规划、国家建设需要而搬迁，由纳税人自行转让原房地产的税收优惠

因城市规划、国家建设需要而搬迁，由纳税人自行转让原房地产的，免征土地增值税。

4. 对企事业单位、社会团体以及其他组织转让旧房作为公共租赁住房房源的税收优惠

对企事业单位、社会团体以及其他组织转让旧房作为公共租赁住房房源的且增值额未超过扣除项目金额20%的，免征土地增值税。

14.5.7 土地增值税的税收管理

1. 纳税义务发生的时间与地点

土地增值税由房地产所在地税务机关负责征收。纳税人应当自转让房地产合同签订之日起7日内，向房地产所在地主管税务机关办理纳税申报。因经常发生房地产转让行为而难以在每次转让后纳税申报的纳税人，经税务机关审核同意后，可以定期进行纳税申报，具体情况由税务机关根据情况确定。

纳税人转让的房地产坐落在两个或两个以上地区的，应按房地产所在地分别申报、缴纳土地增值税。

2. 纳税申报

土地增值税的申报和城建税、教育费附加、资源税、房产税和城市房地产税、土地增值税和城镇土地使用税（预征部分）、车船使用税、车船使用牌照税、印花税（仅限汇总缴纳和核定征收两种方式）、文化事业建设费、水利建设专项资金的申报一起，统一通过填制《地方税（费）纳税综合申报表》进行申报。土地增值税是对有偿转让国有土地使用权及地上建筑物和其他附着物产权，取得增值收入的单位和个人征收的一种税。征收土地增值税增强了政府对房地产开发和交易市场的调控，有利于抑制炒买炒卖土地获取暴利的行为，也增加了国家财政收入。

14.6 城镇土地使用税

14.6.1 城镇土地使用税的含义

城镇土地使用税是以国有土地为征税对象，对拥有土地使用权的单位和个人征收的一种税。征收土地使用税有利于促进土地的合理使用，调节土地级差收入，也有利于筹集地方财政资金。

土地是国家的宝贵的资源，是人类赖以生存和从事生产必不可少的物质条件。为了进一步合理利用城镇土地，调节土地的级差收入，提高土地使用效率，加强城镇土地管理，2006年12月31日，国务院颁布了第483号令，修订了《中华人民共和国城镇土地使用税暂行条例》，主要是提高了城镇土地使用税税额标准，将征税范围扩大到外商投资企业和外国企业，从2007年1月1日起施行，续订后的条例，对统一税制、公平税负、拓展税基和增加地方财政收入起到积极作用。

14.6.2 城镇土地使用税的纳税义务人

城镇土地使用税是以国有土地或集体土地为征税对象，对拥有土地使用权的单位和个人征收的一种税。

在城市、县城、建制镇、工矿区范围内使用土地的单位和个人，为城镇土地使用税的纳税人。

所称单位，包括国有企业、集体企业、私营企业、股份制企业、外商投资企业、外国企业以及其他企业和事业单位、社会团体、国家机关、军队以及其他单位；所称个人，包括个体工商户以及其他个人。

城镇土地使用税的纳税人通常包括以下几类。

① 拥有土地使用权的单位和个人。

② 拥有土地使用权的单位和个人不在土地所在地的，其土地的实际使用人和代管人为纳税人。

③ 土地使用权未确定或权属纠纷未解决的，其实际使用人为纳税人。

④ 土地使用权共有的，共有各方都是纳税人，由共有各方分别纳税。

14.6.3 城镇土地使用税的征税范围

城镇土地使用税的纳税范围，包括在城市、县城、建制镇、工矿区内的国家所有和集体所有的土地。上述城市、县城、建制镇、工矿区分别按以下标准确认。

① 城市是指国务院批准设立的市。

② 县城是指县人民政府所在地的地区。

③ 建制镇是指经省、自治区、直辖市人民政府批准设立的建制镇。

④ 工矿区是指工商业比较发达、人口比较集中、符合国务院规定的建制镇标准但尚未设立建制镇的大中型工矿企业所在地。

14.6.4 城镇土地使用税的税率

城镇土地使用税采用定额税率，即采用有幅度的差别税额，按大、中、小城市、县城、建制镇、工矿区分别规定每平方米土地使用税年应纳税额。具体标准如下：

① 大城市1.5～30元；

② 中等城市1.2～24元；

③ 小城市0.9～18元；

④ 县城、建制镇、工矿区0.6～12元。

大中小城市以公安部门登记在册的非农业正式户口人数为依据，按照国务院颁布的《城市规划条例》中规定的标准划分。人口在50万人以上者为大城市；人口在20万～50万人之间者为中等城市；人口在20万以下者为小城市。城镇土地使用税税率见表14-2。

表 14-2　城镇土地使用税税率

级别	人口/人	每平方米税额
大城市	50 万以上	1.5～30 元
中等城市	20 万～50 万	1.2～24 元
小城市	20 万以下	0.9～18 元
县城、建制镇、工矿区		0.6～12 元

14.6.5　城镇土地使用税的计税依据

城镇土地使用税以纳税人实际占用的土地面积为计税依据，土地面积计量标准为每平方米。即税务机关根据纳税人实际占用的土地面积，按照规定的税额计算应纳税额，向纳税人征收土地使用税。

纳税人实际占用的土地面积按下列办法确定。

① 由省、自治区、直辖市人民政府确定的单位组织测定土地面积的，以测定的面积为准。

② 尚未组织测量，但纳税人持有政府部门核发的土地使用证书的，以证书确认的土地面积为准。

③ 尚未核发土地使用证书的，应由纳税人申报土地面积，据以纳税，待土地使用证书以后再作调整。

④ 对在城镇土地使用税征税范围内单独建造的地下建筑用地，按规定征收城镇土地使用税。其中，已取得地下土地使用权证的，按土地使用权证确认的土地面积计算应征税款；未取得地下土地使用权证或地下土地使用权证上未标明土地面积的，按地下建筑垂直投影面积计算应征税款。

对上述地下建筑用地暂按应征税款的50%征收城镇土地使用税。

14.6.6　城镇土地使用税的应纳税额的计算

城镇土地使用税的应纳税额可以通过纳税人实际占用的土地面积乘以该土地所在地段的适用税额求得。其计算公式为：

$$全年应纳税额=实际占用应税土地面积×适用税额$$

【例14-4】设在某城市的一家企业使用土地面积为20 000平方米，经税务机关核定，该土地为应税土地，每平方米税额为4元。要求计算该企业全年应缴纳的城镇土地使用税。

$$全年应缴纳的税额=20\ 000×4=80\ 000（元）$$

14.6.7 城镇土地使用税的税收优惠

1. 法定免缴城镇土地使用税的

（1）国家机关、人民团体、军队自用的土地。

① 由国家财政部门拨付事业经费的单位自用的土地。

② 宗教寺庙、公园、名胜古迹自用的土地。

③ 市政街道、广场、绿化地带等公共用地。

④ 直接用于农、林、牧、渔业的生产用地。

⑤ 经批准开山填海整治的土地和改造的废弃土地，从使用的月份起免缴土地使用税5年至10年。

⑥ 对非营利性医疗机构、疾病控制机构和妇幼保健机构等卫生机构自用的土地，免征土地使用税。

（2）企业办的学校、医院、托儿所、幼儿园，其用地与企业其他用地明确区分的，免征土地使用税。

（3）免税单位无偿使用纳税单位的土地（如公安、海关等单位使用铁路、民航等单位的土地）免征土地使用税。

（4）对行使国家行政管理职能的中国人民银行总行（含国家外汇管理局）所属分支机构自用的土地，免征土地使用税。

（5）为了体现国家的产业政策，支持重点产业的发展，对石油、电力、煤炭等能源用地、民用港口、铁路等交通用地和水利设施用地，三线调整企业、盐业、采石场、邮电等一些特殊用地划分了征免税界限和给予政策性减免税照顾。

（6）自2016年1月1日至2021年12月31日，对专门经营农产品的农产品批发市场、农贸市场使用的房产、土地，暂免征土地使用税。

2. 省、自治区、直辖市地方税务局确定的城镇土地使用税减免优惠

（1）个人所有的居住房屋及院落用地。

（2）房产管理部门在房租调整改革前经租的居民住房用地。

（3）免税单位职工家属的宿舍用地。

（4）集体和个人办的各类学校、医院、托儿所、幼儿园用地。

14.6.8 城镇土地使用税的征收管理

1. 纳税期限

城镇土地使用税实行按年计算、分期缴纳。缴纳期限由省、自治区、直辖市人民政府确定。

2. 纳税义务发生时间

① 纳税人购置新建商品房，自房屋交付使用之次月起，缴纳城镇土地使用税。

② 纳税人购置存量房，自办理房屋权属转移、变更登记手续，房地产权属登记机关签发房屋权属证书之次月起缴纳城镇土地使用税。

③ 纳税人出租、出借房产，自交付出租、出借房产之次月起缴纳城镇土地使用税。

④ 以出让或转让方式有偿取得土地使用权的，应由受让方从合同约定交付土地时间的次月起缴纳城镇土地使用税；合同未约定交付时间的，由受让方从合同签订的次月起缴纳城镇土地使用税。

⑤ 纳税人新征用的耕地，自批准征用之日起满1年时开始缴纳土地使用税。

⑥ 纳税人新征用的非耕地，自批准征用次月起缴纳土地使用税。

⑦ 自2009年1月1日起，纳税人因土地的权利发生变化而依法终止城镇土地使用税纳税义务的，其应纳税款的计算应截止到土地的权利发生变化的当月末。

3. 纳税地点与征收机构

城镇土地使用税在土地所在地缴纳。城镇土地使用税由土地所在地的地方税务机关征收，其收入纳入地方财政预算管理。

第 15 章

行为税

15.1 行为税概述

15.1.1 行为税的含义

行为税是国家为了对某些特定行为进行限制或开辟某些财源而课征的一类税收。如针对一些奢侈性的社会消费行为，征收娱乐税、宴席税；针对牲畜交易和屠宰等行为，征收交易税、屠宰税；针对财产和商事凭证贴花行为，征收印花税等。行为税收入零星分散，一般作为地方政府筹集地方财政资金的一种手段，行为课税的最大特点是征纳行为的发生具有偶然性或一次性。

行为税的征税对象，是国家税法规定的，除商品流转、劳务收入、收益、所得、财产占有、特定目的、资源开采和占用等行为之外的其他各种应税行为。如中国现行的屠宰税、印花税、筵席税等。行为税包括的税种较多，各个税种的具体课征对象差异甚大，所以此类税收中各税种的课征制度也不相同。

由于行为税中很多税种是国家根据一定时期的客观需要，大部分是为了限制某种特定的行为而开征的，因此，除屠宰税、印花税等税负转较轻、长期征收的税种之外，税负都较重，税源都不很稳定。加之征收范围有限，税源零星，征收管理难度较大，又多为地方税，在税制体系中此类税收一般作为辅助税种存在。

15.1.2　行为税的特点

行为税有以下几个主要特点。

① 具有较强的灵活性。当某种行为的调节已达到预定的目的时即可取消。

② 收入的不稳定性。往往具有临时性和偶然性，收入不稳定。

③ 征收管理难度大。由于征收面比较分散，征收标准也较难掌握，征收管理较复杂。

④ 调节及时。能有效地配合国家的政治经济政策，"寓禁于征"，有利于引导人们的行为方向，针对性强，可弥补其他税种调节的不足。

行为课税具有较长的历史。欧洲在中世纪就有国家对铸造金银货币的行为课征铸造税。中国在战国时期，就对牲畜交易行为征税。中华人民共和国成立后，政务院规定设立了印花税、交易税、屠宰税、特种消费行为税等4种行为税。中国现行税制中属于行为课税的有：固定资产投资方向调节税、印花税、筵席税、屠宰税、证券交易税等。

15.1.2　行为税的税种

新中国成立后，国家对行为的课税几经变动，特种消费行为税、印花税等于20世纪50年代停征，印花税在1988年8月6日重新起征。其后继续征收的行为税有：交易税、屠宰税、车船使用牌照税；1982年和1983年还分别开征了烧油特别税、建筑税。

1. 交易税

对在集市贸易和牲畜交易市场进行商品成交活动时征收的税。1950年开征交易税时，包括粮食、土布、药材、牲畜和棉花五个税目。1953年对粮食、土布改征货物税，停征药材交易税，保留牲畜交易税。牲畜交易税是对牛、马、骡、驴、骆驼五种牲畜在买卖成交时按照交易价格向买方征收的一种税。它除为国家积累一部分财政资金外，对于配合市场管理，促进牲畜交流，发展农牧业生产具有一定意义。1962年开征集市交易税，它是对在集市贸易市场上出售列举征税产品的单位和个人征收的一种税。列举征税的产品主要有家畜、肉类、干鲜果、土特产品和家庭手工业产品等。

2. 屠宰税

在屠宰按税法规定的几种牲畜时向屠宰单位和个人征收的税。纳税人包括屠宰牲畜的机关团体和企事业单位等所属的集体伙食单位以及城乡居民、外侨等。其征收范围，主要是屠宰猪、羊、菜牛三种牲畜。征收屠宰税，主要是为地方开辟财源，同时为了保护耕畜。

3. 车船使用税

对行驶于国家公共道路的车辆，航行于国内河流湖泊或领海口岸的船舶，按其种类、大小，实行定额征收的一种税。纳税人为车船使用人。他们既有车船使用行为，又享受交通建设利益，因此要向国家履行其纳税义务。车船使用税按机动与非机动车船种类，实行定额征收。

根据《中华人民共和国车船税暂行条例》(国务院482号令)规定，从2007年1月1日起，车船税属于财产税，之前车船使用税及牌照税属于行为税。

4. 烧油特别税

以用于锅炉以及工业窑、炉烧用的原油、重油为课税对象征收的一种税。财政部于1982年4月颁布了《关于征收烧油特别税的试行规定》，从1982年7月1日起，开征烧油特别税。烧油特别税只限于特定的油品和特定的用途，在供油环节由供油单位负责代收代交，采取从量定额征税。它属于价外税，不增加供油单位的负担，直接调节烧油单位的经济利益。开征烧油特别税，目的在于运用税收杠杆，缓和油品供求方面的矛盾，加速以煤炭代替烧用石油的过程，促进能源利用结构的合理化。

15.2 城市维护建设税与教育费附加

15.2.1 城市维护建设税

1. 纳税人

按照现行税法规定，城市维护建设税的纳税人是在征税范围内从事工商经营，缴纳"两税"（即增值税、消费税，下同）的单位和个人。除外商投资企业和外国企业以外，任何单位和人个，只要缴纳"两税"中的一种，就必须同时缴纳城市维护建设税。

2. 征税范围

城市维护建设税的征税范围包括城市、县城、建制镇以及税法规定征税的其他地区。城市、县城、建制镇的范围应根据行政区划分标准。不得随意扩大或缩小各行政区域的管辖范围。

3. 税率

城市维护建设税按照纳税人所在地不同实行差别税率，其税率分别为：
① 纳税人所在地在市区的，税率为7%；
② 纳税人所在地在县城、镇的，税率为5%；
③ 纳税人所在地不在市区、县城或镇的，税率为1%。
按照规定，企业缴纳城市维护建设税的适用税率，一律按其纳税所在地的规定税

率执行。县政府设在城市市区的，县属企业按市区的规定税率征税。纳税人所在地为工矿区的，应根据行政区划分按照7%、5%、1%的税率计算纳税。

4. 城市维护建设税应纳税额的计算

按照现行税法规定，城市维护建设税应以纳税人实际缴纳的"两税"税额为计税依据。纳税人违反"两税"有关税法而加收的滞纳金和罚款，是税务机关对纳税务人违法行为的经济制裁，不作为城建税的计税依据，但纳税人在被查补"两税"和被处以罚款时，应同时对其偷漏的城建税进行补税和罚款。

城市维护建设税应纳税额的计算公式为：

$$应纳税额=实纳增值税税额+实纳消费税税额×税率$$

【例15-1】顺风房地产开发公司2018年5月31日计算出企业当月应交的增值税1060000元。该企业地处某镇，城市维护建设税税率为5%。则当月应纳城市维护建设税为：

$$应纳税额=1\,060\,000×5\%=53\,000（元）$$

【例15-2】某公司2018年6月份实际缴纳增值税32 000元。该公司地处市区，城市维护建设税税率为7%。6月末，公司根据当月实际缴纳增值税税额，计算出当月实际应纳城市维护建设税为：

$$应纳税额=32000×7\%=2240（元）$$

5. 城市维护建设税纳税申报

1）纳税地点

城建税以纳税人实际缴纳的增值税、消费税税额为计税依据，因此纳税人缴纳"两税"的地点，就是该纳税人缴纳城建税的地点。但属于下列情况的企业，单位纳税地点为例外：

① 对代扣、代缴"两税"的单位和个人，其纳税地点为代扣、代缴地；

② 对跨省开采的油田，下属生产单位与核算单位不在同一省内的，其生产的原油、在油井所在地缴纳城建税；

③ 对管理道输油部门的收入，由取得收入的各管理局于所在地缴纳营业税；

④ 对流动经营等无固定纳税地点的单位和个人，应随同"两税"在经营地缴纳城建税。

2）城市维护建设税的纳税期限

城市维护建设税的纳税期限分别与"两税"的纳税期限一致。城市维护建设税具体纳税期限，主管税务机关根据纳税人应纳税额大小分别核定。不能按照固定期限纳税的，可以按次纳税。

15.2.2 教育费附加和地方教育附加

教育费附加不是税，它是和税收同时收取的一种费用。由于它是由税务机关随同"两税"一并收取的，因此通常将其视同税收。和城市维护建设税一样，凡是缴纳"两税"的单位和个人，都应当缴纳教育费附加。教育费附加以纳税人实际缴纳的"两税"税额为计征依据征收的一种附加费。教育费附加是为加快地方教育事业，扩大地方教育经费的资金而征收的一项专用基金。

1. 教育费附加和地方教育附加的征收范围及计征依据

教育费附加和地方教育附加对缴纳增值税、消费税的单位和个人征收，以其实际缴纳的增值税、消费税为计征依据，分别与增值税、消费税同时缴纳。

教育附加计征税率曾几经变化。1986年开征时，规定为1%；1990年5月《国务院关于修改〈征收教育费附加的暂行规定〉的决定》中规定为2%；按照1994年2月7日《国务院关于教育费附加征收问题的紧急通知》的规定，现行教育费附加计征比率为3%，地方教育附加计征比率从2010年起统一为2%。

2. 教育费附加和地方教育附加的计算

教育费附加和地方教育附加的计算公式为：

应纳教育费附加或地方教育费附加=实纳增值税税额＋实纳消费税税额×征收比率（3%或2%）

【例15-3】南京市某房地产公司在2018年4月实际缴纳增值税300 000元，缴纳消费税300 000元，计算该公司应缴纳的教育费附加和地方教育费附加。

应纳教育费附加=（300 000+300 000）×3%=18 000（元）

应纳地方教育附加=（300 000+300 000）×2%=12 000（元）

3. 纳税申报

教育费附加的申报可以与资源税、房产税和城市房地产税、土地增值税和城镇土地使用税（预征部分）、车船使用税、车船使用牌照税、印花税（仅限汇总缴纳和核定征收两种方式）、文化事业建设费、水利建设专项资金等一起，通过填制《地方税（费）纳税综合申报表》进行申报。

4. 教育费附加和地方教育附加的减免规定

（1）对海关进口的产品征收的增值税、消费税，不征收教育费附加。

（2）对由于减免增值税、消费税而发生退税的，可同时退还已征收的教育费附加。但对出口产品退还增值税、消费税的，不退还已征的教育费附加。

（3）对国家重大水利工程建设基金免征教育费附加。

15.3 印花税

15.3.1 印花税概述

1. 印花税的概念

印花税是以经济活动和经济交往中，书立、领受应税凭证的行为为征税对象征收的一种税。印花税因其采用在应税凭证上粘贴印花税票的方法缴纳税款而得名。

2. 征收印花税的意义

征收印花税的意义主要有以下几个方面。

（1）有利于增加财政收入。

（2）有利于配合和加强经济合同的监督管理。

（3）有利于培养纳税意识。

（4）有利于配合其他应纳税种的监督管理。

3. 印花税法的概念

印花税法是指国家制定的用以调整印花税征收与缴纳权利及义务关系的法律规范。现行的印花税法的基本规范是1988年8月6日国务院发布并于同年10月1日实施的《中华人民共和国印花税暂行条例》。

15.3.2 纳税人

印花税是对经济活动中书立、领受应税凭证的行为征收的一种税。在我国书立、领受应税范围内各种应税凭证的单位和个人，都是印花税的纳税人。

所称的单位和个人，是指国内各类企业、事业、机关、团体、部队以及中外合资企业、合作企业、外资企业、外国公司和其他经济组织及其在华机构等单位和个人。

上述单位和个人，按照书立、使用、领受应税凭证的不同，可以分别确定为立合同人、立据人、立账簿人、领受人、使用人和各类电子应税凭证的签订人。

1. 立合同人

立合同人指合同的当事人。所谓当事人，是指对凭证有直接权利义务关系的单位和个人，但不包括合同的担保人、证人、鉴定人。各类合同的纳税人是立合同人。

2. 立据人

产权转移书据的纳税人是立据人。立据人是指土地、房屋权属转移过程中买卖双方的当事人。

3. 立账簿人

营业账簿的纳税人是立账簿人。所谓立账簿人，是指设立并使用营业账簿的单位和个人。

4. 领受人

权利、许可证照的纳税人是领受人。领受人是指领取或接受并持有该项凭证的单位和个人。

5. 使用人

在国外书立、接受，但在国内使用的应税凭证，其纳税人是使用人。

6. 各类电子应税凭证的签订人

各类电子应税凭证的签订人即以电子形式签订的各类应税凭证的当事人。

各种权利证照的领受人。如果同一凭证，由两方或者两方以上当事人签订并各执一份的，应由各方就所执的一份各自全额贴花，履行纳税义务。

15.3.3 税目与税率

1. 税目

印花税的税目是指印花税法明确规定的应当纳税的项目，它具体划定了印花税的征税范围。一般地说，列入税目的就要征税，未列入税目的就不征税。印花税共有13个税目。

（1）购销合同。包括供应、预购、采购、购销结合及协作、调剂、补偿、贸易等合同。

（2）加工承揽合同。包括加工、定做、修缮、修理、印刷广告、测绘、测试等合同。

（3）建设工程勘察设计合同。包括勘察、设计合同。

（4）建筑工程承包合同。包括建筑、安装工程承包合同。承包合同包括总承包合同、分包合同和转包合同。

（5）财产租赁合同。包括租赁房屋、船舶、飞机、机动车辆、机械、器具、设备等合同，还包括企业、个人出租门店、柜台等签订的合同。

（6）货物运输合同。包括民用航空、铁路运输、海上运输、公路运输和联运合同，以及作为合同使用的单据。

（7）仓储保管合同。包括仓储、保管，以及作为合同使用的仓单、栈单等。

（8）借款合同。银行及其他金融组织与借款人（不包括同业拆借）所签订的合同。以及只填开借据并作为合同使用、取得银行借款的借据。

（9）财产保险合同。包括财产、责任、保证、信用保险合同，以及作为合同使用

的单据，

（10）技术合同。包括技术开发、转让、咨询、服务等合同，以及作为合同使用的单据。

（11）产权转移书据。包括财产所有权和版权、商标专用权、专利权、专有技术使用权等转移书据、土地使用权出让合同、商品房销售合同。

（12）营业账簿。是指单位或者个人记载生产经营活动的财务会计核算账簿。营业账簿按其反映内容的不同，可分为记载资金的账簿和其他账簿。

（13）权利、许可证照。包括政府部门发给的房产权证、工商营业执照、商标注册证、专利证、土地使用证等。

2. 税率

印花税的税率设计，遵循税负从轻、共同负担的原则，所以，税率比较低；凭证的当事人，即对凭证有直接权利与义务关系的单位和个人均应就其所持凭证依法纳税。

印花税税率有比例税率和定额税率两种形式。

（1）比例税率。在印花税的13个税目中，各类合同以及具有合同性质的凭证（含各类电子形式签订的各类应税凭证）、产权转移书据、营业账簿中记载资金的账簿，适用比例税率。

印花税的比例税率分为4个档次，分别为0.05‰、0.3‰、0.5‰、1‰。

① 适用0.05‰税率的为"借款合同"。

② 适用0.3‰税率的为"购销合同""建筑安装工程承包合同""技术合同"。

③ 适用0.5‰税率的为"加工承揽合同""建筑工程勘察设计合同""货物运输合同""产权转移书据""营业账簿"税目中记载资金的账簿。

④ 适用1‰税率的为"财产租赁合同""仓储保管合同""财产保险合同"。

⑤ 在上海证券交易所、深圳证券交易所、全国中小企业股份转让系统买卖、继承、赠予优先股所书立的股权转让书据，均依书立时实际成交金额，由出让方按1‰的税率计算缴纳证券（股票）交易印花税。

（2）定额税率。在印花税的13个税目中，"权利、许可证照"和"营业账簿"税目中的其他账簿，适用定额税率，均为按件贴花，税额为5元。这样规定，主要是考虑到上述应税凭证比较特殊，有的是无法计算金额的凭证，如权利、许可证照；有的是虽记载有金额，但以其作为计税依据又明显不合理的凭证，如其他账簿，采用定额税率，便于纳税人缴纳，便于税务机关征管。印花税税目、税率如表15-2所示。

表 15-2　印花税税目、税率表

税目	范围	税率	纳税人	说明
1. 购销合同	包括供应、预购、采购、购销结合及协作、调剂、补偿、易货	按购销金额 0.3‰ 贴花	立合同人	

税目	范围	税率	纳税人	说明
2. 加工承揽合同	包括加工、定做、修缮、修理、印刷广告、测绘、测试等合同	按加工或承揽收入0.5‰贴花	立合同人	
3. 建设工程勘察设计合同	包括勘察、设计合同	按收取费用 0.5‰贴花	立合同人	
4. 建筑安装工程承包合同	包括建筑、安装工程承包合同	按承包金额 0.3‰贴花	立合同人	
5. 财产租赁合同	包括租赁房屋、船舶、飞机、机动车辆、机械、器具、设备等合同	按租赁金额 1‰贴花，税额不足 1元，按 1 元贴花	立合同人	
6. 货物运输合同	包括民用航空运输、铁路运输、海上运输、内河运输、公路运输和联运合同	按运输费用 0.5‰贴花	立合同人	单据作为合同使用的，按合同贴花
7. 仓储保管合同	包括仓储、保管合同	按仓储保管费用1‰贴花	立合同人	仓单或栈单作为合同使用的，按合同贴花
8. 借款合同	银行及其他金融组织和借款人（不包括银行同业折借）所签订的借款合同以及只填开借据并作为合同使用、取得银行借款的借据。	按借款金额 0.05‰贴花	立合同人	单据作为合同使用的，按合同贴花
9. 财产保险合同	包括财产、责任、保证、信用等保险合同	按收取保险费 1‰贴花	立合同人	单据作为合同使用的，按合同贴花
10. 技术合同	包括技术开发、转让、咨询、服务等合同	按所记载金额0.3‰贴花	立合同人	
11. 产权转移书据	包括财产所有权和版权、商标专用权、专利权、专有技术使用权等转移书据、土地使用权出让合同、商品房销售合同	按所记载金额0.5‰贴花	立据人	
12. 营业账簿	载资金的账簿和其他账簿	记载资金的账簿，按实收资本和资本公积的合计金额0.5‰贴花，其他账簿按件贴花	立账簿人	
13. 权利、许可证照	包括政府部门发给的房屋产权证、工商营业执照、商标注册证、专利证、土地使用证	按件贴花 5 元	领受人	

15.3.4 应纳税额的计算

1. 计税依据的一般规定

印花税的计税依据为各种应税凭证上所记载的计税金额。具体规定如下。

（1）购销合同的计税依据为合同记载的购销金额。

（2）加工承揽合同的计税依据是加工或承揽收入的金额。

① 对于由受托方提供原材料的加工、定做合同，凡在合同中分别记载加工费金额和原材料金额的，应分别按"加工承揽合同"、"购销合同"计税，两项税额相加数，即为合同应贴印花；若合同中未分别记载，则应就全部金额依照加工承揽合同计税贴花。

② 对于由委托方提供主要材料或原料，受托方只提供辅助材料的加工合同，无论加工费和辅助材料金额是否分别记载，均以辅助材料与加工费的合计数，依照加工承揽合同计税贴花。对委托方提供的主要材料或原料金额不计税贴花。

（3）建设工程勘察设计合同的计税依据为收取的费用。

（4）建筑安装工程承包合同的计税依据为承包金额。

（5）财产租赁合同的计税依据为租赁金额；经计算，税额不足1元的，按1元贴花。

（6）货物运输合同的计税依据为取得的运输费金额（即运费收入），不包括所运货物的金额、装卸费和保险费等。

（7）仓储保管合同的计税依据为收取的仓储保管费用。

（8）借款合同的计税依据为借款金额。针对实际借贷活动中不同的借款形式，税法规定了不同的计税方法。

① 凡是一项信贷业务既签订借款合同，又一次或分次填开借据的，只以借款合同所载金额为计税依据计税贴花；凡是只填开借据并作为合同使用的，应以借据所载金额为计税依据计税贴花。

② 借贷双方签订的流动资金周转性借款合同，一般按年（期）签订，规定最高限额，借款人在规定的期限和最高限额内随借随还。为避免加重借贷双方的负担，对这类合同只以其规定的最高限额为计税依据，在签订时贴花一次，在限额内随借随还不签订新合同的，不再另贴印花。

③ 对借款方以财产作抵押，从贷款方取得一定数量抵押贷款的合同，应按合同贴花；在借款方因无力偿还借款而将抵押财产转移给贷款方时，应再就双方书立的产权书据，按产权转移书据的有关规定计税贴花。

④ 对银行及其他金融组织的融资租赁业务签订的融资租赁合同，应以合同所载租金总额为计税依据，暂按借款合同计税。

⑤ 在贷款业务中，如果贷方系由若干银行组成的银团，银团各方均承担一定的贷款数额。借款合同由借款方与银团各方共同书立，各执一份合同正本。对这类合同借款方与贷款银团各方应分别在所执的合同正本上，按各自的借款金额为计税依据计税贴花。

⑥ 在基本建设贷款中，如果按年度用款计划分年签订借款合同，在最后一年按总概算签订借款总合同，且总合同的借款金额包括各个分合同的借款金额的，对这类基建借款合同，应按分合同分别贴花，最后签订的总合同，只就借款总额扣除分合同借

款金额后的余额为计税依据计税贴花。

（9）财产保险合同的计税依据为支付（收取）的保险费，不包括所保财产的金额。

（10）技术合同的计税依据为合同所载的价款、报酬或使用费。

（11）产权转移书据的计税依据为所载金额。

（12）营业账簿税目中记载资金的账簿的计税依据为"实收资本"与"资本公积"两项的合计金额。

（13）权利、许可证照的计税依据为应税凭证件数。

2. 计税依据的特殊规定

（1）上述凭证以"金额""收入""费用"作为计税依据的，应当全额计税，不得作任何扣除。

（2）同一凭证，载有两个或两个以上经济事项而适用不同税目税率，如分别记载金额的，应分别计算应纳税额，相加后按合计税额贴花；如未分别记载金额的，按税率高的计税贴花。

（3）按金额比例贴花的应税凭证，未标明金额的，应按照凭证所载数量及国家牌价计算金额；没有国家牌价的，按市场价格计算金额，然后按规定税率计算应纳税额。

（4）应税凭证所载金额为外国货币的，应按照凭证书立当日国家外汇管理局公布的外汇牌价折合成人民币，然后计算应纳税额。

（5）应纳税额不足1角的，免纳印花税；1角以上的，其税额尾数不满5分的不计，满5分的按1角计算。

（6）有些合同，在签订合同时无法确定计税金额，，如技术转让合同中的转让收入，是按销售收入的一定比例收取或是按实现利润分成的；财产租赁合同，只是规定了月（天）租金标准而无租赁期限的。对这类合同，可在签订时先按定额5元贴花，以后结算时再按实际金额计税，补贴印花。

（7）应税合同在签订时纳税义务即已产生，应计算应纳税额并贴花。所以，不论合同是否兑现或是否按期兑现，均应贴花。

（8）对有经营收入的事业单位，凡属由国家财政拨付事业经费，实行差额预算管理的单位，其记载经营业务的账簿，按其他账簿定额贴花，不记载经营业务的账簿不贴花；凡属经费来源实行自收自支的单位，其营业账簿，应对记载资金的账簿和其他账簿分别计算应纳税额。

（9）商品购销活动中，采用以货换货方式进行商品交易签订的合同，是反映既购又销双重经济行为的合同。对此，应按合同所载的购、销合计金额计税贴花。合同未列明金额的，应按合同所载购、销数量依照国家牌价或者市场价格计算应纳税额。

（10）施工单位将自己承包的建设项目，分包或者转包给其他施工单位所签订的分包合同或者转包合同，应按新的分包合同或者转包合同所载金额计税贴花。

3. 应纳税额的计算方法

纳税人的应纳税额，根据应纳税凭证的性质，分别按比例税率或者定额税率计算。其计算公式如下。

应纳税额=应税凭证计税金额（或应税凭证件数）×适用税率

15.3.5　税收优惠与征收管理

1. 税收优惠

对印花税的减免税优惠主要有以下几个方面。

（1）对已缴纳印花税凭证的副本或者抄本免税。凭证的正式签署本已按规定缴纳了印花税，其副本或者抄本对外不发生权利义务关系，只是备查。但以副本或者抄本视同正本使用的，则应另贴印花。

（2）对无息、贴息贷款合同免税。

（3）对房地产管理部门与个人签订的用于生活居住的租赁合同免税。

（4）对农牧业保险合同免税

（5）对与高校学生签订的高校公寓租赁合同免税。

（6）对公租房经营管理单位建造管理公租房涉及的印花税予以免税。

（7）对纳税人设立的资金账簿按实收资本和资本公积合计金额征收的印花税减半。

（8）对按件征收的其他账簿免征印花税。

2. 征收管理

（1）纳税办法。印花税的纳税办法可采用自行贴花、汇贴或汇缴、委托代征三种办法。

① 自行贴花办法。即指纳税人根据应纳税凭证的性质和适用的科目、税率，自行计算应纳税额、自行购买印花税票、自行一次贴足印花税税票并加以注销或划销。这种办法适用于应税凭证较少或者贴花次数较少的纳税人。

② 汇贴或汇缴办法。一份凭证应纳税额超过500元的，应向当地税务机关申请填写缴款书或者完税证，将其中一联粘贴在凭证上或者由税务机关在凭证上加注完税标记代替贴花。同一种类应纳税凭证，需频繁贴花的，应向当地税务机关申请按期汇总缴纳印花税。税务机关对核准汇总缴纳印花税的单位，应发给汇缴许可证。汇总缴纳的限期限额由当地税务机关确定，但最长期限不得超过1个月。

③ 委托代征办法。委托代征办法包括税务机关委托经由发放或者办理应纳税凭证的单位代为征收印花税税款。如工商行政管理部门在核发各类营业执照和商标注册证时，受税务机关委托，代收印花税税款，并监督领受单位和个人的贴花。

（2）纳税环节。印花税应当在书立或领受时贴花，

（3）纳税地点。印花税一般实行就地纳税。

（4）纳税申报。印花税的纳税人应按照条例的有关规定及时办理纳税申报，并如实填写《印花税纳税申报表》。

15.4 车辆购置税

15.4.1 车辆购置税概述

1. 车辆购置税的概念

车辆购置税是以在中国境内购置规定车辆为课税对象，在特定的环节向车辆购置者征收的一种税。就其性质而言，车辆购置税属于直接税的范畴。车辆购置税于2001年1月1日开始在我国实施，它是一个新的税种，是在原交通部门收取车辆购置费的基础上，通过"费改税"方式演变而来的，征收车辆购置税有利于合理筹集财政资金，规范政府行为，调节收入差距，也有利于配合打击车辆走私和维护国家权益。

2. 车辆购置税的特点

车辆购置税作为一种特殊税，除具有税收的共性外，还有其独有的4个特点。

（1）征收范围单一，它仅以购置的特定车辆为课税对象，而不是对所有财产或消费的财产征税。

（2）征收环节单一，它不是在生产、经营和消费的每一个环节征收，二是在消费领域中的特定环节一次征收；

（3）征税具有特定目的，车辆购置税为中央税，取之于应税车辆，用之于交通建设，其征收具有专门用途；

（4）价外征收，不转嫁税负，征收车辆购置税的商品价格中不含车辆购置税税额，车辆购置税是附加在价格之外的，且税收的缴纳者即为最终的税收负担者，不转嫁税负。

15.4.2 征税范围与纳税人

1. 征税范围

车辆购置税以列举的车辆作为征税对象，未列举的车辆不纳税。其征税范围包括汽车、摩托车、电车、挂车、农用运输车，具体规定如下。

（1）汽车。包括各类汽车。

（2）摩托车。

① 轻便摩托车　最高设计时速不大于50km/h，发动机汽缸总排量不大于50cm³的两个或者三个车轮的机动车

② 二轮摩托车　最高设计车速大于50km/h，或者发动机汽缸总排量大于50cm³的两个车轮的机动车

③ 三轮摩托车　最高设计车速大于50km/h，或者发动机汽缸总排量大于50cm³，空车重量不大于400kg 的三个车轮的机动车。

（3）电车。

① 无轨电车以电能为动力，由专用输电电缆线供电的轮式公共车辆。

② 有轨电车以电能为动力，在轨道上行驶的公共车辆。

（4）挂车。

① 全挂车无动力设备，独立承载，由牵引车辆牵引行驶的车辆

② 半挂车无动力设备，与牵引车辆共同承载，由牵引车辆牵引行驶的车辆。

（5）农用运输车。

① 三轮农用运输车柴油发动机，功率不大于运输车7.4kw，载重量不大于500kg，最高车速不大于40km/h 的三个车轮的机动车。

② 四轮农用运输车柴油发动机，功率不大于运输车28kw，载重量不大于1500kg，最高车速不大于50km/h 的四个车轮的机动车。

2. 纳税人

车辆购置税的纳税义务人是指在中华人民共和国境内购置应税车辆的单位和个人，其中购置，是指包括购买、进口、自产、受赠、获奖或者以其他方式取得并自用应税车辆的行为。所称单位，包括国有企业、集体企业、私营企业、股份制企业、外商投资企业、外国企业以及其他企业和事业单位、社会团体、国家机关、部队以及其他单位；所称个人，包括个体工商户以及其他个人。

15.4.3　税率与计税依据

1. 税率

车辆购置税实行统一比例税率，税率为10%。

2. 计税依据

车辆购置税以应税车辆为课税对象，应税车辆的价格即计税价格就成为车辆购置税的计税依据。

车辆购置税的计税价格根据不同情况，按照下列规定确定。

（1）纳税人购买自用的应税车辆的计税价格，为纳税人购买应税车辆而支付给销售者的全部价款和价外费用，不包括增值税税款。"价外费用"是指销售方价外向购买方收取的基金、集资费、返还利润、补贴、违约金和手续费、包装费、储存费、优质费、运输装卸费、保管费、代收款项、代垫款项以及其他各种性质的价外收费。

由于纳税人购买自用的应税车辆是按不含增值税的计税价格征收车辆购置税的，因此，当纳税人购车发票的价格未扣除增值税税款的，或者因不得开具机动车辆销售统一发票（或其他普通发票）而发生价款与增值税税款合并收取的，在确定车辆购置税的计税价格时，应将其换算为不含增值税的销售价格。其换算公式为：计税价格=含增值税的销售价格/（1+增值税税率或征收率）

（2）纳税人进口自用的应税车辆的计税价格。纳税人进口自用的应税车辆的计税价格的计算公式如下。

$$计税价格＝关税完税价格＋关税＋消费税$$

（3）纳税人自产、受赠、获奖或者以其他方式取得并自用的应税车辆的计税价格，由主管税务机关参照国家税务总局规定的相同类型应税车辆的最低计税价格核定。

（4）以最低计税价格为计税依据的确定。纳税人购买自用的或进口自用的应税车辆，申报的计税价格低于同类型应税车辆的最低计税价格，又无正当理由的，按照最低计税价格征收车辆购置税。即纳税人购买自用的或进口自用的应税车辆，首先应分别按上述的计税价格、组成计税价格计税，当申报的计税价格偏低，又提不出正当理由的，应以最低计税价格为计税依据，按照核定的最低计税价格征税。

$$核定计税价格=车辆进价×（1+成本利润率）$$

式中，成本利润率由省级国家税务局确定。

最低计税价格是指国家税务总局依据车辆生产企业提供的车辆价格信息并参照市场平均交易价格核定的车辆购置税计税价格。

15.4.4 应纳税额的计算

车辆购置税实行从价定率的办法计算应纳税额。应纳税额的计算公式如下。

$$应纳税额=计税价格×税率$$

由于应税车辆购置来源、应税行为发生以及计税价格的不同，车辆购置税应纳税额的计算方法也有所区别。

1. 购买自用的应税车辆应纳税额的计算

纳税人购买自用的应税车辆，其计税价格由纳税人支付给销售者的全部价款（不包括增值税税款）和价外费用组成。

（1）购买自用的国产应税车辆应纳税额的计算。

【例15-1】赵某于2019年3月8日从南京汽车公司购买一辆轿车供自己使用，支付含增值税车价款106 000元，另支付代收临时牌照费150元，代收保险费352元，支付购买工具件和零配件价款2035元，车辆装饰费250元。支付的各项价、费款均由南京汽车公司开具"机动车销售统一发票"，要求计算赵某的车辆购置税税款。

$$计税价格=（106000+150+352+2035+250）/（1+13\%）=96271.68（元）$$
$$应纳税额=96271.68×10\%=9627.16（元）$$

（2）购买进口自用的应税车辆应纳税额的计算。

【例15-2】某单位于2019年12月东风汽车贸易中心（增值税一般纳税人）购买日本

本田公司生产的轿车一辆，该单位按东风汽车贸易中心开具的"机动车辆统一发票"金额支付价款371 000元，东风汽车贸易中心代该单位办理车辆上牌等事宜，并向该单位收取新车登记费、上牌办证费、代办手续费、送车费等共计36 000元。要求计算该单位应缴纳税的车辆购置税税额。

$$应纳税额=（371000+36000）/（1+13\%）×10\%=36176.99（元）$$

2. 进口自用的应税车辆应纳税额的计算

纳税人进口自用的应税车辆以组成计税价格为计税依据。计税价格的计算公式如下。

$$计税价格=关税完税价格+关税+消费税$$

【例15-3】某贸易进出口公司于2019年11月12日从国外进口10辆小轿车，该公司报关进口这批小轿车时经报关地口岸海关对有关报关资料的审查，确定关税计税价格为198000元/辆（人民币），海关按关税政策规定课征关税217800元/辆，并按消费税、增值税有关规定分别代征进口消费税21884元/辆、增值税74406元/辆。由于业务工作的需要，该公司将两辆小轿车用于本单位使用。要求计算出该公司应缴纳税的车辆购置税。

$$组成计税价格=198000+217800+21884=437684（元）$$
$$应缴纳的车辆购置税=自用数量×组成计税价格×税率$$
$$=2×437684×10\%$$
$$=87536.80（元）$$

3. 其他方式取得并自用的应税车辆应纳税额的计算

纳税人自产自用、受赠使用、获奖使用和以其他方式取得并自用的应税车辆，凡不能取得该种车型的购置价格，或者低于最低计税价格的，以国家税务总局核定的最低计税价格为计税依据计算征收车辆购置税。

（1）自产自用的应税车辆应纳税额的计算。

【例15-4】某客车制造厂于2019年8月将自产的一辆客车用于本厂后勤生活服务，该厂在办理车辆上牌落籍前，出具该车的发票注明金额44300元，并按此金额向主管税务机关申报纳税，经审核，国家税务总局对该车同类型车辆核定的最低计税价格为47000元。该厂对作价提不出正当理由。要求计算该车应纳的车辆购置税。

$$应纳税额=47000×10\%=4700（元）$$

（2）受赠使用的应税车辆应纳税额的计算。

【例15-5】我国某儿童基金会2019年接受某中美合资公司赠送的小轿车一辆，该车经国家税务总局核定的最低计税价格为380000元，要求计算应缴纳的车辆购置税。

$$应缴纳的税额=380000×10\%=38000（元）$$

（3）获奖使用的应税车辆应纳税额的计算。

【例15-6】2019年3月余某在某公司举办的有奖销售活动中，中奖获得一辆昌河微型汽车，举办公司开具的销售发票金额为58 700元。余某申报纳税时，经主管税务机关审核，国家税务总局核定该车型的最低计税价格为73 500元，要求计算余某应缴纳的车辆购置税。

$$应缴纳的税额=735000×10\%=7350（元）$$

（4）其他方式取得并自用的应税车辆应纳税额的计算。

其他方式是指除自产自用、受赠使用、获奖使用以外的方式，主要包括拍卖、抵债、走私、罚没等，这些方式取得并自用的应税车辆，也应按同类型车辆的最低计税价格计征车辆购置税。

【例15-7】某公司2019年因经营不善、资不抵债而宣告破产，法院等有关部门在清理资产过程中，组织有关单位对其资产进行拍卖，其中，2018年3月由某拍卖公司拍卖的一辆小轿车，成交价为95000元，该车为未上牌新车，国家税务总局核定同类型车辆的最低计税价格为130000元，要求计算购买者申报纳税时应缴纳的车辆购置税。

$$应缴纳的税额=130000×10\%=13000（元）$$

15.4.5 税收优惠与征收管理

1. 税收优惠

（1）车辆购置税减免税规定。我国车辆购置税实行法定减免，减免税范围的具体规定如下。

① 外国驻华使馆、领事馆和国际组织驻华机构及其外交人员自用的车辆，免税。

② 中国人民解放军和中国人民武装警察部队列入军队武器装备订货计划的车辆，免税。

③ 设有固定装置的非运输车辆免税。

④ 有国务院规定予以免税或者减税的其他情形的，按照规定免税或者减税。

根据现行政策规定，上述其他情形的车辆，目前主要有以下几种。

第一，防汛部门和森林消防部门用于指挥、检查、调度、报讯（警）、联络的设有固定装置的指定型号的车辆。

第二，回国服务的留学人员用现汇购买1辆自用国产小汽车。

第三，长期来华定居专家进口1辆自用小汽车。

⑤ 农用三轮运输车免征车辆购置税。

⑥ 自2016年1月1日起至2020年12月31日止，对城市公交企业购置的公共汽电车辆免征车辆购置税。

（2）车辆购置税的退税。纳税人已经缴纳车辆购置税但在办理车辆登记注册手续前，需要办理退还车辆购置税的，由纳税人申请，征收机构审查后办理退还车辆购置税手续。

2. 征收管理

车辆购置税由税务机关负责征收。车辆购置税的征收规定如下。

（1）纳税申报。车辆购置税实行一车一审报制度。

（2）纳税环节。车辆购置税的纳税环节选择在销售环节。

（3）纳税地点。纳税人购置应税车辆，应当向车辆登记注册地的主管税务机关申报纳税；购置不需要办理车辆登记注册手续的应税车辆，应当向纳税人所在地的主管税务机关申报纳税。

（4）纳税期限。纳税人购买自用应税车辆的，应当自购买之日起 60日内申报纳税；进口自用应税车辆的，应当自进口之日起60日内申报纳税；自产、受赠、获奖或者以其他方式取得并自用应税车辆的，应当自取得之日起60日内申报纳税。

上篇 财政篇

第1章 总 论

同步测试题

一、名词解释

1. 财政
2. 社会公共需要
3. 实证分析
4. 规范分析
5. 公共物品

二、单项选择题

1. 财政是一种（   ）为主体的经济行为。
   A. 企业   B. 个人
   C. 国家或政府   D. 市场

2. 财政分配的目的是（   ）。
   A. 满足社会公共需要   B. 征税
   C. 分配财政资金   D. 平衡财政收支

3. 财政收入再分配职能主要调节（   ）的分配。
   A. 国民收入与个人收入
   B. 集体收入与国家收入
   C. 企业利润与个人收入
   D. 国家收入与个人收入

4. 下列哪项不属于财政政策的目标。（   ）
   A. 资源配置效率   B. 收入分配公平
   C. 经济稳定发展   D. 财政监督

5. 财政最基本的职能是（   ）。
   A. 资源配置   B. 分配
   C. 促进经济稳定   D. 经济发展

6. 公共产品的特征不包括（   ）。
   A. 非排他性   B. 非竞争性
   C. 竞争性   D. 效用的不可分割性

7. 财政产生的条件是（　　）。

    A. 经济和效益　　　　　　　　　　B. 经济和政治

    C. 政治和文化　　　　　　　　　　D. 政治和历史

8. 财政的最初表现形式是（　　）。

    A. 国家预算　　　　　　　　　　　B. 公债

    C. 国家企业上缴利润　　　　　　　D. 捐税

9. 属于公共产品的是（　　）。

    A. 自然环境保护区　　　　　　　　B. 公共电视节目

    C. 路灯　　　　　　　　　　　　　D. 闭路电视节目

10. 财政资源配置职能的主要内容不包括（　　）。

    A. 调节资源在地区间的配置

    B. 调节资源产业部门间的配置

    C. 调节资源在城乡与政府间的配置

    D. 调节资源在政府和非政府之间的配置

三、多项选择题

1. 社会公共需要的特征有（　　）。

    A. 总体性　　　　　　　　　　　　B. 共同性

    C. 差异性　　　　　　　　　　　　D. 不对称性

2. 财政是一个（　　）。

    A. 政治范畴　　　　　　　　　　　B. 经济范畴

    C. 历史范畴　　　　　　　　　　　D. 社会范畴

3. 国家财政发展经历了哪些过程。（　　）

    A. 奴隶社会国家财政

    B. 封建社会国家财政

    C. 社会主义国家财政

    D. 资本主义国家财政

4. 财政分配与其他分配范畴的主要区别有（　　）。

    A. 财政分配的主体是国家

    B. 财政分配的对象是社会产品

    C. 财政分配的目的是满足社会公共需要

    D. 财政分配的集中性、强制性、无偿性

5. 区分或辨别公共物品和私人物品通常应用两个基本标准为（　　）。

    A. 排他性和非排他性　　　　　　　B. 竞争性和非竞争性

    C. 私人性与非私人性　　　　　　　D. 垄断性与非垄断性

6. 财政分配主体是国家的原因有（　　）。

    A. 财政分配以商品经济为前提

    B. 在财政分配中国家处于主动的支配地位

    C. 财政分配的范围遍及全社会，具有社会性和集中性

D. 财政分配以国家为前提

7. 财政的基本特征有（　　　）。

A. 阶级性与公共性

B. 强制性与无直接偿还性

C. 收入与支出的对称性

D. 固定性

8. 财政收入再分配职能产生的原因有（　　　）。

A. 市场机制不完善　　　　　　　　B. 非物质生产部门的消费需要

C. 物质生产部门的消费需要　　　　D. 财政分配的本质特征

9. 财政实现收入再分配职能的手段包括（　　　）。

A. 税收　　　　　　　　　　　　　B. 转移性支出

C. 公共支出　　　　　　　　　　　D. 国债

10. 财政的经济稳定职能的含义主要包括（　　　）。

A. 物价稳定　　　　　　　　　　　B. 经济适度增长

C. 国际收支平衡　　　　　　　　　D. 企业利润增加

四、是非判断题

1. 无论是在计划经济还是在市场经济下，财政对资源配置起基础作用。（　　　）

2. 财政产生的首要条件是政治条件。（　　　）

3. 税负不变是财政稳定经济职能的目标构成要素。（　　　）

4. 非排他性是公共物品的第一个特征，即一些人享用公共物品带来的利益而不能排除其他一些人同时从公共物品中获得利益。（　　　）

5. 财政是一种分配，但并不等于说分配就是财政。（　　　）

6. 美国著名经济学家保罗·萨谬尔森指出："市场不是理想的，存在市场失灵"。（　　　）

7. 在市场经济体制下，资源的财政配置与市场配置相矛盾。（　　　）

8. 财政收入分配是对 GNP 的分配。（　　　）

9. 政府具有对国民收入再分配和纠正不公平的双重职能。（　　　）

10. 规范分析是基于基本的价值判断，并非客观的方法。（　　　）

五、简答题

1. 简述财政配置资源的主要内容。

2. 简述收入分配职能的含义以及实现该职能的财政手段。

3. 简述经济稳定职能的含义以及实现该职能的财政手段。

4. 简述财政的特征。

5. 简述西方财政学说的形成与发展。

第2章　政府预算

同步测试题

一、名词解释

1. 政府预算
2. 政府采购
3. 年终结算
4. 绩效预算
5. 国家决算

二、单项选择题

1. 财政制度的核心是（　　　）。
   - A. 财政收入制度
   - B. 财政支出制度
   - C. 政府预算制度
   - D. 国家金库制度

2. 政府基金预算的管理原则是（　　　）。
   - A. 统筹兼顾、适度集中
   - B. 相对独立、相互衔接
   - C. 分级编制、逐步实施
   - D. 以收定支、专款专用，结余结转下年继续使用

3. 我国政府预算体系的基础是（　　　）。
   - A. 政府性基金预算
   - B. 一般公共预算
   - C. 国有资本经营预算
   - D. 社会保险基金预算

4. 资本预算的主要收入来源是（　　　）。
   - A. 税收
   - B. 收费
   - C. 国债
   - D. 专项收入

5. 按预算编制形式分类，预算可以分为（　　　）。
   - A. 增量预算和零基预算
   - B. 单式预算和复试预算
   - C. 年度预算和多年预算
   - D. 中央预算和地方预算

6. 一般不具有法律效力，不需要经过国家权力机关批准的政府预算是（　　　）。
   - A. 政府年度预算
   - B. 地方年度预算
   - C. 政府中期预算
   - D. 中央年度预算

7. 政府理财的主导环节和基本环节是（　　）。

    A. 政府收费　　　　　　　　　　　B. 政府预算

    C. 财务管理　　　　　　　　　　　D. 税收

8. 在形式上，政府预算是政府的财政收支计划，以（　　）的形式体现。

    A. 预算平衡表　　　　　　　　　　B. 收益分配表

    C. 现金流量表　　　　　　　　　　D. 资产负债表

9. 我国预算年度的起止时间是每年的（　　）。

    A. 4月1日至次年的3月31日

    B. 10月1日至次年的9月30日

    C. 1月1日至次年的12月31日

    D. 7月1日至次年的6月30日

10. 某一地方政府编制年度政府预算草案时，在经济下行压力持续增大情况下，把预算收入预计增长率仍安排比上年实际增长率高出5个百分点。这种做法违反了政府预算的（　　）原则要求。

    A. 可靠性　　　　　　　　　　　　B. 完整性

    C. 统一性　　　　　　　　　　　　D. 合法性

三、多项选择题

1. 政府预算收入的缴库方式按程序划分，可分为（　　）。

    A. 按实际数缴库　　　　　　　　　B. 直接缴库

    C. 集中缴库　　　　　　　　　　　D. 自收缴库

    E. 按计划缴库

2. 政府预算调整按调整幅度不同，可分为（　　）。

    A. 全面调整　　　　　　　　　　　B. 政府预算调整

    C. 局部调整　　　　　　　　　　　D. 单位预算调整

    E. 盘子内的局部调整

3. 预算管理的基础工作主要由（　　）组成。

    A. 预算会计　　　　　　　　　　　B. 国库业务

    C. 财政统计　　　　　　　　　　　D. 预算调整

    E. 预算编制

4. 部门预算具有下列哪些特点。（　　）

    A. 完整性　　　　　　　　　　　　B. 细化性

    C. 综合性　　　　　　　　　　　　D. 交叉性

    E. 变动性

5. 最常用的政府预算执行检查分析的方法是（　　）。

    A. 比较分析法　　　　　　　　　　B. 边际分析法

    C. 成本效益法　　　　　　　　　　D. 因素分析法

    E. 最低费用选择法

6. 政府预算收支分类的原则有 （   ）。

A. 全面准确　　　　　　　　　B. 规范细化与力求简化相结合

C. 国际可比性　　　　　　　　D. 稳定与可变性相结合

E. 收支对称性

7. 政府预算执行信息的类型包括（   ）。

A. 计算机　　　　　　　　　　B. 数据信息

C. 文字信息　　　　　　　　　D. 语言信息

E. 税务会计

8. 我国的国库体制类型包括（   ）。

A. 独立国库制　　　　　　　　B. 银行制

C. 委托国库制　　　　　　　　D. 代理国库制

E. 直接国库制

9. 预算会计管理体制的模式一般包括（   ）。

A. 分散管理模式　　　　　　　B. 财政管理

C. 集中管理模式　　　　　　　D. 部门管理

E. 税务管理

10. 政府间转移支付的模式有（   ）。

A. 纵向转移　　　　　　　　　B. 横向转移

C. 斜向转移　　　　　　　　　D. 纵向与横向相结合

E. 失业救济金

四、是非判断题

1. 对财政性支出项目进行可行性分析时，可以像私人投资项目的评估一样运用显性的成本效益方法进行评估和取舍。（   ）

2. 国家总决算（即国家决算）以单位和部门决算为基础，由国务院汇编。（   ）

3. 年终清理是搞好年度决算编制工作的重要条件。（   ）

4. 预算编制是整个预算工作的总结和终结。（   ）

5. 年终清理是搞好年度决算编制工作的重要条件。（   ）

6. 政府预算收入缴库后，即成为政府预算资金。政府预算资金属于国家所有，由税务部门统一支配使用，任何地区、部门、单位和个人都不得随意退库。（   ）

7. 在现代社会，公债市场是传递中央银行货币政策的重要渠道之一。（   ）

8. 国库单一账户是指政府所有财政性资金集中在国库或国库指定的代理行开设账户，所有财政资金收付都通过财政部门在国库银行开设的单一账户集中办理，实行财政直收直支。（   ）

9. 部门和单位的预算外资金收入，可以私设"小金库"。（   ）

10. 政府间财政转移支付是解决一定预算管理体制框架内存在的财政收支纵向非均衡性和横向非均衡性的基本手段。（   ）

五、简答题

1. 请说明政府预算管理的原则。
2. 定员定额的确定方法如何。
3. 政府预算有哪些基本特征？
4. 政府预算的基本功能表现在哪些方面。
5. 试述预算调整和预算调剂的含义、方法。

第3章 财政支出

同步测试题

一、名词解释

1. 财政支出
2. 积累性支出
3. 相对量指标
4. 购买性支出
5. 成本-效益分析法

二、单项选择题

1. 财政分配的第二阶段为（　　　）
   A. 财政收入　　　　　　　　　　B. 财政支出
   C. 财政再分配　　　　　　　　　D. 财政收入再分配

2. （　　　）决定财政支出的目的、用途、规模和结构。
   A. 国家性质　　　　　　　　　　B. 国家政权
   C. 国家职能　　　　　　　　　　D. 国际制度

3. 我国整个社会再生产过程得以维持和不断发展的重要物质基础和财力保证是（　　）支出。
   A. 生产性　　　　　　　　　　　B. 非生产性
   C. 补偿性　　　　　　　　　　　D. 积累性

4. 财政职能的体现都是更直接的通过（　　　）执行的。
   A. 财政支出　　　　　　　　　　B. 财政收入
   C. 财政分配　　　　　　　　　　D. 国家补偿

5. 以货币形式表现的基本建设工作量称为（　　　）。
   A. 固定资产投资额　　　　　　　B. 基本建设拨款额
   C. 基本建设和更新改造投资额　　D. 基本建设投资额

6. 《中华人民共和国预算法》自（　　　）年施行。
   A. 1994　　　　　　　　　　　　B. 1995
   C. 1986　　　　　　　　　　　　D. 1996

7. 固定资产投资的供应方式为（　　　）。
   A. 拨款　　　　　　　　　　　　B. 贷款
   C. 拨改贷　　　　　　　　　　　D. 拨款和贷款

8. 如果某国最近5年内政府财政开支增长率平均为9%，而该国最近5年内的 GNP 增长率为平均为5.8%，这种情况表示该国的公共产品需求的收入弹性为（　　）。

    A. 1.0   B. 1.55

    C. 2.4   D. 0.95

9. 只有当经济社会进入（　　）状态，其公共产品和私人产品的供给与消费才能被视为获得了一般均衡，此时两类产品供给和消费格局决定的资源配置达到了帕累托最优化状态，也标志着公共产品处于最优供给状态。

    A. $RT_{G、Y} = MRS_{G、Y}^{A} = MRS_{G、Y}^{B}$

    B. $MRT_{G、Y} = MRS_{G、Y}^{A} + MRS_{G、Y}^{B}$

    C. $MRT_{G、Y} + MRS_{G、Y}^{A} = MRS_{G、Y}^{B}$

    D. $MRT_{G、Y} = MRS_{G、Y}^{A} - MRS_{G、Y}^{B}$

三、多项选择题

1. 国家财政支出的目的有（　　）。

    A. 政治目的   B. 社会目的

    C. 经济目的   D. 政权目的

2. 财政支出按最终用途分为（　　）。

    A. 补偿性支出   B. 消费支出

    C. 生产性支出   D. 积累性支出

3. 财政支出按经济性质分为（　　）。

    A. 生产性支出   B. 补偿性支出

    C. 积累性支出   D. 非生产性支出

4. 财政支出按补偿性支出分为（　　）。

    A. 购买性支出   B. 转移性支出

    C. 生产性支出   D. 非生产性支出

5. 国家在安排财政支出时相应的要遵循的原则有（　　）。

    A. 效益原则   B. 平均原则

    C. 公平原则   D. 稳定原则

6. 影响财政支出规模的因素有（　　）。

    A. 经济性因素   B. 政治性因素

    C. 社会性因素   D. 收入性原则

7. 下列支出中，哪些属于投资性支出。（　　）

    A. 基础建设支出   B. 挖潜改造资金支出

    C. 增拨流动资金   D. 国家储备

    E. 支付债券利息

8. 财政支出按在国民经济和社会发展中的作用分类，可分为（　　）。

    A. 生产性支出   B. 社会补偿性支出

    C. 投资性支出   D. 积累性支出

    E. 消费性支出

9. 经济建设支出，包括（　　　）。

    A. 基本建设支出 　　　　　　　　B. 科技三项费用支出

    C. 企业挖潜改造资金支出 　　　　D. 增拨企业流动资金支出

    E. 支援农村生产支出

10. 一般来说，我们可以通过反映不同经济指标的国民收入账户测定一国政府财政支出的相对规模，这些经济指标包括（　　　）。

    A. 个人可支配收入 　　　　　　　B. 国民生产总值

    C. 国民收入 　　　　　　　　　　D. 个人收入

    E 税收总额

11. 马斯格雷夫认为，可以把造成政府财政支出不断扩大的各种原因按照不同性质划分为（　　　）。实际上，政府财政收支及其变化就是这些因素决定的。

    A. 经济因素 　　　　　　　　　　B. 条件因素

    C. 社会，文化和政治因素 　　　　D. 人为因素

    E. 政府因素

四、是非判断题

1. 经济稳定和发展的主要标志是财政收入大于支出（　　　）

2. 如果公共产品需求的收入弹性大于1，会导致政府财政开支占国民收入的份额不断减小，客观上也反映了政府在国民经济中的活动范围不断扩大。（　　　）

3. 公共支出按支出的性质可分为国防支出，教育支出，社会保障支出，环境支出等。（　　　）

4. 政府提供的最适公共产品规模也可以按以下规则来确定：将公共产品提供到这样一点上，再此点社会成员各自的公共产品与私人产品的边际替代率相加后恰等于（以放弃的私有财来计算的）公共产品的边际成本。（　　　）

5. 国防支出是纯消费支出，不形成资本。（　　　）

6. 教育是纯公共产品，只能由政府提供。（　　　）

五、简答题

1. 试述影响财政支出规模的宏观因素。

2. 转移性支出和购买性支出各自有何含义。

3. 说明转移性支出和购买性支出对生产、就业有什么影响。

4. 试述"瓦格纳法则"的基本原理。

5. 财政固定资产投资的特点有哪些。

第4章 购买性支出

同步测试题

一、名词解释

1. 社会消费性支出
2. 行政管理支出
3. 投资
4. 国防支出
5. 政府投资

二、单项选择题

1. 公共部门]提供的大多数基础设施的产品性质通常是（　　）。
   A. 公共产品　　　　　　　　　B. 私人产品
   C. 混合产品　　　　　　　　　D. 奢侈品

2. 下列属于国民经济基础产业的是（　　）。
   A. 服装业　　　　　　　　　　B. 农业
   C. 餐饮业　　　　　　　　　　D. 家具业

3. 根据投资乘数原理，乘数与（　　）同方向变化，与（　　）呈反方向变化。
   A. 边际消费倾向；边际储蓄倾向
   B. 边际储蓄倾向；边际消费倾向
   C. 边际投资倾向；边际储蓄倾向
   D. 边际消费倾向；边际投资倾向

4. 下列关于政府支出乘数的表述中，正确的是（　　）。
   A. 边际消费倾向越大，政府支出乘数越大，国民收入增量越大
   B. 边际消费倾向越小，政府支出乘数越大，国民收入增量越大
   C. 边际储蓄倾向越大，政府支出乘数越大，国民收入增量越大
   D. 边际储蓄倾向越小，政府支出乘数越小，国民收入增量越小

5. 财政投融资主体是（　　）。
   A. 政府　　　　　　　　　　　B. 企业
   C. 居民　　　　　　　　　　　D. 国外公司

6. 在国民经济中，对经济的发展与增长起决定性作用的产业部门是（　　）。
   A. 基础工业　　　　　　　　　B. 基础设施
   C. 主导产业　　　　　　　　　D. 新兴产业

7. 基础设施提供的产品与服务面向全社会，从而使其具有（   ）。

    A. 公用性和独占性

    B. 非公用性和非独占性

    C. 公用性、非独占性和不可分性

    D. 公用性、非独占性和可分性

8. 受自然条件的影响，农业生产（   ）。

    A. 产出与需求的波动较大

    B. 产 出波动大，需求弹性不大

    C. 产出波动小，需求弹性大

    D. 产出与需求的波动较小

9. 基本上不会对农产品生产和贸易造成扭曲的支持政策，称为（   ）。

    A. 绿箱政策   B. 黄箱政策

    C. 蓝箱政策   D. 红箱政策

10. 对农产品生产和贸易产生扭曲的政策，被视为（   ）。

    A. 绿箱政策   B. 黄箱政策

    C. 蓝箱政策   D. 红箱政策

三、多项选择题

1. 财政对"三农"投入的重要意义在于（   ）。

    A. 农业是国民经济的根本基础

    B. 促进农业发展

    C. 缩小城乡差距

    D. 加强农业基础设施建设

2. 财政投资包括（   ）。

    A. 生产性投资   B. 非生产性投资

    C. 资本投资   D. 消费资料投资

3. 政府投资在各国社会总投资中所占的比重存在着相当大的差异，影响这个比重的因有（   ）。

    A. 经济体制   B. 历史传统

    C. 经济发展阶段   D. 储蓄规模

4. 下列属于政府投资建设需要考虑的因素有（   ）。

    A. 关系国计民生的重点项目   B. 关系人民生活福利的项目

    C. 垄断的需要   D. 维护国家安全的需要

5. 下列属于 BOT 投资特点的有（   ）。

    A. 投资的对象主要是发电厂、高速公路能源开发等基础设施

    B. 政府在投资资金来源中处于主导的地位

    C. 投资项目经建成则项目产权属于政府

    D. 该投资方式的最大特点是鼓励和吸引私人投资者(特别是外国接控资者)投资

6. 在市场经济制度下，政府投资主要用于（　　）等方面。

    A. 基础产业部门　　　　　　　　B. 扶持农业部门

    C. 般生产企业　　　　　　　　　D. 国家物资储备

    E. 第三产业部门

7. 在市场经济条件下，政府投资（　　）。

    A. 可以在切领域发挥作用

    B. 通常不进入竞争性领域

    C. 通常 在竞争性领域发挥作用

    D. 一般不向有明显经济效益的项目投资

    E. 只能是对市场投资行为的补充

8. 政府投资项目的方式有（　　）。

    A. 经常性预算支出方式　　　　　B. 费本性预算支出方式

    C. 私募融资方式　　　　　　　　D. 集资融费方式

    E. 费本性预算支出加社会融资方式

9. 我国政府投资项目管理模式主要包括（　　）。

    A. 项日法人制管理模式　　　　　B. 企业法人管理模式

    C. 政府部门管理模式　　　　　　D. 建设指挥部管理模式

    E. 事业单位管理模式

10. 政府扶持农业发展的主要政策有（　　）。

    A. 财政补贴政策　　　　　　　　B. 价格政策

    C. 低息贷款　　　　　　　　　　D. 社会政策

    E. 税收政策

四、是非判断题

1. 研究与安排投资规模时必须考虑三个问题：投资规模要适度，投资结构要合理，资效益。（　　）

2. 一般来说，经济增长缓慢时，往往依靠增大投资来刺激经济的增长。（　　）

3. 政府投资是由具有独立法人资格的企业从事的投资。（　　）

4. 任何社会的社会总投资都可以分为政府投资和非政府投资两部分。（　　）

5. 广义的基础设施包括提供无形产品或服务的科学、文化、教育和卫生等部门。（　　）

6. 研究与安排投资规模时必须考虑三个问题：投资规模要适度；投资结构要合理；要注重投资效益。后者又是前两者的前提条件。（　　）

7. 国的经济增长在很大程度 上是靠投资来推动的，投资波动与经济增长波动具有密切的关系。一般来说， 当经济增长缓慢时，往往依靠增大投资来刺激经济的增长，当投资过旺及造成经济过热或出现通货膨胀时，政府往往采取措施首先压缩投资，迫使经济过热的势头减级。（　　）

8. 生产性投资按财政支出项目划分，包括基本建设支出、增拨流动资金、挖潜改造资金和科技三项费用以及支援农村生产支出。基本建设支出也分为生产性支出与非生产性支出两部分，生产性支出主要用于基础产业投资，非生产性支出主要用干国家党政机关、社会团体、文教、科学、卫生等部门的般日常支出。（　　）

9. 基础设施的内涵有广义和狭义之分。狭义的基础产业是指经济杜会活动的公共设施，主要包括交通运输，通信.水利、供电、机场、港口、桥梁和城市供排水、供气等。广义的基础设施还包括提供无形产品或服务的科学、文化、教育、卫生等部门。（　　）

10. 从经济性质看，基础设施从总体上说可以归类为混合物品，可以由政府提供，可以由市场提供，也可以采取混合提供方式。但在发展中国家关系国计民生的大型工程般是采取多种形式的以政府为主、吸收社会资本参与的混合提供。（　　）

五、简答题

1. 简述政府财政投资的特点。
2. 简述财政投融资的基本特征。
3. 简述我国政策性银行的特点。
4. 政府投资有哪些重要特点？
5. 基础产业及其构成对社会经济生活有什么影响？

第5章　转移性支出

同步测试题

一、名词解释

1. 财政补贴
2. 税收抵免
3. 优惠税率
4. 纳税扣除
5. 延期纳税

二、单项选择题

1. 企业进行的下列交易或事项，不属于政府补贴的是（　　）。
   A. 甲公司收到的先征后返的增值税500万元
   B. 乙公司因满足税法规定直接减征消费税200万元
   C. 因鼓励企业投资，丙公司收到当地政府无偿划拨的款项2 000万元
   D. 丁公司取得政府无偿划拨的山地，用于开发建厂

2. 2018年1月1日，某生产企业根据国家鼓励政策自行开发一项大型生产设备，为此申请政府财政补贴1200万元，该项补贴于2018年2月1日获批，于4月1日到账。该生产设备11月26日建造完毕并投入生产，累计发生成本960万元，预计使用年限10年，预计净残值为0，按双倍余额递减法计提折旧，当年用该项设备生产的产品至年底未对外出售。假设不考虑其他因素，则上述事项对当年损益的影响金额是（　　）。
   A. 一6万元
   B. 4万元
   C. 10万元
   D. 20万元

3. 某市公交公司因票价受到政府限制，2010年末收到当地市政府给予的200万元财政拨款，其中140万元用于补偿2010年企业的经营亏损，剩余的60万元用于2011年度的补贴。企业已收到款项，并存入银行。不考虑其他因素，则该公交公司2010年应确认的营业外收入为（　　）。
   A. 200万元
   B. 60万元
   C. 140万元
   D. 0元

4. 政府为履行职能，取得所需商品和劳务而进行的财政资金支付为（　　）。
   A. 政府预算
   B. 财政收入
   C. 财政支出
   D. 财政政策

5. 当产生（　　）的结果时，是因为购买性支出增加。

    A. 劳动力的工资率降低　　　　　　　　B. 社会生产萎缩

    C. 资本的利润率降低　　　　　　　　　D. 国民收入增加

6. 从世界各国的情况看，财政支出总量及占 GDP 比重的变化趋势是(　　)。

    A. 绝对量增长，相对量也增长

    B. 绝对量下降，相对量也下降

    C. 绝对量增长，相对量下降

    D. 绝对量下降，相对量增长

7. 我国现行的社会保险运行模式是（　　）。

    A. 全部为社会统筹

    B. 社会统筹，企业分管

    C. 全部为个人账户

    D. 社会统筹与个人账户相结合

8. 下列各项表述中不正确的是（　　）。

    A. 由于低价销售给军队一批粮食而收到的政府给予的补贴属于与收益相关的政府补贴

    B. 针对综合性项目的政府补贴需要将其分解为与资产相关的部分和与收益相关的部分，分别进行会计处理，难以区分的，将政府补贴整体归类为与收益相关的政府补贴

    C. 因购买长期资产属于公益项目而收到政府给予的补贴属于与收益相关的政府补贴

    D. 目前我国的政府补贴计算方法采用的是收益法中的总额法

9. 某市为招商引资，向 A. 公司无偿划拨--处土地使用权供其免费使用30年。由于地处郊区，尚不存在活跃的房地产交易市场，公允价值无法可靠计量，则 A. 公司下列处理中正确的是（　　）。

    A. 无偿取得，不需要确认

    B. 按照该县所属地级市活跃的交易市场中同类土地使用权同期的市场价格计量

    C. 按照名义金额1元计量

    D. 按照甲公司估计的公允价值计量

10. 甲企业2008年收到政府财政拨款50 000元，财政贴息40 000元，税收返还20 000元，资本性投入10000元，则2008年甲企业的政府补贴是（　　）。

    A. 90000元　　　　　　　　　　　　　B. 110 000元

    C. 120 000元　　　　　　　　　　　　D. 100 000 元

三、多项选择题

1. 社会保险的保险基金来源渠道有（　　）。

    A. 发行国债　　　　　　　　　　　　　B. 个人缴费或缴税

    C. 单位交费或缴税　　　　　　　　　　D. 政府预算支出

2. 社会保障资金筹集方式有（　　）。

  A. 社会保障统筹缴费   B. 开征社会保险税

  C. 建立预算基金账户   D. 建立社会保障预算

3. 我国原有的社会保障是一种（　　）。

  A. 单位保障   B. 就业保障

  C. 自我保障   D. 共同保障

4. 社会保障制度改革的主要内容有（　　）。

  A. 养老保险制度改革

  B. 失业保障制度

  C. 推进城镇职工医疗保险制度改革

  D. 城镇居民最低生活保障制度

5. 财政补贴主要内容有（　　）。

  A. 价格补贴和风险基金   B. 企业计划亏损补贴

  C. 财政贴息   D. 其他财政补贴项目

6. "隐蔽"形式的财政补贴有（　　）。

  A. 财政贴息   B. 价格补贴

  C. 税前还贷   D. 税收支出

7. 财政补贴制度改革应从以下几个方面进行。（　　）

  A. 合理确定补贴范围   B. 及时调整补贴标准

  C. 对农业的补贴   D. 加强财政补贴的管理

8. 财政转移性支出直接表现为资金的无偿、单方面转移，下面哪些支出属于转移性支出。（　　）。

  A. 债务支出   B. 财政补贴

  C. 国家物资储备支出   D. 国防支出

9. 转移性支出是指（　　）。

  A. 社会保障   B. 补贴

  C. 国债利息   D. 行政管理

10. 下列情况中，属于政府补贴的有（　　）。

  A. 增值税的出口退税   B. 财政拨款

  C. 先征后返的税金   D. 即征即退的税金

四、是非判断题

1. 社会保险资金的运作分为现收现付制和完全基金制。（　　）

2. 在市场经济条件下，社会保险制度具有"内在稳定器"的作用。（　　）

3. 税收支出是指国家将税收收入的一部分用于投入到财政转移性支出上的支出。（　　）

4. 社会保险支出是一种影响相对价格结构，从而可以改变资源配置结构、供给结构和需求结构的政府无偿支出。（　　）

5. 纳税扣除是指准许企业把一些合乎规定的特殊支出，以一定的比率或全部从应

纳税额中扣除，以减轻其税负。（　　）

6. 税收抵免是指允许纳税人从其某种合乎奖励规定的支出中，以一定比率从其应纳税额中扣除，以减轻其税负。（　　）

7. 购买性支出是指政府按照一定方式，把一部分财政资金无偿地、单方面地转移给居民和其他受益者的支出，它体现的是政府的非市场型再分配活动。（　　）

8. 在财政支出总额中，购买性支出所占的比重越大，政府所配置的资源规模就大，财政活动对生产和就业的直接影响就越大。（　　）

9. 最低费用选择法的难点在于备选方案的确定。（　　）

10. 招标性采购，亦称非竞争性招标采购，是国际竞争招标采购、国内竞争招标采购的总称，它是政府采购最常用的方式之一。（　　）

五、简答题

1. 简述财政补贴的客观依据。
2. 简述我国财政补贴内容与西方国家的区别。
3. 简述我国社会保障资金的筹集方式和管理方式。
4. 简述财政补贴的特征。
5. 简述财政补贴制度改革的原则。

第6章　财政收入

同步测试题

一、名词解释

1. 财政收入形式
2. 财政收入结构
3. 国家税收
4. 财政收入规模
5. 财政收入

二、单项选择题

1. 政府从事财政收入活动的首要目的是（　　）。
    A. 获取财政资金　　　　　　　　B. 进行收入再分配
    C. 改善资源配置　　　　　　　　D. 稳定经济

2. 从公共产品的特点来看，政府为提供公共产品而进行筹资的最佳财政收入手段是（　　）。
    A. 政府债务　　　　　　　　　　B. 国家税收
    C. 企业利润　　　　　　　　　　D. 政府收费

3. 国家对国有企业实现利润征收所得税是凭借（　　）。
    A. 社会行政管理权利　　　　　　B. 所有权
    C. 法人财产权　　　　　　　　　D. 经营权

4. 垄断性经营的国有企业，其产品的价格通常是由（　　）来制定的。
    A. 政府　　　　　　　　　　　　B. 企业
    C. 市场　　　　　　　　　　　　D. 消费者

5. 罚款是政府的一种（　　）收费。
    A. 专项筹集性　　　　　　　　　B. 事业服务性
    C. 行政管理性　　　　　　　　　D. 行为特许性

6. 按国有资产的经济用途，国有资产可分为（　　）。
    A. 有形资产和无形资产
    B. 价值形态的国有资产和实物形态的国有资产
    C. 经营性国有资产和非经营性国有资产
    D. 生产性资产和非生产性资产

7. 增加财政收入的根本途径是（　　　）。

  A. 增加生产   B. 提高税率

  C. 厉行节约，降低成本   D. 增加企业纯收入

8. 政府收费中最主要的是（　　　）。

  A. 证照费   B. 租金

  C. 特定估价   D. 使用费

9. 财政收入实际增长是指（　　　）

  A. 政收入增长率高于物价上升率

  B. 财政收入增长率低于物价上升率

  C. 财政收入增长率等于物价上升率

  D. 财政收入增长率高于 GDP 增长率

10. 按照马克思产品价值的构成理论，社会总产品的价值是由（　　　）构成。

  A. C B. $V+C$

  C. $M+V$ D. $C+V+M$

三、多项选择题

1. 财政收入按形式分类可分为（　　　）等主要形式。

  A. 税收收入   B. 债务收入

  C. 国有经济收入   D. 一般经济收入

  E. 政府收费收入

2. 财政收入结构分析包括了财政收入的（　　　）等方面的内容。

  A. 所有制构成   B. 价值构成

  C. 产业部门构成   D. 政府部门构成

  E. 社会成员构成

3. 影响财政收入规模的因素有（　　　）。

  A. 经济发展水平   B. 基本社会经济制度的选择

  C. 价格   D. 分配制度

  E. 生产技术水平

4. 政府收费作为一种特殊的财政收入，其作用包括（　　　）。

  A. 进行特殊管理   B. 筹集财政收入

  C. 抑制准公共物品的过度消费   D. 增进社会福利

  E. 提高服务效率

5. 政府来自国有资产收益的形式主要有（　　　）。

  A. 上交利润   B. 股息红利

  C. 承包费   D. 租赁费

  E. 折旧费

6. 目前，我国经营性国有资产收益的形式主要有（　　　）。

  A. 利润   B. 租金

  C. 股利   D. 所得税

E. 资产占用费

7. 按财政收入的形式分类，我国的财政收入分为（　　）。

A. 税收　　　　　　　　　　　　　B. 中央财政收入

C. 其他收入　　　　　　　　　　　D. 地方收入

8. 分配政策对财政收入的制约主要表现为（　　）。

A. 收入分配政策决定财政分配对象的大小

B. 分配政策决定财政集中资金的比例

C. 剩余产品价值中财政收入占的比重

D. 剩余产品价值中国民收入所占的比重

9. 价格上升对财政收入的影响有（　　）。

A. 财政收入增长率高于物价上升率

B. 物价上升率高于财政收入增长率

C. 财政收入增长率与物价上升率大体一致

D. 财政收入增长率等于物价上升率

10. 建国初期我国对财政收入影响较大的有（　　）。

A. 国营经济　　　　　　　　　　　B. 集体经济

C. 私营经济　　　　　　　　　　　D. 个体经济

11. 我国财政收入形式包括（　　）。

A. 税收收入　　　　　　　　　　　B. 国有资产收益

C. 债务收入　　　　　　　　　　　D. 银行利息收入

E. 其他收入

12. 按经济部门分类，上交财政收入的部门有（　　）。

A. 农业　　　　　　　　　　　　　B. 工业

C. 建筑业　　　　　　　　　　　　D. 交通运输业

E. 商业及服务业

13. 在国民经济中，影响 M 增减变化的因素主要有（　　）。

A. 生产　　　　　　　　　　　　　B. 成本

C. 工资　　　　　　　　　　　　　D. 价格

E. 折旧

14. 财政收入中直接来自农业的收入比例较小，主要原因是（　　）。

A. 农民负担重　　　　　　　　　　B. 农业结构单一化

C. 长期稳定负担政策　　　　　　　D. 农业劳动生产率、商品率低

E. 农业机械化水平不高

四、是非判断题

1. 我国中央财政财政收入占 GDP 比重较低，在处理中央与地方两级利益时，要以坚持中央利益为基本原则。（　　）

2. 国家凭借国有资产的所有权可以取得一定的资产收益，通常的基本形式是税利。（　　）

3. 国家凭借所有权对国有企业实现利润征收所得税。（　　）

4. 森林采伐权收益属于国有资产产权转让收入。（　　）

5. 国有资产经营收益的一部分构成国有资产收入而不是全部构成财政收入。（　　）

6. 政府收费的受益与支付之间存在直接联系，而一般性税收没有这种直接联系。（　　）

7. 财政是以国家为主体的分配活动，因此政府的分配政策和分配体制是决定财政收入规模的根本因素。（　　）

8. 如果物价总水平的上升主要是由财政赤字引起的，国家财政就能在 GDP 在分配中分得更大的份额。（　　）

9. 财政收入规模是衡量国家财力和政府在社会经济生活中职能范围的重要指标。（　　）

10. 提出将财政收入分为国家资源收入和税收收入两类的是亚当·斯密。（　　）

五、简答题

1. 简述我国财政收入的作用。
2. 简述收入、税收、财政的关系。
3. 简述科学技术进步对财政收入规模的影响。
4. 简述财政收入的科学分类。
5. 简述财政收入的经济来源。

第7章 税收收入

同步测试题

一、名词解释

1. 税制结构
2. 个人所得税
3. 增值税
4. 税制改革
5. 分别税率制

二、单项选择题

1. 个人所得税不具有以下优点。（ ）
   A. 直接影响人们的经济行为
   B. 有助于经济社会实现收入平等化目标
   C. 发挥内在稳定器作用
   D. 符合税负担分配的"利益原则"

2. 各国税务当局出于实际需要，通常要对"全面所得"概念进行必要的调整以适应税法规定的用于税收目的的所得计算。这些调整不是主要出于以下考虑。（ ）
   A. 出于计算方便考虑而进行的调整
   B. 基于公平考虑而进行的各种调整
   C. 出于减少政府财政收入考虑而进行的调整
   D. 基于激励目的考虑而进行的各种调整

3. 世界上绝大多数国家均有选择性地对某些消费品课税，即特别消费税（或奢侈品税），（ ）不是主要原因。
   A. 税源广泛而稳定
   B. 可以实行差别税率调节社会消费结构
   C. 对某些特定消费品可以起到"寓禁于征"的作用
   D. 可以替代增值税

4. 税务当局把公司应税所得（利润）划分为两部分，对作为股息分配的那部分利润，使用较低的公司所得税税率征税，而对于剩余的未分配利润，则使用较高的公司所得税税率征税。这种处理公司所得税与个人所得税重复课税的方法称为（ ）。
   A. 分别实体制　　　　　　　　　B. 完全结合制
   C. 分别税率制　　　　　　　　　D. 归属制

5. 如果税收制度客观上发挥了将经济社会投资组合维持在原有状态中，就可以认为这种税制安排产生一种（　　）。

  A. 替代效应   B. 收入效应

  C. 锁住效应   D. 储蓄效应

6. 具有（　　）特征的税收被称为累进税。

  A. 平均税率总是等于边际税率

  B. 平均税率随边际税率提高而提高

  C. 平均税率与边际税率无关

  D. 平均税率随边际税率下降而下降

7. 拉弗曲线反映了税率变动与政府税收收入变动的函数关系。该曲线对税收政策的制定与调整不具有以下哪些指导意义。（　　）

  A. 存在着唯一的政府所可选择的最佳税率，该税率使政府收入规模达到最大

  B. 高于最佳税率的税率调整区间均属于政府的税收禁区

  C. 除最佳税率使政府税收收入为最大外，其他任何规模的税收收入都可以或高或低的两种税率取得

  D. 拉弗曲线更为重要的意义是税率越低，对政府增加税收收入越有利

8. 从当今各国社会保障制度的实施来看，对社会保障资金的管理方式不包括（　　）。

  A. 现付现收制   B. 自由使用制

  C. 完全积累制   D. 部分积累制

9. 税收管辖权在具体实施上，可以单独使用某税收管辖权，也可以同使用几种税收管辖权准则，这些税收管辖权准则不包括（　　）。

  A. 收入来源地管辖权准则   B. 产品原产地准则

  C. 居民管辖权准则   D. 公民(国籍)管辖权准则

10. 一般条件下，公司所得税至少在某些方面对社会经济产生显著影响，这些影响不包括（　　）

  A. 降低某些社会群体的经济福利

  B. 导致全社会资本收益提高

  C. 产生"锁住反应"

  D. 提高公司企业资本投资的编辑成本

三、多项选择题

1. 按照海格-西蒙斯的定义，所得是以货币价值体现的，在某一规定时中个人消费能力的净增加，这等于本时期中的实际消费数额加上财富的净增加这个定义要求在所得中包括可能增加现期的，或者未来的任何形式消费的切入项目，即包括（　　）。

  A. 按照惯例认为是所得的项目

  B. 某些"非惯例"的项目

  C. 预期可能实现的收入项目

  D. 各类形式的实物收入

2. 大多数西方国家所推行的增值税制度主要包括以下内容。（　　　）

　　A. 实行税款扣除制

　　B. 一般采取多环节课税制

　　C. 税率设计从简以便于征管

　　D. 实行累进税率制

3. 一般情况下，国家税收具有的特点包括（　　　）。

　　A. 目的性　　　　　　　　　　　　B. 自愿性

　　C. 合法性　　　　　　　　　　　　D. 强制性

　　E. 灵活性

4. 增值税具有广泛的税基，并且适用于商品和劳务从生产、批发到零售的每一流通环节。增值税这一特点给政府财政活动带来如下哪些好处。（　　　）

　　A. 政府可以更充分发挥税收对生产经营的调节作用

　　B. 有助于增加政府财政收入，相应也加强了政府宏观经济调控能力

　　C. 政府得自该税源的财政收入可以不受企业经营成本、费用，商品或劳务的具体流通环节火化的影响

　　D. 生产、批发、零售等任何一个环节少纳的税款都会在下一个环节得到相应的弥补，保证政府增值税收入的稳定

5. 大多数西方国家所推行的增值税制度主要包括以下内容。（　　　）

　　A. 实行税款扣除制　　　　　　　　B. 一般采取名环节课税制

　　C. 税率设计从简以便于征管　　　　D. 实行累进税率制

6. 政府税收活动之所以会产生"超额税负担"，斯密认为主要是由以下问题造成的。（　　　）

　　A. 国家使用了大批官吏以征税，浪费了大量税收收入，加之税吏贪污腐败

　　B. 税收妨碍了人民的勤劳，使人民对某些能够提供更多人就业的事业裹足不前

　　C. 不适当的赋税造成逃税现象大增，而处罚过重导致许多生产性资源变成国家税收

　　D. 税吏的频繁的稍查，常使纳税人遭到极不必要的麻烦、困恼与压迫

7. 衡量纳税人支付能力的标准主要有（　　　）。

　　A. 以个人收入水平衡量其支付能力

　　B. 以个人消费水平衡量其支付能力

　　C. 以个人学力大小衡量其支付能力

　　D. 以个人财产存量衡量其支付能力

8. 各国政府，出于有利于各国共同经济福利增长的考虑，也出于有利平合理地解决国家之间税收分配关系的考忠，就必须在税收方面进行国际 I 这种国际协调主要是为了达到（　　　）目的。

　　A. 贯彻税收制度中通行的公平原则

　　B. 使各国涉外税收制度的建立符合国际税收惯例以加强国际税务合作

　　C. 消除国际经济活动中的源于税收因素产生的各种障碍

　　D. 增加各国的财政收入

9. 跨国公司在世界各国往往会采取各种可选择的避税手段来达到国际避税的目的。这些手段主要有（　　）。

　　A. 通过法人居民身份的国家选择进行国际避税

　　B. 选择相对有利的企业组织形式进行国际避税

　　C. 通过制造假帐进行国际避税

　　D. 利用跨国公司内部各关联企业之问转让定价办法进行国际避税

10. 遵照国际收入与费用分配的正常交易原则及一般性规定，各国在长期的税务实践中，根据不同情况逐步建立并完善了对跨国公司经营收入与费用进行合理分配的些具体标准。这些标准主要包括（　　）。

　　A. 市场标准　　　　　　　　　　　　B. 比照市场标准

　　C. 组成市场标准　　　　　　　　　　D. 成本标准

四、是非判断题

1. 外非经济税基是指和个人、企业经济行为有关的征税对象，如对商品、财产、收入以及市场交易等等进行征税。对非经济税基征税，不会影响人们的经济活动和经济决策。（　　）

2. 无论政府据以征税的对象属于经济税基，抑或属于非经济税基，都改变纳税人实际收入或改变其对经济资源的占有状况，这就是税收的收入效应。（　　）

3. 按照"利益原则"，税负担的分配应当和纳税人从这种税收的使用中得到的利益联系起来。不过，在实际生活中，利益原则只能适用于有限的范围。（　　）

4. 支付能力原则要求按照个人的经济能力来分配政府支出的负担，而同个人从政府支出中得到的利益没有直接联系。该原则只有在能够确定税收人支付能力大小的情况下才是适用的。（　　）

5. 税收体系的结构，是指税收体系中各类税收的组合以及各类税收在组合中的相对地位。不同国家的税制结构大致相同，并且一般不会发生变化。（　　）

6. 一般情况下，以间接税为主且累进性较强的税制结构，通常比以直接税为主且累退性较强的税制结构，社会公平程度较高一些。（　　）

7. 名义税率是税法规定的税率，有效税率是纳税人实际负担的税率。由于按照税法征税的税基一般不是全面税基，在诸多减免规定作用下，使应税税基远远小于实际税基，导致名义税率与有效税率并不相同。（　　）

8. 社会保险税仅仅对工薪这种形式的收入课税，从而将包括资本利得、股息所得、利息所得在内的所有非工薪收入完全排除在外，这便使得收入来源广泛的高收入者的社会保险税税负相对变得较轻。（　　）

9. 按照国际惯例，各国在行使独立的税收管辖权时，居民管辖权(国籍管辖权)比收入来源地管辖权处于优先地位。（　　）

10. 国际避税，是指跨国纳税人在不违反有关国家税法的前提下，利用各国间税法上有在的差异和某些特殊规定的不明确之处，以及税务管理上的漏洞，通过人才、资金和财产的国际流动，达到减少甚至免除纳税义务的目的。（　　）

五、简答题

1. 简述经济税基与非经济税基的基本区别。

2. 简述亚当斯密的"税收原则"。

3. 简述政府税收政策对经济产出的影响。

4. 简述个人所得税对劳动供给和储蓄供给的影响。

5. 国际反避税通常有哪些做法?

六、业务处理题

1. 我国现行的增值税为价外税,即以不含税价格作为计税价格。现行增值税的基本税率为13%。若某增值税应税货物的含税价为23 400元,则其不含税价为多少?

2. 某公司进口货物一批,其关税完税价格为80万元人民币,适用关税税率为5%,适用增值税率为13%。该货物不属于消费税征税范围。请计算该公司该批货物应缴纳的关税税额和增值税税额。(计算结果保留两位小数。)

3. 某商业零售企业为增值税一般纳税人,3月份实现销售额(含税)为250万元,试计算该企业3月份的增值税销项税额。

4. 某增值税一般纳税人某月向小规模纳税人销售产品,开具普通发票注明金额为23.4万元(含税价),同期购进原材料一批,材料已入库,取得专用发票上注明税款为1.2万元。试计算该企业当月应纳的增值税额。(其产品适用增值税税率为13%)

5. 某工业企业某月实现含税销售收入3 510万元,已知当期可抵扣的增值税进项税额为300万元;该企业适用13%的增值税税率,计算该企业当月应纳增值税税额。

第8章 非税收入

同步测试题

一、名词解释

1. 非税收入
2. 行政事业性收费收入
3. 国有资源有偿使用收入
4. 国有资产有偿使用收入
5. 国有资本经营收入

二、单选题

1. 政府非税收入票据的主管机关是（　　）。
   - A. 财政部门
   - B. 执收执罚单位的主管部门
   - C. 监察部门
   - D. 税务部门
2. 财政票据按填开形式分为手写票据和（　　）。
   - A. 微机票据
   - B. 定额票据
   - C. 通用票据
   - D. 专用票据
3. 政府非税收入是指各级国家机关、事业单位、代行政府职能的社会团体及其他组织依法利用政府权力、政府信誉、国有资源、国有资产或者提供特定服务、准公共服务征收用于满足社会公共需要除税收以外的（　　）。
   - A. 社会保障基金
   - B. 财政性资金
   - C. 单位自有资金
   - D. 住房公积金
4. 其他非税收入不包括（　　）以及政府财政资金产生的利息收入等。
   - A. 主管部门的集中收入
   - B. 资产有偿使用收入
   - C. 国有资本经营收入
   - D. 政府财政资金产生的利息收入
5. 我国的政府非税收入是指（　　）。
   - A. 预算外的收入
   - B. 财政的收入
   - C. 单位自有的收入
   - D. 纳税的收入
6.《财政违法行为处罚处分条例》中所称"财政收入执收单位"是指（　　）。
   - A. 地方银行
   - B. 金融证券单位
   - C. 监察部门
   - D. 负责收取税收收入和各种非税收入的单位

7. 政府非税收入实行（　　　）制度。

    A. 集中征收   B. 收缴分离

    C. 委托代理   D. 自收自支

8. 政府非税收入收缴不实行（　　　）的方式。

    A. 直接缴款   B. 间接缴款

    C. 集中汇缴   D. 减免缴款

9. 政府非税收入的主管部门是（　　　）。

    A. 县级及以上政府部门

    B. 县级及以上税务部门

    C. 县级及以上财政部门

    D. 县级及以上监察部门

10. 财政票据存根的保存期限为（　　　）年。

    A. 3   B. 4

    C. 5   D. 7

三、多选题

1. 目前经国务院批准在全国发行的彩票有（　　　）。

    A. 中国福利彩票   B. 中国体育彩票

    C. 六合彩   D. 足球彩票

2. 下列符合财政票据使用规定的有（　　　）。

    A. 不得转让、转借   B. 不得串用、混用

    C. 可以转让、转借   D. 可以串用、混用

3. 下列属于政府非税收入管理范围的有（　　　）。

    A. 行政事业性收费   B. 政府性基金

    C. 土地出让金   D. 住房公积金

4. 非税收入票据严格执行（　　　）的管理办法。

    A. 购前审批   B. 限量领购

    C. 验旧领新   D. 票款同行

5. 下列选项属于政府非税收入管理的有（　　　）。

    A. 行政事业性收费   B. 国有资源有偿使用收入

    C. 罚没收入   D. 国有资产有偿使用收入

四、判断题

1. 禁止转让、出借、代开政府非税收入票据。（　　　）

2. 政府非税收入收缴实行直接缴款和集中汇缴两种方式。（　　　）

3. 政府举办的广播电视机构占用国家无线电资源取得的广告收入不属于政府非税收入。（　　　）

4. 财政票据与税务机关的发票都是用来组织政府收入的，可以相互代替使用。（　　　）

5. 执收执罚部门对所取得的收费和罚款有完全的支配权。（   ）

6. 政府非税收入就是不纳税的收入，只要非纳税的收入就是政府非税收入。（   ）

7. 对于不出具规定的非税收入票据的，缴款义务人有权拒绝缴款。（   ）

8. 财政票据与税务机关的发票都是用来组织政府收入的，可以相互代替使用。（   ）

9. 法律、法规没有规定执收单位的政府非税收入项目，由政府非税收入管理机构直接征收或者收取；尚不具备直接征收或者收取条件的，政府非税收入管理机构可以征收或者收取。（   ）

10. 社会保障基金和住房公积金纳入政府非税收入管理范围。（   ）

五、简答题

1. 简述税收收入与非税收入的区别。
2. 简单谈谈你对非税收入增收的看法与建议。
3. 罚没收入的概念是什么？
4. 土地出让金的使用范围包括哪些？
5. 政府非税收入分为哪几类？

第9章　国家债务

同步测试题

一、名词解释

1. 国债依存度
2. 国家债务
3. 国债担负率
4. 国债期货
5. 国债收益率

二、单项选择题

1. 国债偿债率是指年度国债还本付息额与（　　）的比率。
  A. 年度 GNP   B. 年度 GDP
  C. 年度财政收入   D. 年度财政支出

2. 国债是以政府的信誉为担保的国家债务，风险小，偿还有保证，通常被称为（　　）。
  A. 储蓄债券   B. 有息债券
  C. 金边债券   D. 无息债券

3. 政府在发行国债时，规定各种号码国债的不同偿还期限，由认购者自由选择，这种国债偿还法称为（　　）。
  A. 买销偿还法   B. 比例偿还法
  C. 抽签偿还法   D. 轮次偿还法

4. 按照有关规定，我国国债的回购券种是（　　）。
  A. 财政债券   B. 国库券
  C. 定向国债   D. 重点建设债券

5. 在我国的国债流通市场上，目前未被允许开展的流通方式为（　　）。
  A. 国债贴现   B. 国债现货交易
  C. 国债期货交易   D. 国债回购

6. 为了满足不同的筹资需要，我国发行了不同期限的国债，至今为止，我国发行的国债中期限最短的为（　　）。
  A. 1个月   B. 3个月
  C. 6个月   D. 9个月

7. 国债回购属于一种（　　　）活动。

    A. 借贷　　　　　　　　　　　　　B. 交易

    C. 信托　　　　　　　　　　　　　D. 融资

8. 我国国债分为可流通国债和不可流通国债，不可流通国债是指（　　　）。

    A. 凭证式国债　　　　　　　　　　B. 记账式国债

    C. 有价国债　　　　　　　　　　　D. 企业债券

9. 我国目前偿债资金主要来源于（　　　）。

    A. 预算直接拨款　　　　　　　　　B. 预算盈余

    C. 偿债基金　　　　　　　　　　　D. 发新债还旧债

10. 发行国债不会引发通货膨胀，这是因为（　　　）。

    A. 发行国债可以强化政府财政的调控职能

    B. 发行国债不改变社会资金存量

    C. 发行国债可以减少社会资金存量

    D. 发行国债可以增加社会资金存量

三、多项选择题

1. 国债的结构包括以下哪些内容。（　　　）

    A. 应债主体结构

    B. 国债持有者结构或应债资金来源结构

    C. 国债期限结构

    D. 国债币种和面值结构

2. 表示国债绝对规模的指标有以下哪些。（　　　）

    A. 历年累积债务的总规模

    B. 当年发行的国债总额

    C. 当年到期需还本会息的债务总额

    D. 当年到期需支付的利息

3. 国债顺利发行的利率取决于以下哪些因素。（　　　）

    A. 市场利率　　　　　　　　　　　B. 银行利率

    C. 政府信用　　　　　　　　　　　D. 社会资金余缺的状况

4. 国债的政策功能主要有（　　　）。

    A. 弥补财政赤字　　　　　　　　　B. 筹集建设资金

    C. 弥补政府日常性支出　　　　　　D. 调节经济

5. 控制债务负担率有以下几种方法。（　　　）

    A. 控制基本赤字

    B. 国债利率要适度

    C. 强调国债投资效益，保持适度的高经济增长率

    D. 减少国债的利息支出

6. 下列哪些情况会造成或有隐性债务。（　　　）

    A. 中国农业发展银行所积累的不良贷款

B. 山东省政府对于该省荷泽地区农业全作基金的援助

C. 北京首都钢铁公司2002年未得到的亏损补贴

D. 中石化在上市前下岗分流的在职职工

7. 我国也存在防范并逐步缓解和化解债务风险的许多有利因素,它们包括下列哪些因素。（　　）

A. 我国社会安定,政府威信高

B. 我国目前有10万亿元以上的居民存款总量,说明居民具有强劲的应债能力,为我国防范和化解隐性和或有债务风险提供了充足的财力保障

C. 较大的 GDP 规模和人口规模,也是可以承受较大的包括隐性和或有债务在内的政府债务的一个重要条件

D. 我国近年来的高速经济增长率

8. 债券市场中的利率产品包括（　　）。

A. 央票   B. 政策性金融债

C. 国债   D. 地方债

E. 金融债

9. 债券投资的主要收益来源包括（　　）。

A. 息票收益   B. 资本利得

C. 息差等套利收益   D. 做空收益

10. 下列属于国债期货合约风险管理制度的有（　　）。

A. 持仓限额制度   B. 涨跌停板制度

C. 梯度保证金制度   D. 强行减仓制度

四、是非判断题

1. 政府举借的债务称为国债或公债。通常将中央债称为国债,地方债称为公债。国债是整个社会债务的重要组成部分,具体是指中央政府在国内外发行债券或向外国政府和银行供款所形成的国家债务。（　　）

2. 现代社会中,利用国债利率升降调节证券市场运行和资金运转是政府实现宏观经济管理的重要手段之一。（　　）

3. 对于国债利率结构的调整是对不同期限、不同用途的国债规定差别较大的结构性利率,长期国债利率高于中期国债利率,中期国债利率高于短期国债利率,国库券利率高于经济建设债券和其他财政债券利率。（　　）

4. 从本质上说,李嘉图等价定理是一种中性原理:认为是选择征收一次性总量税,还是发行国债为政府支出筹措资金,对于居民的消费和资本的形成(国民储蓄)没有任何影响。（　　）

5. 银行间债券市场主要的交易方式是询价交易而不是竞价交易。（　　）

6. 国债形成的收益率曲线是债券市场定价的基准。（　　）

7. 国债期货可以在不进行实物债券买卖的情况下达到调整久期的效果,如当需要降低投资组合久期时,可以卖出一定数量的国债期货;反之,当需要扩大投资组合久期时,则买入一定数量的国债期货。（　　）

8. 购买国债作为储蓄没有风险。（　　　）

9. 投资者购买凭证式国债与储蓄(电子式)国债，均需开立国债账户，并指定对应的资金账户后购买。（　　）

10. 储蓄国债（电子式）不可流通转让，也不可以在规定的时间内办理提前兑付、终止投资申请、撤销终止投资申请、质押贷款、赠与和继承等。（　　　）

五、简答题

1. 简述国债的目标客户。

2. 简述储蓄（电子式）国债和凭证式国债的主要区别。

3. 衡量国债规模的指标有哪些？

4. 举借国债对民间需求有什么影响？

5. 影响国债发行的经济因素有哪些？

第10章 财政政策与财政监督

同步测试题

一、名词解释

1. 财政政策
2. 财政政策工具
3. 排挤效应
4. 自动稳定的财政政策
5. 相机抉择的财政政策

二、单项选择题

1. 下列不属于财政政策特征的是（　　）。
   A. 法制性　　　　　　　　　　　　B. 稳定性
   C. 概括性　　　　　　　　　　　　D. 系统性

2. 下列能刺激经济增长、扩大就业，但会带来通货膨胀的是（　　）。
   A. 双紧政策　　　　　　　　　　　B. 双松政策
   C. 紧财政政策与松货币政策　　　　D. 松财政政策于今货币政策

3. 当总供给大于总需求经济呈剧烈波动时，应采用（　　）。
   A. 双松政策　　　　　　　　　　　B. 双紧政策
   C. 财政平衡政策　　　　　　　　　D. 财政赤字政策

4. 当总需求大于总供给经济呈剧烈波动时，应采用（　　）。
   A. 双松政策　　　　　　　　　　　B. 双紧政策
   C. 财政平衡政策　　　　　　　　　D. 财政盈余政策

5. 西方现代财政政策主要产生于下列哪个学派（　　）。
   A. 古典学派　　　　　　　　　　　B. 凯恩斯学派
   C. 货币学派　　　　　　　　　　　D. 供应学派

6. 财政政策分为相机抉择和自动稳定，是按什么标准分类的（　　）。
   A. 财政活动的性质　　　　　　　　B. 财政收支和社会经济活动的关系
   C. 财政政策对经济总量的影响　　　D. 财政政策对经济周期的调节机

7. 汲水政策是汉森的财政政策理论，这种政策的载体是（　　）。
   A. 公共税收　　　　　　　　　　　B. 公共投资
   C. 国债　　　　　　　　　　　　　D. 补贴

8. 财政政策的主体是指（　　）。

    A. 中央政府　　　　　　　　　　　　B. 地方政府

    C. 财政部门　　　　　　　　　　　　D. A 和 B

9. 能够调节货币供求，协调财政与金融关系的重要的财政政策工具是（　　）。

    A. 税收　　　　　　　　　　　　　　B. 公共支出

    C. 政府投资　　　　　　　　　　　　D. 公债

10. 从期限上看，汲水政策属于财政政策中的是（　　）。

    A. 短期财政政策　　　　　　　　　　B. 中期财政政策

    C. 长期财政政策　　　　　　　　　　D. 中长期财政政策

四、多项选择题

1. 财政政策按作用对象划分为（　　）。

    A. 微观财政政策　　　　　　　　　　B. 宏观财政政策

    C. 中观财政政策　　　　　　　　　　D. 客观财政政策

2. 下列哪些货币政策与财政政策的组合可以有效地避免、遏止通货膨胀。（　　）

    A. 松的财政政策和松的货币政策　　　B. 紧的财政政策与紧的货币政策

    C. 紧的财政政策和松的货币政策　　　D. 松的财政政策和紧的货币政策

3. 实行货币政策，调节货币供应量的政策工具有（　　）。

    A. 公开市场业务　　　　　　　　　　B. 贴现率政策

    C. 法定准备率　　　　　　　　　　　D. 汇率政策

4. 财政政策的政策体系主要包括（　　）。

    A. 税收政策　　　　　　　　　　　　B. 支出政策

    C. 预算政策　　　　　　　　　　　　D. 公债政策

5. 扩张性财政政策的基本措施有（　　）。

    A. 减税　　　　　　　　　　　　　　B. 扩大支出规模

    C. 降低国债发行　　　　　　　　　　D. 增加国债发行

6. 属于财政政策工具的有（　　）。

    A. 税收　　　　　　　　　　　　　　B. 政府投资

    C. 补贴　　　　　　　　　　　　　　D. 利率

7. 财政政策工具主要包括以下几种方式。（　　）

    A. 税收　　　　　　　　　　　　　　B. 公债

    C. 公共支出　　　　　　　　　　　　D. 政府投资

8. 为更好发挥公债政策作用，政府可以通过下列措施实现财政政策目标（　　）。

    A. 调整公债发行规模　　　　　　　　B. 选择购买对象

    C. 安排偿还期限　　　　　　　　　　D. 制定不同公债利率

9. 财政政策的传导媒介主要包括（　　）。

    A. 收入分配　　　　　　　　　　　　B. 货币供应

    C. 价格　　　　　　　　　　　　　　D. 税收

10. 累进所得税制稳定机制越高，则必须为（　　　）。

    A. 起征点越低　　　　　　　　　　B. 起征点越高

    C. 边际税率越低　　　　　　　　　D. 边际税率越高

四、是非判断题

1. 基于我国正处于经济较不发达的社会主义初级阶段的现状，我国财政政策的主要目标应设定为谋求尽可能快的经济增长。（　　　）

2. 政策主体指的是政策制定者和执行者，财政政策的主体只能是各级政府，而且主要是中央政府。（　　　）

3. 理论推导可证明：同税收乘数相比，支出乘数大于税收乘数，即增加财政支出政策对经济增长的作用大于减税政策。（　　　）

4. 紧的财政政策和松的货币政策的配合目的在于保持经济适度增长的同时尽可能地避免同伙膨胀。（　　　）

5. 从相机抉择的财政政策来说，财政政策的实施一般会存在下列五种时滞，依次为：认识时滞、行政时滞、决策时滞、执行时滞和效果时滞。（　　　）

6. 地方各级主管部门可以按照实际情况改变财政资金的使用方式，将财政部门无偿拨付的资金有偿使用。（　　　）

7. 补助地方支出审计即是对税收返还、体制补助、专项补助、结算补助、其他补助等年终结算情况进行审计。（　　　）

8. 被检查人签名是指被检查人是单位的由经办人员或主管人员签名，被检查人是个人的由被检查个人签名。（　　　）

9. 财政行政处罚法人单位在两万元　（不含本数）以下、个人在一千元　（不含本数）以下的罚款案件，审理后呈审理组　（由处长、副处长、各科科长、审理人组成）会议（检查组长列席）研究决定。（　　　）

10. 处理处罚决定书送达完毕，业务岗位应及时将所有案卷资料移交处综合岗位整理归纳。综合岗位亦应将被查单位寄回的《财政监督人员执行纪律情况反馈意见表》与上述资料一并归档。（　　　）

五、简答题

1. 简述财政政策的分类。
2. 财政政策与货币政策为什么必须相互配合?
3. 简述财政政策与货币政策相互配合的类型。
4. 简述财政政策的目标及政策工具。
5. 简述财政监督的法律特征。

下篇　税收篇

第11章　流转税

同步测试题

一、名词解释

1. 增值税
2. 应税消费品
3. 纳税时间
4. 一般纳税人
5. 出口退税

二、单项选择题

1. 2019 年某厂(小规模工业企业)某月外购；一批货物1 000件，取得的增值税专用发票上注明的价款和税款分别为100 000元和17 000元。当月销售800件，请税务机关代开的增值税专用发票上注明的价款为10 000元。则该厂当月要缴纳的增值税为（　　）。

    A. 6600元   B. 5100元

    C. 3300元   D. 1700元

2. 企业当月交纳当月增值税，应通过（　　）科目核算。

    A. 应交税费一应交增值税（转出未交增值税）

    B. 应交税费一未交增值税

    C. 应交税费一应交增值税（转出多交增值税）

    D. 应交税费一应交增值税（已交税金）

3. 下列行为中，不属于视同销售货物行为的是（　　）。

    A. 将委托加工的货物无偿赠送他

    B. 将自产的货物作为投资

    C. 将货物交付他人代销

    D. 在同一县（市）设有两个以上机构并实行统一核算的纳税人，将货物从一个机构移送至其他机构用于销售

4. 新开业的符合-般纳税人条件的企业，应在（　　）申请办理一般纳税人认定手续。

    A. 办理税务登记的同时   B. 发生首笔增值税业务时

    C. 开业6个月之内   D. 次年1月底之前

5. 增值税一般纳税人因进货退出或折让而收回的增值税额，应从（　　）中扣减。

   A. 发生进货退出或折让当期的进项税额

   B. 发生进货退出或折让当期的销项税额

   C. 发生销货退回或折让当期的进项税额

   D. 发生销货退回或折让当期的销项税额

6. 消费税暂行条例规定，纳税人自产自用应税费品，用于连续生产应税消费品的（　　）。

   A. 视同销售纳税   B. 于移送使用时纳税

   C. 按组成计税价格   D. 不纳税

7. 按照国家有关规定，纳税人委托个体经营者加工应税消费品，一律（　　）消费税。

   A. 委托人代收代缴

   B. 委托方收回后在委托方所在地缴纳

   C. 委托方收回后在受托方所在地缴纳

   D. 不缴纳

8. 金银首饰与其他产品组成成套消费品销售的，应按（　　）征收消费税。

   A. 金银首饰的销售额   B. 销售额全额

   C. 组成计税价格计算   D. 同类商品价格

9. 下列应税消费品应纳消费税的为（　　）。

   A. 委托加工的应税消费品（受托方已代收缴消费税），委托方收加后用于直接销售的

   B. 自产自用的应税费品，用于连续生产应税消费品的

   C. 委托非个体经营者加工的应税消费品(受托方已代收代缴消费税)，委托方收回后用于连续加工生产应税消费品

   D. 自产自用消费品，用于在建工程的

10. 某商场在新年前夕销售货物实行九折，某项货物原不含税售价2000元税率16%，商场将折扣额与销售额开在同一张发票上，则该项货物增值税的销项税额应为（　　）。

   A. 306   B. 340

   C. 368   D. 34

三、多项选择题

1. 下列情形中应开具增值税专用发票的有（　　）。

   A. 向消费者销售应税项目   B. 销售报关出口的货物

   C. 将货物作为投资提供其他单位   D. 将货物无偿赠送他人

2. 纳税人销售下列货物适用16%税率的有（　　）。

   A. 电视机   B. 石油液化气

   C. 化肥   D. 卷烟

3. 增值税暂行条例中所称农业包括（　　）。

    A. 种植业　　　　　　　　　　　B. 养殖业

    C. 牧业　　　　　　　　　　　　D. 林业

4. 下列各项中，符合增值税纳税义务发生时间规定的有（　　）。

    A. 对于发出代销商品超过180天仍未收到代销清单及货款的，其纳税义务发生时间为发出代销商品满180天的当天

    B. 采用预收货款结算方式的为收到货款的当天

    C. 先开发票的，增值税纳税义务时间为开具发票的当天

    D. 将货物作为投资的为货物使用的当天

5. 准予从销项税额中抵扣的进项税额有（　　）。

    A. 海关开具的完税凭证上注明的税额

    B. 农业产品收购发票依13%扣除率计算的进项税额

    C. 维修厂房取得专用发票注明的进项税额

    D. 购进货物支付运输费计算的进项税额

6. 将购买的货物用于（　　）时，其进项税额不得抵扣。

    A. 劳动保护　　　　　　　　　　B. 免税项目

    C. 无偿赠送　　　　　　　　　　D. 个人消费

7. 下列凭证不得作为扣税凭证的有（　　）。

    A. 邮寄费发票　　　　　　　　　B. 货轮运输发票

    C. 货运定额发票　　　　　　　　D. 铁路运输发票

8. 下列行为中不征收增值税的有（　　）。

    A. 融资租赁业　　　　　　　　　B. 邮政部门发行报刊

    C. 供应或开采未经加工的天然水　　D. 银行销售金银的业务

9. 下列哪种情况属于自制应税消费品。（　　）

    A. 由受托方提供原材料生产的应税消费品

    B. 受托方先将原材料卖给委托方，然后再接受加工的应税消费品

    C. 由委托方提供原料和主要材料，受托方只收取加工费和代垫部分辅助材料加工的应税消费品

    D. 由受托方以委托方名义购进原材料生产的应税消费品

10. 纳税人下列情形属视同销售行为的有（　　）。

    A. 销售代销货物　　　　　　　　B. 将委托加工的货物用于非应税项目

    C. 将购买的货物无偿赠送他人　　D. 将购买的货物用于非应税项目

四、是非判断题

1. 增值税一般纳税人销售货物既有开具普通发票的，又有开具专用发票的，根据规定，在计算销项税额时，普通发票按6%计算，专用发票按16%计算。（　　）

2. 增值税条例中规定的修理修配是指受托对损伤和丧失功能的有形动产进行修复，使其恢复原状和功能的业务。（　　）

3. 因管理不善造成货物被盗窃、发生霉烂变质等损失是正常损失。（　　）

4. 凡认定为一般纳税人的企业、企业性单位，在销售货物或应税劳务时，必须开具增值税专用发票。（　　　）

5. 一般纳税人因销货退回或折让而退还给购买者的货款，应当从上一期发生的销售额中冲减。（　　　）

6. 现行增值税以增值税专用发票列明的增值税额作为抵扣销项税额唯一依据。（　　　）

7. 购进农业产品，从小规模纳税人处取得的普通发票，不得计算抵扣进项税额。（　　　）

8. 对符合一般纳税人条件但不申请办理一般；纳税人认定手续，应按销售额和适用税率计算应纳税额，但不得抵扣进项税额，也不得使用专用发票。（　　　）

9. 单位和个体经营者聘用的员工为本单位或雇主提供加工、修理修配劳务，应当征收增值税。（　　　）

10. 一般纳税人购进或销售自产应税产品支付的交通运输费用，可以凭运费发票计算抵扣进项税额。（　　　）

五、简答题

1. 简述消费税的主要特征。

2. 简述增值税与传统的流转税相比的突出特点。

3. 简述流转税的特点和功能。

4. 简述我国流转税各税种之间的相互关系。

5. 简述一般纳税人与小规模纳税人计税方法的异同点。

第12章 所得税

同步测试题

一、名词解释

1. 所得税
2. 个人所得税
3. 企业所得税
4. 超额累进税率
5. 个税起征点

二、单项选择题

1. 下列各项个人所得，不应当缴纳个人所得税的是（　　）。
   A. 工资所得　　　　　　　　　　　B. 劳务报酬所得
   C. 稿酬所得　　　　　　　　　　　D. 赠予所得

2. 综合所得适用的超额累进税率为（　　）。
   A. 3%～45%　　　　　　　　　　　B. 5%～35%
   C. 3%～35%　　　　　　　　　　　D. 5%～45%

3. 下列所得不适用比例税率的有（　　）。
   A. 利息　　　　　　　　　　　　　B. 股息红利所得
   C. 经营所得　　　　　　　　　　　D. 财产租赁所得

4. 下列属于企业每一纳税年度收入总额中不征税收入的是（　　）。
   A. 销售货物收入　　　　　　　　　B. 财政拨款
   C. 提供劳务收入　　　　　　　　　D. 转让财产收入

5. 下列企业发生的公益性捐赠支出占年度利润总额的比例，准予在计算应纳所得税额中扣除的为（　　）。
   A. 7%　　　　　　　　　　　　　　B. 13%
   C. 14%　　　　　　　　　　　　　　D. 17%

三、多项选择题

1. 下列各项个人所得，免征个人所得税的有（　　）。
   A. 国家发行的金融债券利息　　　　B. 保险赔款
   C. 财产租赁所得　　　　　　　　　D. 军人转业费

2. 下列情形可减征个人所得税的有（   ）。

    A. 残疾人员所得 　　　　　　　　B. 因自然灾害遭受重大损失

    C. 国家统一规定发放的补贴 　　　D. 国债利息

3. 应纳所得税额中专项扣除包括（   ）。

    A. 子女教育 　　　　　　　　　　B. 大病医疗

    C. 继续教育 　　　　　　　　　　D. 住房贷款利息

4. 计算应纳所得税额时，下列各项支出中不可扣除的有（   ）。

    A. 捐赠支出 　　　　　　　　　　B. 向投资者支付的股息红利

    C. 罚金，罚款和被没收财务的损失 　D. 企业所得税税款

5. 下列固定资产不得计算折旧扣除的有（   ）。

    A. 房屋，建筑物以外未投入使用的固定资产

    B. 以经营租赁方式租入的固定资产

    C. 以融资租赁方式租入的固定资产

    D. 未提足折旧额的固定资产

四、是非判断题

1. 国际组织颁发的环境保护方面的奖金，可以免征个人所得税。（   ）

2. 个人所得税征收中，综合所得，适用百分之三至百分之四十五的超额累进税率。（   ）

3. 中国政府参加的国际公约、签订的协议中规定免税的所得，可减征个人所得税。（   ）

4. 自行开发的支出已在计算应纳税所得额时扣除的无形资产，可以计算摊销费用扣除。（   ）

5. 企业使用或者销售存货，按照规定计算的存货成本，准予在计算应纳税所得额时扣除。（   ）

6. 外商投资企业从其投资的企业取得的利润(股息)，可以不计入本企业的应纳税所得额，但与该投资有关的可行性研究费用、投资贷款利息支出、投资管理费用等投资决策实施中的各项费用和投资期满不能收回的投资损失等，不得冲减企业应纳税所得额。（   ）

7. 外商投资企业的分支机构向总机构和关联单位上交的合理的管理费用，准允在计算应纳税所得额时扣除。（   ）

8. 对专业从事房地产开发经营的外商投资企业预售房地产并取得预收款的，按取得的预收款计算缴纳所得税。（   ）

9. 对不组成企业法人的中外合作经营企业，其中方合作者应按内资企业税收法规定计缴企业所得税，外方合作者应视同外商投资企业计缴企业所得税。（   ）

10. 外国投资者将分得的利润用于再投资，应于再投资资金实际投入之日起2年内，向投资地税务机关申请退税。（   ）

五、简答题

1. 简述企业所得税居民企业与非居民企业的界定与各自的纳税义务。

2. 简述企业所得税应纳税所得额中收入总额的基本规定。

3. 简述不征税收入的规定。

4. 简述个人所得税税收可免除内容。

5. 简述个人所得税税率的基本内容。

第13章　财产税

同步测试题

一、名词解释

1. 财产税
2. 城镇土地使用税
3. 契税
4. 车船税
5. 房产税

二、单项选择题

1. 下列各项中，属于财产税的是（　　）。

    A. 增值税　　　　　　　　　　　B. 营业税

    C. 房产税　　　　　　　　　　　D. 城市维护建设税

2. 下列房屋应从交付使用之次月起缴纳房产税的是（　　）。

    A. 纳税人购置新建商品房

    B. 纳税人自行新建房屋用于生产经营

    C. 纳税人购置存量房

    D. 纳税人委托施工企业建设的房屋

3. 下列房产不属于房产税征收范围的是（　　）。

    A. 县城企业用房

    B. 工矿区的企业用房

    C. 个人在市区居住、经营用房

    D. 农民在农村的居住用房

4. 下列各项中，符合房产税纳税人规定的是（　　）。

    A. 产权属于集体的由承典人缴纳

    B. 房屋产权出典的由出典人缴纳

    C. 产权纠纷未解决的由代管人或使用人缴纳

    D. 产权属于国家所有的不缴纳

5. 购置下列交通工具中应缴纳车辆购置税的为（　　）。

    A. 小轿车　　　　　　　　　　　B. 轮船

    C. 火车　　　　　　　　　　　　D. 自行车

6. 房屋赠与缴纳契税的计税依据是（　　　）。

    A. 成交价格　　　　　　　　　　　B. 国家定价

    C. 征收机关参照市场价格　　　　　D. 评估定价

7. 某企业有原值为2 500万元的房产，2005年1月1日将其中的30%用于对外投资联营，投资期限10年，每年固定利润分红50万元，不承担投资风险。已知当地政府规定的扣除比例为20%，该企业2005年度应纳房产税为（　　　）。

    A. 24万元　　　　　　　　　　　　B. 22.8万元

    C. 30万元　　　　　　　　　　　　D. 16.8万元

8. 城镇土地使用税征税方式是（　　　）。

    A. 按年计征，分期缴纳　　　　　　B. 按次计征

    C. 按年计征，分期预缴　　　　　　D. 按期缴纳

9. 甲乙双方发生房屋交换行为，当交换价格相等时，契税（　　　）。

    A. 由甲方缴纳　　　　　　　　　　B. 由乙方缴纳

    C. 由甲乙双方各缴一半　　　　　　D. 甲乙双方都不缴纳

10. 以下行为应缴纳契税的为（　　　）。

    A. 个人承受土地使用权用于农业生产

    B. 以相等的价格交换房屋

    C. 接受捐赠的房屋

    D. 城镇职工按国家规定面积第一次购买公有住房

三、多项选择题

1. 房产税的纳税人有（　　　）。

    A. 出租房屋的出租人　　　　　　　B. 使用房屋经营的使用人

    C. 房屋的未来继承人　　　　　　　D. 房屋的承典人

2. 下列房屋应缴纳房产税的有（　　　）。

    A. 企业停产后又恢复生产的用房　　B. 敬老院自用房

    C. 学校出租的房屋　　　　　　　　D. 医疗机构自用的房产

3. 契税征税对象具体包括（　　　）。

    A. 土地使用权的转让　　　　　　　B. 房屋买卖

    C. 房屋交换　　　　　　　　　　　D. 国有土地使用权的出让

4. 下列各类在用车船中，可以享受车船税减免税优惠政策的有（　　　）。

    A. 人民团体自用的汽车　　　　　　B. 军队用于出租的富余车辆

    C. 医院自用的救护车辆　　　　　　D. 载重量不超过1吨的渔船

5. 下列项目中，应缴纳车船税的有（　　　）。

    A. 中国远洋轮船

    B. 外商投资企业的自用车

    C. 医院的自用车

    D. 国家机关出租的车

6. 甲将原值28万的房产评估作价30万元投资乙企业，乙企业办理产权登记后又将该房产以40万元价格售与丙企业，当地契税税率3%，则（　　）。

    A. 丙企业缴纳契税0.9万元　　　　B. 丙企业缴纳契税1.2万元

    C. 乙企业缴纳契税0.9万元　　　　D. 乙企业缴纳契税0.84万元

7. 下列行为中计征契税的有（　　）。

    A. 以购买方式取得土地使用权

    B. 以划拨方式取得土地使用权

    C. 以受赠方式取得土地使用权

    D. 以抵债方式取得土地使用权

8. 契税纳税义务发生时间可以为（　　）。

    A. 取得具有房地产权属转移合同性质凭证的当天

    B. 签定房地产权属转移合同的当天

    C. 办理房地产产权证的当天

    D. 交纳房地产预付款的当天

9. 计征契税的计税依据有（　　）。

    A. 房地产的成交价格　　　　B. 房地产的租金

    C. 房地产的市场价格　　　　D. 房地产交换时的价格差额

10. 以下说法错误的有（　　）。

    A. 农村的房屋不需要缴纳房产税

    B. 城镇土地使用税不对农村的土地征税

    C. 借款合同印花税税率是0.5%

    D. 车船税属于行为税

四、是非判断题

1. 财产税就是指房产税。（　　）

2. 工矿区如设在农村，工矿企业房产也应缴纳房产税。（　　）

3. 公园出租的房屋收入用于补贴公园的维护费用，所以也不缴纳房产税。（　　）

4. 纳税人自产、受赠、获奖或者以其他方式取得并自用车辆，免征车辆购置税。（　　）

5. 对个人按市场价格出租的居民住房，可暂按其租金收入征收4%的房产税。（　　）

6. 行政事业单位自用房免征房产税，用于搞经营的，应缴营业税、城市维护建设税，但不缴房产税。（　　）

7. 车船税是行为税的性质，凡在我国境内行驶的车船，都应缴纳车船税。（　　）

8. 以划拨方式取得土地使用权，经批准转让房地产时，由房地产受让者缴纳契税，该房地产转让者不用补缴契税。（　　）

9. 纳税人应当自纳税义务发生15日内，向土地、房屋所在地的契税征收机关办理纳税申报。（　　）

10. 车般税的纳税地点为纳税人使用地。（　　）

五、简答题

1. 简述财产税的特点。
2. 简述财产税的作用及局限性。
3. 简述车辆购置税的征税范围。
4. 契税的征税对象有哪些？
5. 按照契税依据可以将契税分为哪几类？

第14章　资源税

同步测试题

一、名词解释

1. 资源
2. 资源税
3. 土地增值税
4. 城镇土地使用税
5. 建制镇

二、单项选择题

1. 税收的主体是（　　）。
   A. 国家
   B. 税务机关
   C. 海关
   D. 工商机关

2. 最早提出税收原则的英国古典经济学家是（　　）。
   A. 亚当·斯密
   B. 舒马赫
   C. 威廉·配第
   D. 马歇尔

3. 某采矿企业6月共开采锡矿石50 000吨，销售锡矿石40 000吨，适用税额每吨6元。该企业6月应缴纳的资源税额为（　　）元。
   A. 168 000
   B. 210 000
   C. 240 000
   D. 300 000

4. 下列产品中，不征资源税的为（　　）。
   A. 出口的海盐
   B. 铜矿石
   C. 锡矿石
   D. 中外合作开采的石油、天然气

5. 某铁矿山2018年12月份销售铁矿石原矿6万吨，移送入选精矿0.5万吨，选矿比为40%，适用税额为10元/吨。该铁矿山当月应缴纳的资源税为（　　）。
   A. 55万元
   B. 60万元
   C. 65万元
   D. 72.5万元

6. 某钨矿企业2009年10月共开采钨矿石原矿80 000吨，直接对外销售钨矿石原矿40 000吨，以部分钨矿石原矿入选精矿9 000吨，选矿比为40%。钨矿石适用税额每吨0.6元。该企业10月份应缴纳资源税为（　　）。
   A. 20 580元
   B. 26 250元
   C. 29 400元
   D. 37 500元

7. 下列结算方式中，不符合资源税纳税义务发生时间的是（　　）。

    A. 采取预收货款结算方式的，为收到预收款的当天

    B. 采取其他结算方式的为收讫销售款或者取得索取销售款凭据的当天

    C. 代扣代缴税款时，为扣缴人支付首笔货款或者开具应支付货款凭据的当天

    D. 自产自用的矿产品，为移送使用应税产品的当天

8. 某单位转让一幢已经使用的楼房，原价500万元，已提折旧300万元，经房地产评估机构评估，该楼重置成本价为800万元，成新度折扣率为五成，转让时缴纳各种税金共30万元，则评估价格为（　　）万元。

    A. 200   B. 400

    C. 230   D. 430

9. 依照土地增值税的规定，建造普通标准住宅出售的可享受税收优惠，下列各项符合普通标准住宅标准的为（　　）。

    A. 住宅小区建筑容积率在1.0以上

    B. 单套建筑面积在120平方米以下

    C. 成本利润率不得超过30%

    D. 实际成交价格低于同级别土地上住房平均交易价格1.2倍以下

10. 某林场处于城镇土地使用税征收区域内，共占地2万平米，其中办公占地0.3万平米，职工宿舍占地0.1万平米；育林地1万平米，运材道占地1万平米，林中度假村占地0.6万平米，企业所在地城镇使用税单位税额每平方米1.2元。该企业全年应缴纳城镇土地使用税为（　　）。

    A. 0.72万元   B. 1.08万元

    C. 1.2万元   D. 2.4万元

三、多项选择题

1. 资源税与流转税、所得税比较，具有以下哪些特点。（　　）

    A. 兼有有偿性和强制性的特征   B. 实行差别税

    C. 只对特定资源征税   D. 从量定额征收

2. 下列经批准占用的耕地，免征耕地占用税的有（　　）。

    A. 部队设施用地和炸药库用地

    B. 铁路线路、飞机场跑道和停机坪跑道

    C. 学校、幼儿园、敬老院和医院用地

    D. 农村居民新建住宅用地

3. 根据《资源税暂行条例》规定，资源税的计税依据为（　　）。

    A. 销售收入额   B. 实际产量

    C. 实际销售数量   D. 自用数量

4. 不属于土地增值税征税范围的有（　　）。

    A. 国家出让土地使用权取得的收入   B. 国有企业房地产的重新评估升值

    C. 房地产的交换   D. 将房地产赠与直系亲属

5. 资源税的其他非金属矿原矿包括（　　　）。

    A. 石棉　　　　　　　　　　　　　B. 硫铁矿

    C. 石灰石　　　　　　　　　　　　D. 铁矿石

6. 城镇土地使用税的征税范围包括（　　　）。

    A. 城市　　　　　　　　　　　　　B. 乡村

    C. 建制镇　　　　　　　　　　　　D. 工矿区

7. 土地增值税中下列哪些项目允许扣除。（　　　）

    A. 房地产开发费用　　　　　　　　B. 取得土地使用权所支付的金额

    C. 房地产开发成本　　　　　　　　D. 转让房地产时交纳的税金

8. 下列矿产品按规定缴纳资源税的有（　　　）。

    A. 伴选矿　　　　　　　　　　　　B. 伴洗矿

    C. 伴生矿　　　　　　　　　　　　D. 伴采矿

9. 资源税规定：纳税人开采或生产应税产品销售或自用的，以（　　　）为课税数量。

    A. 开采数量　　　　　　　　　　　B. 销售数量

    C. 生产数量　　　　　　　　　　　D. 自用数量

10. 根据耕地占用税相关制度的规定，以下说法正确的有（　　　）。

    A. 依照规定免征或者减征耕地占用税后，纳税人改变原占地用途，不再属于免征或减征情形的，应当按照当地适用税额补缴耕地占用税

    B. 建设直接为农业服务的农业生产设施用地占用耕地，不征耕地占用税

    C. 纳税人临时占用耕地可不缴纳耕地占用税

    D. 农村居民占用耕地建房，免征耕地占用税

四、是非判断题

1. 资源税的纳税人不包括生产或开采应税资源的外商投资企业、外国企业和外籍人员。（　　　）

2. 资源税以自产的液体盐加工固体盐，以加工固体盐数量为课税数量，按固体盐税额征税；纳税人自产的液体盐加工固体盐，其加工固体盐所耗用的液体盐的应纳税款准予扣除。（　　　）

3. 资源税扣缴义务人代扣代缴税款的纳税义务发生时间，为支付货款的当天。（　　　）

4. 凡是在我国境内从事开采资源的单位和个人，都是资源税的纳税人。（　　　）

5. 经济特区和经济发达、人均耕地特别少的地区，计算耕地占用税时，适用税额可适当降低，但最低不得低于中央规定税额的50%。（　　　）

6. 我国现行资源税采用从量定额征收的办法。（　　　）

7. 城镇土地使用税是对一切使用土地的单位和个人，按其实际占用的土地面积征收的一种税。（　　　）

8. 进口盐应依照资源税税额表所列最高税额，由海关代征资源税。（　　　）

9. 资源税与增值税交叉征收。（　　　）

10. 土地增值税按照纳税人转让房地产取得的收入和规定的税率计算征收。（　　）

五、简答题

1. 如何理解资源税的特点？

2. 如何确定城镇土地使用税的纳税人？

3. 开征耕地占有税有何现实意义？

4. 资源税的税目包括哪些内容？

5. 简述土地增值税扣除项目的内容。

第15章 行为税

同步测试题

一、名词解释

1. 印花税
2. 车辆购置税
3. 城市维护建设税
4. 行为税
5. 教育附加费

二、单项选择题

1. 2015年6月，甲公司销售产品实际缴纳增值税100万元，实际缴纳消费税80万元；进口产品实际缴纳增值税20万元，已知城市维护建设税税率为7%，甲公司当月应缴纳城市维护建设税税额的下列计算列式中，正确的是（　　）。

    A. (100+80+20)×7%=14（万元）

    B. (100+20)×7%=8.4（万元）

    C. (100+80)×7%=12.6（万元）

    D. 80×7%=5.6（万元）

2. 根据城市维护建设税法律制度的规定，下列关于城市维护建设税税收优惠的表述中，不正确的是（　　）。

    A. 对出口产品退还增值税的，可同时退还已缴纳的城市维护建设税

    B. 海关对进口产品代征的增值税，不征收城市维护建设税

    C. 对增值税实行先征后退办法的，除另有规定外，不予退还增值税附征的城市维护建设税

    D. 对增值税实行即征即退办法的，除另有规定外，不予退还增值税附征的城市维护建设税

3. 甲企业从某拍卖公司通过拍卖购进两辆轿车自用，其中一辆是未上牌照的新车，不含税成交价60 000元，国家税务总局核定同类型新车的最低计税价格为120 000元1辆；另一辆是已使用8年的轿车，不含税成交价50 000元（从原车主取得了完税证明）。甲企业应缴纳车辆购置税为（　　）

    A. 6 000　　　　　　　　　　　　　B. 6 500

    C. 12 000　　　　　　　　　　　　D. 24 000

4. 纳税人进口自用应税车辆，自进口之日起60日内申报是指（　　）。

    A. 成交的当天　　　　　　　　　　B. 报关进口的当天

    C. 交易合同上注明的日期　　　　　D. 登记注册当天

5. 位于某市的卷烟生产企业委托设在县城的烟丝加工厂加工一批烟丝，提货时，加工厂代收代缴的消费税为1 600元，其城建税和教育附加按以下办法处理（　　）。

    A. 在烟丝加工厂所在地缴纳城建税及附加128元

    B. 在烟丝加工厂所在地缴纳城建税及附加80元

    C. 在卷烟厂所在地缴纳城建税及附加80元

    D. 在卷烟厂所在地缴纳城建税及附加112元

6. 外商投资企业和外国企业1993年12月31日以前取得的产权转移书据和权利许可证照在1994年1月1日经后有更改、换证、换照转让行为的，应（　　）。

    A. 按规定减半贴花　　　　　　　　B. 免征印花税

    C. 不下印花税　　　　　　　　　　D. 按规定贴花

7. 借款合同的印花税税率为（　　）。

    A. 0.5‰　　　　　　　　　　　　B. 0.05‰

    C. 5‰　　　　　　　　　　　　　D. 5%

8. 下列选项中，属于行为税的是（　　）。

    A. 资源税　　　　　　　　　　　　B. 土地增值税

    C. 房产税　　　　　　　　　　　　D. 车辆购置税

9. 外商投资企业和外国企业2018年12月31日以前取得的产权转移书据和权利许可证照在2019年1月1日经后有更改、换证、换照转让行为的，应（　　）。

    A. 按规定减半贴花　　　　　　　　B. 免征印花税

    C. 不下印花税　　　　　　　　　　D. 按规定贴花

10. 甲公司购买一辆本单位自用轿车，支付含增值税的价款175 500元，另支付购置工具件和零配件价款2 340元，车辆装饰费4 000元，支付销售公司代收保险费等5 000元，支付的各项价款均由销售公司开具统一发票。甲公司应纳车辆购置税（　　）元。

    A. 15 000　　　　　　　　　　　B. 15 200

    C. 15 969.23　　　　　　　　　D. 18 684

三、多项选择题

1. 下列各项中属于行为税的有（　　）。

    A. 行为税类　　　　　　　　　　　B. 工商税

    C. 流转税类　　　　　　　　　　　D. 所得税类

2. 关于城市维护建设税的说法，正确的有（　　）。

    A. 采用幅度比例税率

    B. 是一种附加税

    C. 与"三税"同时缴纳的一种税

    D. 按纳税人所在地的不同设置不同的税率

    E. 对外商投资企业和外国企业征收城市维护建设税

3. 企业缴纳的下列税金中，不应计入当期损益的有（   ）

    A. 企业签订设备购销合同而缴纳的印花税

    B. 企业购置的免税车辆因改制后用途发生变化而按规定补缴的车辆购置税

    C. 企业自行建造厂房而缴纳的耕地占用税

    D. 运输企业提供运输劳务取得的收入而缴纳的营业税

    E. 企业销售商品房按规定缴纳的土地增值税

4. 下列各项中，在企业费用中列支并随费用支出在企业所得税税前扣除的有（   ）。

    A. 房产税　　　　　　　　　　　B. 印花税

    C. 车船税　　　　　　　　　　　D. 城镇土地使用税

5. 下列凭证，免纳印花税的有（   ）。

    A. 无息贴息贷款利息；

    B. 建筑安装工程承包合同；

    C. 工商营业执照；

    D. 外国政府向我国政府提供优惠贷款所书立的合同。

6. 印花税的征税范围包括（   ）。

    A. 合同或具有合同性质的凭证；　　B. 产权转移书据；

    C. 营业帐簿；　　　　　　　　　　D. 权利许可证照；

    E. 经财政部确定征税的其他凭证。

7. 根据印花税暂行条例的规定，纳税人应该缴纳印花税的合同有（   ）。

    A. 贴息贷款合同　　　　　　　　B. 技术转让合同

    C. 借款合同；　　　　　　　　　D. 财产租赁合同。

8. 关于车辆购置税计税依据的说法，错误的有（   ）。

    A. 纳税人购买自用应税车辆的计税价格为不含增值税的计税价格

    B. 纳税人进口自用应税车辆以关税完税价格为计税依据

    C. 纳税人自产自用的应税车辆参照同类型新车的价格核定

    D. 受赠使用的车辆按同类最低计税价格的70%为计税依据

9. 根据现行车辆购置税规定，下列说法错误的有（   ）。

    A. 车辆购置税的纳税义务人不包含外国公民

    B. 购置车辆支付的控购费，需要并入计税价格计税

    C. 回国服务的留学人员用现汇购买1辆自用国产小汽车免征车辆购置税

    D. 因质量原因，车辆被退回生产企业或者经销商的，未满1年的，按已缴税款全额退税

    E. 因不可抗力因素导致受损的车辆，一律以最新核发的同类型车辆最低计税价格为依据计征

10. 关于车辆购置税的申报与缴纳，下列说法正确的有（   ）

    A. 底盘(车架)发生改变的车辆，纳税人不用重新办理纳税申报

    B. 车辆购置税是在应税车辆上牌登记注册前的使用环节征收

    C. 车辆购置税的纳税地点为应税车辆登记注册地或居住地

  D. 纳税人购买自用的应税车辆，自购买之日起30天内申报纳税

  E. 进口应税车辆，应当自进口之日起60日内申报纳税

四、是非判断题

1. 新购置的应税车船如果暂不使用，可不申报纳税。（ ）

2. 车船税法规定：租赁的车船，当拥有人和使用人不一致且未协商确定纳税人时，应由使用人缴纳车船税。（ ）

3. 中国远洋轮船在国外缴纳了吨税，在国内可免征车船税。（ ）

4. 免税单位与纳税单位合并办公，所用车辆不能划分清楚，则免税单位车辆也应照章纳。（ ）

5. 根据《资源税暂行条例》规定，资源税的征收范围包括森林资源、海洋资源和水资源。（ ）

6. 凡是缴纳增值税、消费税、营业税的纳税人，须同时缴纳城市维护建设税。（ ）

7. 关于教育费附加的规定，对出口产品退还增值税、消费税的，不退还已征的教育费附加。（ ）

8. 城建税的税收减免规定有个别缴纳城建税有困难的，由税务总局批准给予减免。（ ）

9. 纳税人缴税印花税时，应通过"应交税金"科目进行核算。（ ）

10. 企业在计算应纳税所得额时，违反合同的违约金不得扣除。（ ）

五、简答题

1. 印花税的纳税义务人有哪些？

2. 简述车辆置购税的基本内容。

3. 简述开征环境保护税的意义。

4. 如何计算城市维护建设税的税额？

5. 简述土地增值税征收的范围。